川南经济区发展战略研究

陈一君　熊　山　杨晓宇　著

科学出版社
北　京

内 容 简 介

本书围绕一体化发展的战略目标，探索川南经济区区域经济一体化布局，剖析川南经济区社会经济发展中存在的关键矛盾和问题，从强化顶层设计、加强统筹协调，以及大力推动区域产业和川南城市区域一体化发展、加强区域生态文明建设和大力发展区域外向型经济等角度提出了相应的一体化发展政策建议。

本书可供具有一定专业知识或管理经验的政府部门管理人员、高校及科研机构研究人员或行业管理者阅读，同时对于投资者也具有较大的参考价值。

图书在版编目(CIP)数据

川南经济区发展战略研究/陈一君，熊山，杨晓宇著. —北京:科学出版社，2020.8

ISBN 978-7-03-058550-9

Ⅰ. ①川… Ⅱ. ①陈… ②熊… ③杨… Ⅲ. ①区域经济发展-经济发展战略-研究-川南地区 Ⅳ. ①F127.71

中国版本图书馆 CIP 数据核字(2018)第 187840 号

责任编辑：王丹妮 / 责任校对：贾娜娜

责任印制：张 伟 / 封面设计：正典设计

科学出版社 出版

北京东黄城根北街 16 号

邮政编码：100717

http://www.sciencep.com

北京建宏印刷有限公司 印刷

科学出版社发行 各地新华书店经销

*

2020 年 8 月第 一 版 开本：720×1000 B5

2020 年11月第二次印刷 印张：14 1/2

字数：290 000

定价：138.00 元

（如有印装质量问题，我社负责调换）

前　言

川南经济区的区域优势和社会经济地位决定了川南经济区在四川五大经济区中的战略地位，川南经济区的发展关系到四川省“多点多极支撑”发展的战略布局。《四川省国民经济和社会发展第十一个五年（2006—2010年）规划纲要》提出按照“产业整合、快速崛起”的思路发展川南经济区，“积极培育川南中心城市，构建川南城市群”，使之成为四川经济发展“新的增长极”。《四川省国民经济和社会发展第十二个五年规划纲要（2011—2015年）》提出要加快川南地区开发建设，推动自泸内宜一体化发展。《四川省国民经济和社会发展第十三个五年规划纲要（2016—2020年）》提出要“加快川南城市群一体化建设，打造率先实现次级突破的新兴增长极”。《川南经济区“十三五”发展规划》具体提出了川南经济区一体化发展的战略措施，包括建设多中心城市群一体化创新发展试验区、老工业基地城市转型升级示范区、国家重要的先进制造业基地、长江上游生态文明先行示范区、成渝经济区沿江和南向开放重要门户五个战略定位。

区域一体化是川南经济区发展的战略目标，同时也是川南经济区的发展“短板”。目前，川南经济区发展一体化具有一定的区域优势和社会经济发展基础，同时在产业转型发展、城市发展、生态文明建设、交通运输建设等方面存在许多问题，制约了区域一体化的发展。虽然《四川省国民经济和社会发展第十三个五年规划纲要（2016—2020年）》和《川南经济区“十三五”发展规划》指明了川南经济区一体化发展的战略目标、指出了川南经济区一体化发展的五个战略定位，但如何利用川南经济区的优势和已有的发展成果，探索川南经济区具体的发展路径，因地制宜地制订具体战略实施方案，走出川南经济区特色一体化之路仍是需要解决的问题。

本书围绕川南经济区一体化发展的战略目标，探索川南经济区区域经济一体化布局，剖析社会经济发展中存在的关键矛盾和问题，从强化顶层设计、加强统筹协调，以及大力推动区域产业和川南城市区域一体化发展、加强区域生态文明建设和大力发展区域外向型经济等角度提出了相应的一体化发展政策建议。在思考川南经济区一体化发展战略布局的同时，本书还积极探索川南经济区一体化发展的新模式，即“同城化”模式。本书以川南经济区中最具备“同城化”发展基础和条件的城市——自贡和内江为研究对象，分析自贡 内江同城化的影响因素、基础条件与可行性，从空间整合、组织管理和功能定位角度确定自贡-内江同城化的发展模式与发展战略，并从基础设施、产业、公共服务和生态环境一体化建设方面确定自贡-内江同城化的战略路径。川南经济区是全国自然灾害较严重的区域之一，存在威胁公共安全的潜在因素较多，而川南经济区一体化发展必然会带来区域内人口流动性的增强和跨行政区划的突发公共事件的增多，这对川南经济区应急管理体系提出了新的挑战。鉴于此，本书研究川南经济区应急管理联合协作机制的构建路径、应急管理联合协作组织体系的完善及应急管理联合协作运行机制的构建策略。

具体内容如下。

第一篇：川南经济区一体化发展战略研究。该篇主要对川南经济区的由来及其社会经济发展状况进行介绍，从产业转型发展、城市发展、生态环境发展、交通运输发展等方面探讨川南经济区发展状况与问题，并以此为基础，把握川南经济区一体化发展内涵，强化顶层设计，从产业一体化、城市区域一体化、生态环境协同发展、跨区域经济合作等方面提出了川南经济区一体化发展政策建议。

第二篇：自贡-内江同城化研究。该篇从区域空间、历史渊源、经济基础、产业结构、社会生活等方面研究自贡-内江同城化的基础和条件。在借鉴国内外同城化模式的基础上，提出发展空间整合上双城对接，组织管理上近期联合管理、远期理事会管理，功能定位上“双核”整合发展的同城化发展模式，并探讨了基础设施、产业、公共服务和生态环境方面的一体化发展战略路径。

第三篇：川南四市应急管理联合协作机制研究。该篇分析川南四市应急管理机制状况及其问题，包括川南四市几年来各类突发公共事件状况调查、应急管理机制状况和存在的主要问题。在借鉴西方国家应急管理机制的经验基础上，提出川南四市应急管理联合协作机制构建路径，提出川南四市应急管理联合协作机制构建策略，包括应急管理联合协作机构设置策略、联合协作运行机制构建策略、联合协作辅助机制构建策略等。

总体而言，本书以川南经济区为研究对象，提出区域一体化发展的整体框架，对川南经济区一体化战略目标、战略内容、战略措施、战略模式、保障机制方面进行研究。本书研究成果对于完善区域经济发展理论具有一定贡献，为区域一体化发展从理论角度提供了一条新的思路。同时，本书探讨川南经济区一体化发展战略的现实依据，揭示区域经济发展的一般规律，并以自贡-内江为例研究区域同城化发展的模式，这是对区域经济一体化发展路径的积极探索，为区域经济一体化理论发展提供了现实证据。

本书依托四川省统计局项目“川南经济区发展战略研究”（项目编号：2016JGX04），四川省自贡市发展和改革委员会项目“自贡-内江同城化发展研究”（项目编号：HX2016122）、“川南四市应急管理联合协作机制研究”（项目编号：HX2016121），四川省自贡市科学技术局项目“企业创新网络中的知识吸收与扩散研究”（2014RK10）等项目，并得到川南发展研究院、川酒发展研究中心、川南经济区发展战略协同创新中心提供的经费支持。在研究过程中，川南发展研究中心及川酒发展研究中心研究人员甘伦知、张勇、余元春、杨波、毛国育、龙承春、赵超等在资料的搜集、整理、分析等工作方面提供了无私的帮助和支持，在此一并表示衷心感谢！

作　者

2019年12月

目　录

第一篇　川南经济区一体化发展战略研究

第二篇　自贡-内江同城化研究

第一篇　川南经济区一体化发展战略研究

第 1 章　川南经济区一体化发展战略研究概述

四川省人民政府在《四川省国民经济和社会发展第十一个五年规划纲要（草案）》中对四川省区域发展进行了新的部署。为了避免重走工业重构、城镇布局混乱、土地开发过度、生态环境恶化的发展之路，该纲要（草案）提出“五大经济区+四类主体功能区”的区域发展格局。“五大经济区”即成都、川南、攀西、川东北和川西北经济区，“四类主体功能区”即按优化开发、重点开发、限制开发和禁止开发为原则划分不同区域开发功能。“五大经济区+四类主体功能区”构建了四川省未来区域发展新格局的设想。

川南经济区区位特征明显。该经济区在长江上游区域，位于四川省南部，北部与成都经济区和重庆周边经济区邻接，是由自贡、宜宾、泸州、内江四市构成的多核心经济区[①]，区域面积约 4.36 万平方千米。

在四川省国民经济和社会发展“十二五”规划的五大经济板块中，川南经济区具有重要的地位。从区域优势看，川南经济区北接成渝经济区，在成渝经济区腹地，并处川、滇、黔和渝三省一市接壤地带，区位优势明显。从产业优势看，该经济区域中自贡、宜宾、泸州和内江各市皆为老工业城市，在能源、化工、装备制造等产业方面具有良好的发展基础。从资源优势看，该区域各市具有丰富的矿产、天然气、盐卤等资源。

川南经济区是四川境内经济区中发展条件优越、发展基础良好、发展潜力较大的重点开发区域，2014 年常住人口 1519.84 万人。其中，城市的中心城区常住的人口约为 344.08 万人，城区面积约为 369.12 平方千米，城镇化率约为 44.88%，地区生产总值为 4933.71 亿元，分别占四川省常住人口的 18.67%、四川省地区生产总值的 17.29%。川南经济区各市发展情况如下。

（1）自贡市：四川省的六个双百大城市之一，川南区域中心城市，成渝经济圈南部中心城市，是中国的“千年盐都”“恐龙之乡”“南国灯城”“美食之府”。2014 年全市常住人口为 274.58 万人，城镇化率为 46.62%。2014 年地区生产总值为 1073.40 亿元，人均地区生产总值为 39 145 元，城镇居民人均可支配收入为 23 552 元，农村居民人均纯收入为 9974 元。自贡市拥有一个国家级高新技术产业

---

① 2011 年 12 月 31 日，四川省人民政府办公厅以川办发〔2011〕94 号印发《四川省“十二五”城镇化发展规划》界定范围，川南经济区包括乐山五县。2016 年 9 月四川省政府印发《川南经济区“十三五”发展规划》已不包含乐山五县，本书在后面分析中主要也是包含自贡、内江、泸州、宜宾四市的情况和数据。

开发区，即自贡高新技术产业开发区，是四川省八个国家级高新技术产业开发区之一。该高新技术产业开发区的主导产业包括机械、电子、生物制药。

（2）宜宾市：位于川南经济区西南部，别称“僰道”“戎州”“叙州”，位于中国四川省中南部，川、滇、黔三省接合部，长江零公里处，被称为“万里长江第一城”。2014 年全市常住人口为 447.00 万人，城镇化率为 43.85%。2014 年地区生产总值为 1443.81 亿元，人均地区生产总值为 32 318 元，城镇居民人均可支配收入为 24 990 元，农村居民人均纯收入为 9831 元。2013 年被批准设立了宜宾临港经济技术开发区，主要发展机械制造、新型材料、食品饮料等优势特色产业。

（3）泸州市：古称“江阳”，别称“酒城”“江城”。位于四川省东南部，长江和沱江交汇处，川、滇、黔、渝接合部的区域性中心城市。2014 年全市常住人口为 425.00 万人，城镇化率为 44.84%。2014 年地区生产总值为 1259.73 亿元，人均地区生产总值为 29 655 元，城镇居民人均可支配收入为 25 240 元，农村居民人均纯收入为 9470 元；泸州港国际集装箱码头年吞吐能力达 100 万标箱，内河港口完成货物吞吐量 2348.09 万吨，集装箱吞吐量 13.52 万标箱。现有以食品、医药、机械为主的泸州高新技术产业开发区。

（4）内江市：位于四川南部，沱江下游，素有“川中枢纽、川南咽喉”之称，又有“甜城”的美称。2014 年全市常住人口为 373.26 万人，城镇化率为 44.21%。2014 年地区生产总值为 1156.77 亿元，人均地区生产总值为 31 024 元，城镇居民人均可支配收入为 23 162 元，农村居民人均纯收入为 9565 元。现有国家级经济开发区一个，即以电子、医药、机械等为主的内江经济技术开发区。另外，内江市还有以建材、食品、机械等为主的资中经济开发区和以机械、纺织、食品为主的隆昌经济开发区。

川南经济区经济社会状况见表 1-1～表 1-3。

表 1-1　2014 年川南经济区经济社会状况表

城市	面积/千米 ^{2}	常住人口/万人	地区生产总值/亿元	城镇化率	城区面积/千米 ^{2}	中心城区常住人口/万人
自贡	4 381	274.58	1 073.40	46.62%	109.38	77.09
泸州	12 236	425.00	1 259.73	44.84%	113.17	101.58
内江	5 385	373.26	1 156.77	44.21%	66.14	63.09
宜宾	13 266	447.00	1 443.81	43.85%	80.43	102.32
小计/均值	35 268	1 519.84	4 933.71	44.88%	369.12	344.08

注：数据取自《四川统计年鉴 2015》

表 1-2　2014 年川南城市的城市化水平比较

地区	辖区城镇人口/万人	城镇化率	城区面积/千米^2	人均地区生产总值/元
自贡	128.01	46.62%	109.38	39 145
泸州	190.57	44.84%	113.17	29 655
内江	165.42	44.21%	66.14	31 024
宜宾	196.02	43.85%	80.43	32 318

注：数据取自《四川统计年鉴 2015》

表 1-3　2014 年川南地级城市的平均城市设施水平

名称	用水普及率	燃气普及率	人均道路面积/米^2	人均公园绿地面积/米^2	建成区绿化覆盖率	污水处理率	生活垃圾处理率
全省水平	91.12%	90.89%	13.32	11.26	37.51%	85.36%	97.24%
自贡	70.03%	92.57%	13.12	10.14	40.00%	90.56%	93.00%
泸州	90.85%	84.56%	11.74	9.01	39.86%	85.03%	100.00%
内江	93.17%	90.21%	7.33	9.09	37.50%	88.78%	82.24%
宜宾	77.00%	73.76%	5.97	8.44	38.31%	36.31%	98.64%

注：数据取自《四川统计年鉴 2015》

第 2 章　川南经济区发展状况与问题研究

2.1　川南经济区产业转型发展状况与问题研究

川南经济区通江达海、比邻四省，区位优势明显，交通基础设施状况良好，物产资源较为丰富，具有一定的科技实力和人力资源基础。近年来，川南经济区工业产业发展势头较好，经济实力有所提升，主导产业发展优势越发明显。但是，在保持良好发展势头的同时，产业转型升级压力也逐渐增大，原有产业结构矛盾日益突出，问题越发显现。

2.1.1　川南经济区产业转型发展状况

1. 产业经济增长迅速，部分产业优势突出

川南经济区各地市采取的“工业强市”战略取得显著成效，对川南经济区的国民经济的贡献进一步增强。川南经济区工业产业经济发展状况良好，经济效益水平不断上升，工业增长速度较快，高于全国和全省平均增速。2014 年，川南经济区的规模以上工业总产值达 6707.47 亿元，同比实现增加值 347 亿元。

一些产业具有明显的规模优势，在区域分工中发挥了重要作用。其中，2014 年，川南经济区白酒产业销售收入占到四川总白酒产业销售收入的 1/3。装备制造产业是川南经济区的传统优势产业，拥有四川东方锅炉工业锅炉集团有限公司、四川长江工程起重机有限责任公司等大型企业，其产品和服务在全国的装备制造产业占有重要的一席之地。川南经济区的化学工业以天然气化工最为突出，其拥有一批装备先进、经济实力雄厚、科技力量较强的国家级大型和特大型化工骨干企业，如宜宾天原集团股份有限公司、四川泸天化股份有限公司等。此外，川南经济区的食品、造纸、煤炭、非金属矿物制品等产业也具有一定规模优势。

2. 各级产业园区发展势头良好，招商引资成绩显著

产业园区是川南经济区产业发展的重要动力来源，川南经济区产业发展的聚集优势开始显现。至 2015 年，一共建成包括自贡高新技术产业开发区、泸州高新技术产业开发区、宜宾临港经济技术开发区和内江经济技术开发区 4 个国家级产业园区。产业园区形成因地制宜、差异发展、特色突出的发展格局，对产业快速健康有序发展和招商引资作用显著。

自贡高新技术产业开发区，2011 年规划土地面积扩大到 100 平方千米。2017 年末已开发面积 34.15 平方千米，总人口为 21.88 万人。自贡高新技术产业开发区致力于将该区域打造为自贡市最具开发潜力、最富发展活力、最宜兴业居住的区域。自贡高新技术产业开发区始终坚定不移地走推动新型工业化和新型城镇化互动发展的发展道路，经过多年建设，先后成为国家新材料高新技术产业化基地、国家新型工业化产业示范基地（节能环保装备）、国家科技兴贸创新基地、国家级科技企业孵化器和国家知识产权试点园区，园区建设取得了较为优异的成绩。泸州高新技术产业开发区的产业优势明显，该区域拥有泸州国家高性能液压件高新技术产业化基地，是全国工程机械行业九大整机制造基地之一、全国大中型全液压汽车起重机和挖掘机制造中心。并且，泸州高新技术产业开发区医药产业发展状况良好，现代医药产业区域在该高新技术开发区聚集程度较高，是四川省市级区域中聚集度最高的基地。宜宾临港经济技术开发区，截至 2018 年开发面积超过 10 平方千米，固定资产投资已经超过 200 亿元。2013 年，宜宾临港经济技术开发区升级为国家级经济技术开发区。在升级为国家级经济技术开发区以后，宜宾临港经济技术开发区发展势头迅猛，在港口运营、机械装配等发展上取得了显著成绩。内江经济技术开发区于 2013 年 11 月升级为国家级经济技术开发区，规划面积 50 平方千米。内江经济技术开发区是中国汽车（摩托车）零部件制造基地、成渝经济区电子信息产业配套基地、四川省“51025”重点产业园区、四川省特色高新技术产业化基地。

川南经济区各级产业园区依托良好的发展环境和扎实的产业基础，招商引资成绩显著。川南经济区已经形成全方位的产业引进格局。德国巴斯夫公司、广西柳工机械股份有限公司、厦门厦工机械股份有限公司、中国机械工业集团有限公司等国内外知名企业与本地企业以多种模式参与本地经济建设发展，使装备机械、新材料化工等产业发展水平大幅提升。

3. *龙头企业初具规模，引领带动明显*

川南经济区拥有一批实力较强、品牌知名度较高的大型企业集团，在行业发展中发挥了龙头企业的引领作用。在四川省大企业大集团培育名单中四川省宜宾五粮液集团有限公司、泸州老窖股份有限公司、泸州北方化学工业有限公司、宜宾天原集团股份有限公司等赫然在列。其中，四川省宜宾五粮液集团有限公司、泸州老窖股份有限公司的销售收入居于中国白酒行业前列。龙头企业拥有较强的研发能力，以装备机械、汽车配件、新材料、酿酒等领域最为集中，如四川东方锅炉工业锅炉集团有限公司、四川大西洋焊接材料股份有限公司、四川省宜宾五粮液集团有限公司、泸州老窖股份有限公司等在某些技术领域的科研能力在国内处于先进水平，在一些领域甚至达到国际先进水平。

4. 川南经济区工业产品出口面临的形势更加严峻

世界经济持续低迷、各种形式的贸易保护主义抬头导致我国出口形势恶化。川南经济区的出口产品结构单一、层级较低，以原料初加工和劳动密集型的产业为主要的出口产业产品，而该产业产品的附加值较低，在出口创汇中发挥作用不大，并且国际市场价格敏感性较强，价格波动较为厉害。出口产品中，技术密集型和资本密集型产业产品比重较低，并且其产业产品出口有下跌趋势。相比于 2013 年，川南经济区 2014 年出口总额萎缩了 15%，其中，纺织服装、陶瓷、液压件、起重机、挖掘机及配件等轻工业产品和机电产品的出口增长量下降速度最快。

5. 成渝经济区内部竞争趋于激烈

川南经济区与成都市天府新区、重庆两江新区及产业重合度较高的其他城市之间的资源争夺和市场竞争将会加剧。川南经济区北邻重庆和成都重点发展的新区，即成都市天府新区和重庆两江新区，川南经济区在获得产业辐射优势的同时需要与这两个新区竞争。但在经济实力和政策支持上，川南经济区都不具有优势，成都市天府新区和重庆两江新区在投资吸引、人才吸引方面形成了“虹吸效应”，使得周边区域无法与其竞争，从而导致了成渝经济区不均衡的发展状况。另外，在港口运营方面，重庆港由于其西部经济中心和交通枢纽的优势，港口发展也得到其区位优势和经济优势的辐射，使得重庆港在规模、硬件设备、管理水平等方面具有明显优势，与川南经济区的泸州港、宜宾港形成强有力的竞争。而且，川南经济区内部的泸州港距离宜宾港 130 千米，货源地和功能定位相近，本身也形成一定的竞争格局。

2.1.2　川南经济区产业转型发展中存在的问题

1. 工业结构一支独大

2014 年，川南经济区第三产业比重在 2012 年基础上增长了 2.1 个百分点，达到 26.3%，但是比全省平均水平低 12.4 个百分点。一方面由于传统服务业转型缓慢、增长乏力，如全社会消费品零售总额占全省比重的 15.36%，与常住人口占全省的比重水平极不匹配；另一方面是新兴先导型服务产业发展不够，如电子商务业、现代物流业、现代金融业、科技服务业、养老健康服务业等产业发展严重滞后，服务业结构调整任务艰巨。更为重要的是，川南经济区四地市（以下简称川南四市）都属于老工业城市，发展过程中对第二产业，特别是制造业的过度依赖和重视在一定程度上限制了服务业的发展。

川南经济区近年来工业产业结构中传统产业优势逐渐下降，如重化工、机械等产业发展日益衰退，装备制造、油气化工、食品饮料等传统行业，虽然仍有一定优势，但是发展动力不足。而新兴产业的集中度略显不足，产业结构单一、不合理，抗风险能力差，持续发展潜力不够。电子信息、装备制造、汽车制造、生物医药区域产业发展未成气候，在四川省内各区域中，优势不明显，在四川产业格局中的优势产业分布仍较为有限。

2. 传统工业仍然各有不足

在川南经济区的传统产业中，其支柱产业（化工、能源、白酒、装备制造等产业）在经济社会发展中起到了非常重要的作用。但在现代化进程中，这些传统产业的发展遇到了许多问题和瓶颈。

第一，就川南经济发展中起到了重要推动作用的白酒产业而言，其产业发展竞争压力越来越大。白酒企业面临品牌竞争、质量提升、管理升级等问题。白酒产业规模以上的企业少，除四川省宜宾五粮液集团有限公司、泸州老窖股份有限公司、四川郎酒股份有限公司等少数企业是该行业的骨干企业之外，其他企业年产量低、规模小、品牌效应低、管理水平低，未形成具有较大影响力的区域品牌。同时白酒产业区域配套服务不健全、服务水平不高，行业精细化管理不够，没有形成集约化的发展模式，行业内部资源共享程度不高，并且白酒产业创新能力不足，未形成区域特色和品牌文化。

第二，就化工产业而言，依靠传统资源发展的路径依然未改变。天然气是传统资源中占主导地位的资源，对川南化工产业发展起着至关重要的作用，但是对天然气资源的依赖成为川南化工企业发展的瓶颈。天然气资源日益减少，对天然气资源的过度依赖成为诸多企业转型发展的掣肘。并且，川南经济区化工产业结构不合理。总体而言，产业规模效益未形成，设备面临升级和扩大产能的压力，科技创新能力不足，对资源开发加工程度低，产业链发展面临较大困难。同时，川南经济区的化工园区缺乏合理规划和建设，部分化工企业对环境造成了一定程度的破坏，化工产业面临较为紧迫的转型升级任务。

第三，就装备制造产业而言，其面临的问题主要体现在：首先，产业的相对优势逐渐消失，缺乏竞争力；其次，产业缺乏具有规模的龙头企业，没有领头企业产生的带动效应；再次，产业生产力水平不高，产品技术含量低、产量低，科技创新能力较弱，产品多以初级加工为主，产品品级不高，技术更新换代较慢；最后，产业企业开放程度较低，企业与外部协作能力也较低，专业化程度有待增强。

第四，就能源产业而言，首先，川南经济区能源产业发展过程中存在的首要问题是以煤、天然气为主的能源发展产业，其企业未形成规模化经营，能源矿产规模小，企业管理能力不高，行业产业链较短，矿产资源开发程度不高，加工能力不足，产业生产效益不高；其次，产业发展配套的交通基础设施建设不足，矿产资源运输网络不健全，制约了能源产业的发展；最后，川南经济区能源产业发展缺乏规范管理，推动产业发展的配套政策支持不足，页岩气勘探开发等发展技术能力和经验不足。

3. 研发投入低，自主创新能力弱

2014 年川南四市的研发经费内部支出占地区生产总值比重，宜宾为 1.37%，内江为 0.40%，自贡为 0.63%，泸州为 0.41%，整个区域研发经费内部支出占地区生产总值比重仅为 0.74%，远低于四川省内的成都、绵阳、德阳、攀枝花等市，低于四川省平均水平（1.57%）。川南经济区工业领域的研发投入比例总体较低，严重制约了企业乃至产业的技术进步和产品市场竞争能力的提高。

4. 产业布局不合理，集聚水平不高

（1）产业集群链条短。川南经济区的酒业、化工、机械等特色优势领域的龙头骨干企业规模较小、产业链普遍较短，导致园区经济规模较小、带动能力较弱。例如，白酒产业链各环节发展不均衡，处于“微笑曲线”的底端，在各环节中，包装材料生产、原液灌装、仓储物流等环节发展是其优势环节，而在产业链“微笑曲线”两端收益较高的研发设计、品牌推广和营销等发展不足；化工产业装置生产能力小、产业链条短、精深加工较少、规模效益不明显；机械行业停留在单体作战、自我发展的半封闭状态和粗放型生产经营阶段，相互衔接的市场拉动、产品主导、产业集群发展机制尚未建立，协作配套能力较差、抗击风险能力较弱。

（2）产业园区差异化程度低。从现实发展情况来看，部分产业园区没有形成主导产业和产业特色，规模不大、带动能力不强、水平低、重复建设情况严重、同质化竞争等问题严重，要达到“一园一主业、园区有特色”的要求需要付出更多努力。

2.2　川南经济区城市发展状况与问题研究

2.2.1　川南经济区城市发展状况

四川省人民政府的“十二五”规划中提出，五大经济区是重要的经济发展战略部署。而在五大经济区中，川南经济区具有重要地位。川南经济区组成的区域连接了四川、云南、重庆和贵州四省市，是四川省“多点多极支撑”发展战略的重要支撑。川南经济区人口密度较高，在长期的发展过程中形成了较高的城镇化水平，工业化发展速度较快，区域整体经济实力较强。川南经济区的经济区位较为特殊，北接成渝经济区，处于中国城市化格局中第二横和第三纵的交叉地带，处于四川省“一轴三带、四群一区”的城镇空间发展格局中的“沿长江城镇发展带”和“达南内宜城镇发展带”两大城镇发展带的交叉中心区域，在《成渝经济区南部城市群发展规划（2014—2020 年）》和《四川省省域城镇体系规划（2014—2030 年）纲要》中，将“协作共赢，一体发展”作为发展原则之一，川南经济区的发展战略定位在该规划中进一步得到明确。川南经济区被定位为“多中心城市群一体化发展试验区”“西部老工业基地城市转型升级示范区”“国家重要的先进制造业基地”“成渝经济区沿江和南向开放的重要门户”。在川南城市群一体化发展过程中，川南经济区被打造为全省经济新兴增长极和成渝经济区重要经济增长极。四川省委、四川省政府建立了省领导联系川南经济区工作制度，成立了省川南经济区发展协调小组，加强了省级层面对川南经济区建设的组织领导和统筹协调。与此同时，自贡市、内江市、宜宾市和泸州市共同制定了《川南经济区联席会议章程》，设立了区域合作的决策和组织执行机构——川南经济区联席会，签订了《川南经济区合作发展协议》，在区域发展规划上，做到区域衔接；在基础设施建设方面，做到川南经济区内一体化建设和区域内无缝连接；在产业发展方面，联合推动区域内产业调整与升级；在市场建设方面，打破区域格局，实现区域市场一体化发展；在公共服务方面，推动区域公共服务的对接和共享；在生态环境建设方面，区域内各市政府联合共治，川南经济区形成内部协作紧密、开放创新、一体化发展的城市群落。

1. 人口情况

聚集资源，特别是人力资源既是城市发展的基础，又是城市极为重要的功能之一。截至 2014 年，川南经济区户籍人口、常住人口、非农业人口分别为 1819.2 万人、1519.84 万人、472.8 万人，分别比 2012 年增长 0.68%、0.38%、16.25%，占全省的比重分别为 19.86%、18.67%、17.55%。

2. 经济和收入

经济发展作为城市的基础性功能，能为城市其他功能的发挥提供有力支撑。2014 年，川南经济区实现地区生产总值 4933.71 亿元，占全省的比重为 17.29%，人均地区生产总值达到 32 462 元，比全省平均水平低 2666 元；全社会固定资产投资总额、社会消费品零售总额、进出口总额分别为 3606.67 亿元、1903.1 亿元、21.52 亿美元，分别占全省的 15.3%、15.36%、3.06%；地方公共财政收入和支出分别为 309.02 亿元和 882.72 亿元，分别占全省的 10.1%和 12.99%；城镇居民人均收入 24 236 元，与全省平均水平持平。

3. 城市建设

与 2012 年相比，川南经济区城市建设取得了快速发展。截至 2014 年，城区面积为 369.12 平方千米，比 2012 年增加了 13.13%；常住人口城镇化率为 44.88%，比 2012 年增加了 2.67 个百分点；等级公路里程数达到 36 666 千米，比 2012 年增加 7.65%；人均道路面积、建成区绿化覆盖率、燃气普及率、生活垃圾处理率分别达到 9.54 平方米、38.92%、85.28%、93.47%，比 2012 年分别增加了 0.67 平方米、1.08 个百分点、0.8 个百分点、3.5 个百分点，城市基础设施有了较大改观。

4. 城市品质

与 2012 年相比，川南经济区的基本社会服务水平有了一定的提高。截至 2014 年，全部社会执业医师、卫生机构床位、公共图书馆藏书量分别达到 23 068 人、83 948 张、363.9 万册，分别比 2012 年增长 12.21%、15.03%、5.3%，普通高中、普通初中、科学研究与试验发展（research and development，R&D）折合全时人员、研究人员、R&D 内部经费支出分别达到 114 所、718 所、13 087 人年、6065 人、36.40 亿元，分别比 2012 年增长 17.53%、17.13%、5.47%、21.61%、25.73%，城市品质不断提升。

2.2.2 川南经济区城市发展中存在的问题

1. 人口聚集功能不强

2012～2014 年，川南经济区户籍人口增长了 0.68%，与全省增长水平一致。但常住人口增长率仅为 0.38%，比全省平均水平低 0.41 个百分点，常住人口占全省比重由 2012 年的 18.75%降低到 18.67%，说明受自身发展不足，以及成都市天府新区、重庆两江新区“虹吸效应”的影响，相当数量人员离开川南经济区，人口聚集功能不强。同时，户籍人口城镇化率为 25.99%，低于全省平均水平（29.41%），常住人口城镇化率与户籍人口城镇化率之间相差 18.89 个百分点，这说明“半城镇化”问题十分突出。进入城市务工农民，在城市从事了产业工人的工作，但其农民的身份却难以转换，不能享受城镇居民一样的教育、就业、医疗、养老、保障性住房等社会福利，无法充分融入城市生活，成为“候鸟”游离在城市和农村，无法真正成为城镇居民，也再难以回到农村生活，这给城市发展带来了一定的管理压力。这种情况对于城市发展不利，对于人口合理流动和流动人口生活水平提高也非常不利，无法实现真正的城镇化发展。

2. 城市经济功能发挥较差

虽然与 2012 年相比，川南经济区经济实力有了一定的壮大，但是，与其他经济区比较，特别是与四川省平均水平比较，尚存在不少的问题。

1）经济影响力下降

2012～2014 年，川南经济区地区生产总值增长 19.28%，略低于 19.54%的全省平均增长水平，经济总量占全省比重由 2012 年的 17.33%降低为 17.29%，其原因在于川南四市的经济发展的战略目标和战略重点很接近，主导产业主要集中在机械制造、基础化工、能源和食品（白酒）等领域；川南经济区内各市以自我为中心的发展意识仍未改变，各市之间的资源争夺、区域发展边界仍然存在，城市之间联结不紧密，存在明显隔阂，抱团发展的态势仍未形成。各市之间产业发展遍地开花，区域之间产业相互融合、相互补充、共同促进的模式没有形成，同质化发展严重。各区域之间产业发展恶性竞争，导致川南经济发展活力不够，整体实力不足。

2）经济外向度低

国际市场开拓能力弱，外向型经济发展不足。2014 年，川南经济区进出口总额为 21.52 亿美元，仅比 2012 年增长 0.24%，占全省的比重由 2012 年的 3.63%降低到 3.06%，这与其处于长江经济带上游中心区域和西南出海大通道枢纽区域的地位极不相称，严重限制了其面向全球范围整合资源、开拓市场。

3）地方财政实力薄弱

地方财政担负着公共服务供给的责任。作为老工业基地构成的川南经济区城市群，在交通、能源供给等基础设施建设方面不够完善，历史欠账较大。同时，一般公共服务、教育、社会保障和就业、住房保障等方面的供给水平不高，特别是城市人均道路面积、人均公园绿地面积，以及用水、燃气、生活垃圾处理等市政基础设施建设水平低于全省平均水平。这种状况的改善，必然会导致地方公共财政支出增加，需要相当的财政实力保证才能实现可持续发展。2014 年，川南四市人均地方公共财政收入仅为四川省平均水平的 54.07%，地方公共财政收支缺口由 2012 年的 472.51 亿元扩大到 573.7 亿元。这表明，在现有的以分税制为核心的财政管理体制下，川南经济区的四个地级市财政管理权限较低，导致其地方公共财政收入与城市发展的投入需求相比，还有较大差距。

3. 城市建设不足

在公路交通设施方面，川南四市等级公路占全省的比重由 2012 年的 14.54%下降为 2014 年的 14.27%，2014 年人均等级公路里程为 24.12 千米，与全省平均水平（31.58 千米）相差了 7.46 千米。在市政基础设施方面，2014 年川南四市人均道路面积、人均公园绿地面积、用水普及率、燃气普及率、污水处理率、生活垃圾处理率分别比全省平均水平低 3.78 平方米、2.09 平方米、8.36 个百分点、5.61 个百分点、10.19 个百分点、3.77 个百分点，城市基础设施建设与川南经济区作为四川第二大经济区和经济增长极的地位相比，尚有不小差距。

4. 城市品质有待提高

公共服务体系的完善程度和发展水平，以及社会创新活跃程度是衡量城市品质的重要内容之一，虽然川南四市都不约而同地提出了建设宜业、宜居、宜品的山水园林城市的目标，并进行了卓有成效的实践。但是，部分基本公共服务供给不足、社会创新活动活跃度不高和城市管理水平较低依然是阻碍川南经济区城市品质提升的短板。

1）部分基本公共服务供给不足

2014 年，川南经济区执业医师人数占四川省的 15.91%，万人平均执业医师 15.18 人，低于全省平均水平 2.64 人；万人拥有公共图书馆藏书 1519.84 册，低于全省平均水平 1490 册；中等职业学校和普通初中学校数量分别占全省的 18.63%和 18.41%，万人拥有学校数与全省平均水平持平，而普通高中学校数量仅占全省的 15.57%，万人拥有学校数低于全省平均水平 0.015 所，教育供给还不能满足需求。

2）社会创新活动活跃度不高

2014 年，川南经济区 R&D 折合全时人员为 13 087 人年，比 2012 年增长了 5.47%，比全省平均增幅低 16.63 个百分点，占全省的比重由 2012 年的 12.66%降低到 10.94%；R&D 研究人员达到 6065 人，比 2012 年增长了 21.61%，万人中 R&D 人员 3.99 人，约高于全省平均水平（7.71 人）的一半；2014 年，R&D 内部经费支出达到 36.40 亿元，比 2012 年增长 25.73%，占地区生产总值的比重为 0.88%，比全省平均水平低 1 个百分点。

3）城市管理水平较低

川南经济区城镇人口增长速度较快，城区建设面积也在不断增加，但城市管理并未跟上人口和城镇发展速度，这为城市发展带来更加复杂的管理问题。当前川南各市城市治理整体水平不高，管理模式创新不够，在城市管理中仍大多沿用过去的管理办法，各种问题仍旧突出，如交通拥堵、公交车不规范进站、渣土车非标准化装卸、行人随意穿行等现象较为普遍。2014 年，川南经济区交通事故虽然比 2012 年降低了 7.5%，但占全省交通事故的比重高达 19.55%，比 2012 年增加了 0.37 个百分点；同时，城市背街小巷的破旧危房的重建、街区乞讨流浪人员的管理、城区卫生死角的管理、绿化带的完善等任务非常艰巨。

2.3 川南经济区生态环境发展状况与问题研究

2.3.1 川南经济区生态环境发展状况

川南经济区对长江流域的生态环境发展具有重要的影响。川南经济区位于长江上游区域，是长江上游生态屏障的重要组成部分，金沙江和岷江在宜宾汇合为长江，并流经宜宾、泸州两市。川南经济区的生态建设，不仅关系到本地区的生存和发展，对整个西部地区和长江中下游的影响也不容忽视。

1. 生态创建和环境保护有序推进

川南经济区各市的生态建设和环境保护的推进工作主要从以下几个方面进行：第一，推进农村环境综合治理；第二，新建乡镇污水处理设施，新建农村生活污水处理项目；第三，强化乡镇饮用水源地管理；第四，组织实施小流域污染治理工作；第五，开展秸秆焚烧整治工作；第六，开展土壤污染防治，强化食品安全监督管理；第七，农产品种植地、养殖地、定点屠宰厂（场）环境安全监管进一步加强，开展农产品种植地、养殖地、食品加工生产企业、规模化畜禽养殖场、饮用水源地周边等环境的监测。

国家为治理水土流失和防止沙化，实施了退耕还林政策，川南经济区作为长江上游生态屏障的重要组成部分，经济区各级政府认真贯彻落实科学发展观，积极推进和切实加强土地保护、森林资源与水资源管理，森林覆盖率逐年提高，为保护母亲河——长江做出了重大贡献。川南经济区森林覆盖情况如表 2-1 所示。

表 2-1　川南经济区森林覆盖率统计表

地区	2013 年	2014 年	2015 年
全省	35.30%	35.76%	36.02%
自贡	31.50%	32.70%	33.70%
泸州	48.80%	49.70%	50.00%
内江	31.85%	32.56%	33.10%
宜宾	40.71%	43.50%	44.20%

注：数据取自政府工作报告

2. 川南经济区生态环境压力较大，节能减排形势将更加严峻

川南经济区的优势主导产业主要是白酒产业和化工产业，从内部看，化工产业对生态环境的影响与白酒产业对生态环境高度依赖的矛盾比较突出。从外部看，川南经济区作为长江上游生态屏障建设的重点区域，经济发展对资源开发依赖度高的特征和生态保护的矛盾日益突出。

3. 环境承载能力下降

在城市发展建设方面存在诸多问题，如城镇面积急速扩张，但城市规划滞后和管理水平低下；又如城市发展中缺乏配套建设；再如城市发展新老城区规划开发不合理、棚户区改造困难重重等问题给区域环境带来巨大压力。川南经济区城市发展给环境造成了负面影响，导致了资源紧缺、大气颗粒物污染、水污染严重等问题；在全省 21 个城市的 2016 年 1～6 月环境空气质量平均综合指数统计中，宜宾市、内江市、泸州市、自贡市分别排名第 11 位、第 13 位、第 17 位和第 20

位；在全省 21 个城市 2015 年 1～12 月在集中式生活饮用水水源地水质监测结果中，宜宾市宋公桥断面共有 4 个月总磷超标、5 个月粪大肠菌群超标，泸州市长江石堡湾、长江五渡溪各有 10 个月粪大肠菌群超标，自贡市长湖水库总氮超标。

2.3.2 川南经济区生态环境发展中存在的问题

1. 矿产资源开发不合理，生态功能退化严重

矿产资源开发利用不合理是川南经济区生态功能退化的主要原因之一。开发利用过程中存在的问题较多，以盐矿资源为例，企业由于技术能力有限、设备陈旧、投入不够等原因，对盐矿资源的开发不足，生产过程中存在资源泄漏和外溢现象，废渣、废气和废水不善处理导致其对环境造成严重的污染，且代谢速率较慢，危害严重。这极大地破坏了企业周边的生态环境，对当地居民生活生产和区域的经济社会发展也造成了较大的损失，如自贡的盐矿资源开发污染。

2. 工业污染向农村转移，造成了污染的扩散和加剧

虽然川南四市城区对环境污染的重视、环保力度的加强和环境保护意识的不断提高，川南四市城区的环保情况有所改善，但农村地区却成为环保忽略地带。在城市无法生存、对环境污染严重的企业利用部分法律的空白，将企业迁址到农村。这样在城区消失的环境污染物在农村被悄悄偷排。由于缺乏监管，污染企业一般没有配备污染物处理设备，或是有污染物处理设备，但长期闲置不用，这些污染物未经处理直接排放，给农村的生态环境带来极大的破坏。

3. 城镇化带来一系列新的生态环境问题

川南四市的城镇化速度在不断加快，城镇化带来的是农村人口向城市不断地涌进。面对突增的居住人口，由于经济水平有限，城市环保设施承载能力并不能满足新增人口的需要。生活污染物处理设备、处理能力并未跟上城镇化的速度，使得大量的生活污染物对城镇及周边农村造成了极大的污染，对生态环境造成了很大的破坏。

川南四市的城市人口增多，以及四市居民生活水平和生活方式的改变，生活垃圾和生活污水大量增加。更为严重的是，生活垃圾中不可降解的垃圾在生活垃圾比例中越来越大，如塑料垃圾。塑料垃圾难以降解，通过填埋的方式处理为以后垃圾处理地封场后的重新开发和利用造成了较大的障碍。而在生活污水中，磷污染越来越严重。生活污水由于没有足够的处理设备，存在直接排放到河流中的现象，这给当地河流和地下水造成很大的污染。

4. 农村饮用水污染与秸秆焚烧污染严重

和农村相比，城市居民虽环境保护意识较强、污水处理设备较完善，却仍不

乏存在水污染情况，而农村水污染的严重程度更甚。农村居民环境保护意识有待加强，一些不良的生活习惯，会造成农村环境污染。并且生活污染物处理设施有限，没有充足地处理生活生产污染物，如农村秸秆的处理。由于农业生产内部消化有限，而秸秆处理设备缺失，农民往往选择最简单、成本最低的焚烧形式。秸秆焚烧导致大雾弥漫、浓烟刺鼻，污染了空气，危害了人们的健康。另外，农村生产污水的排放常常缺乏监管，生产污水随意排放会对农村河流和地下水造成较大的污染。

5. 种植业种植生产方法不科学而对生态环境造成破坏

我国农业生产特别是种植业存在过度使用化肥、农药、农膜、生长调节剂等农用物资的情况。这是在推进农业现代化过程中遗留的问题，曾经促进农业快速发展的生产方式，却正在给环境带来巨大的破坏。农药、化肥等农用物资的大量、过度、不科学的使用，使得这些农用物资的残留物大量进入农村的河流、湖泊和地下水中，给农村水体造成破坏，甚至给农产品的品质带来负面的影响，并且这些农用物资过度使用使得土壤的质量不断下降，影响了土地的持续生产能力。农业使用的薄膜难以降解，并且农业薄膜在降解过程中会产生有毒有害物质渗透到土壤中，从而对农作物的生长造成危害。

2.4　川南经济区交通运输发展状况与问题研究

2.4.1　川南经济区交通运输网络发展状况

1. 区域及地理概况

川南经济区毗邻云贵高原，是四川、云南、贵州、重庆三省一市的接壤地带，重庆位于其东面，凉山位于其西面，乐山、资阳坐落于其北面。长江的干流重庆至宜昌段北接川南经济区，因此川南经济区历来就是沟通四省市的重要物资贸易中心。

川南经济区各城市之间联系紧密，相对位置保持在 100 千米以内，自贡市位于川南经济区中央，与内江、宜宾和泸州的距离分别为 46 千米、75 千米和 96 千米。

2. 国家安全和战略发展分析

川南经济区的区域位置具有非常重要的战略意义。从川南经济区向南，四川通过川南经济区连接南贵昆经济区，而从四川通往北部湾、迈向珠三角经济区必须经过川南经济区，因此，川南经济区是四川省及西北地区省区市通往东南亚的重要门户和通江达海的桥头堡，是成渝经济区联结西南、中南地区和长江中下游地区的重要枢纽，对于我国与东南亚和南亚国家的经济文化往来的增强具有重要的意义。通过推进川南经济区一体化，加快其同周边地区基础设施无缝接轨，同时打通其与长江经济带、丝绸之路经济带、21 世纪海上丝绸之路的连接通道，积极融入三个重要的经济带，对于带动西部地区省区市经济社会的发展具有重要意义。同时，努力构建西部对外开放新走廊，将有利于打通我国向西开放的国际通道，对于增强我国与西亚、中亚和欧洲国家的经济与文化联系具有重要的意义。

3. 既有交通运输网络分析

随着西部大开发战略的不断推进，成渝经济带的逐渐成形，川南经济区内各市政府对基础设施的投资和建设，使得交通基础设施得到了极大的改善。目前，川南经济区拥有三条铁路干线，分别为成昆线、成贵线和成渝线，但区域铁路密度低、覆盖率不高且线路等级低、通行能力不足。公路主要通道包括 7 条高速公路和 6 条省道，省道为 206 线①、207 线、305 线、307 线、308 线、309 线，除部分为三级公路，其他基本为二级公路。川南经济区位于长江水系上游，水资源丰富，长江黄金水道横贯东西，岷江、沱江沟通南北，拥有泸州港和宜宾港，但设备陈旧，吞吐量不足。在航空方面，截至 2014 年川南经济区仅有宜宾菜坝机场和泸州蓝田机场两个机场，空域资源紧张，基础设施建设滞后，机场能力不足。

1）既有铁路线网分析

川南经济区地处丘陵地区，地形、地貌复杂，铁路建设施工的地质条件较差、难度大。川南经济区普通铁路覆盖率不高，铁路总里程为 644 千米（含 2015 年 12 月通车的成渝高铁内江段 73 千米），密度为 1.89 千米/千米 ^{2}。川南经济区内一共有普通铁路六条，这六条铁路中成渝铁路、内昆铁路是干线，资威铁路、隆叙铁路（为隆黄铁路的一段）、宜珙铁路、金筠铁路虽不是干线，但是将城市群内四座中心城市连接起来的重要纽带。成渝高铁于 2015 年 12 月 26 日正式运行，结束了川南经济区无快速铁路的历史，该线路总长 308 千米，四川境内 185 千米（川南经济区内江段长 73 千米）。

川南经济区交通基础设施状况（铁路）如表 2-2 所示。

表 2-2　川南经济区交通基础设施状况（铁路）

线路		里程/千米	途经川南经济区城市（县级及以上）	开工时间	通车时间	备注
成渝铁路		138	内江市（隆昌市[1]、资中县）	1950 年	1952 年 7 月	全长 505 千米
资威铁路		25	资中县、威远县	1959 年	1960 年	运煤专线
隆黄铁路	隆昌—泸州	55	隆昌市、泸州市（泸县）		1992 年	
	泸州—纳溪	26	泸州市（纳溪区）		2006 年	
	纳溪—叙永	77.599	叙永县	2004 年 11 月	2009 年 6 月	

① 现规划的 427 省道。

续表

线路		里程/千米	途经川南经济区城市（县级及以上）	开工时间	通车时间	备注
隆黄铁路	叙永—毕节	181		2016 年 10 月		在建
	毕节—织金	80		2010 年 12 月	2015 年 12 月	
	织金—黄桶	63		2005 年 4 月	2011 年 4 月	
内昆铁路	内江—宜宾（安边镇）	144	内江市、自贡市、宜宾市（叙州区）		1960 年	全长 872 千米
宜珙铁路	宜宾—高县—巡场—珙县	66	宜宾市（高县、珙县）	1966 年 1 月	1977 年 12 月	
金筠铁路	金沙湾—珙县—高县—筠连	74	宜宾市（高县、珙县、筠连县）	1998 年 9 月	2003 年 8 月	
成渝高铁		73	内江市（隆昌市、资中县）	2010 年 3 月	2015 年 12 月	总长 308 千米

1）2017 年 4 月 9 日，民政部同意四川省撤销隆昌县，设立县级隆昌市。本书统称隆昌市

2）既有公路运输分析

公路运输是川南经济区内主要的运输方式，承担着川南四市的主要运输任务。随着近几年的发展，连接中心城市的高速公路已经覆盖大部分区域，经济区内公路网技术等级虽然在近几年有快速提高，但依然不能满足川南四市人民生产生活需要，路网结构有待完善，不同交通方式衔接不畅，各级路网连通程度不够。截至 2014 年底，川南经济区公路总里程已达到 48 409 千米，公路旅客周转量达到 1 467 983 万人千米，公路货物周转量达到 2 599 898 万吨千米。

2014 年，川南经济区高速公路加速建设，区域内已有 7 条高速公路，与普通国道共同组成了川南城市群内的公路网络，川南经济区公路运输及高速公路详细情况如表 2-3～表 2-7 所示。

表 2-3　2014 年川南经济区公路网运输情况

地区	公路总里程/千米	等级公路里程/千米	高速公路里程/千米	民用汽车拥有量/万辆	私人汽车拥有量/万辆	公路旅客周转量/万人千米	公路货物周转量/万吨千米
川南经济区	48 409	36 666	982	67.8	56.4	1 467 983	2 599 898
自贡	6 456	5 183	183	13.8	11.7	183 364	541 543
内江	13 516	9 552	389	21.0	16.5	641 482	1 216 147
宜宾	10 136	6 594	232	13.8	11.7	312 310	323 503
泸州	18 301	15 337	178	19.2	16.5	330 827	518 705

注：数据取自《四川统计年鉴 2015》

表 2-4　2014 年川南经济区公路网详细情况

地区	公路总里程/千米	高速公路里程/千米	一级公路里程/千米	二级公路里程/千米	三级公路里程/千米	四级公路里程/千米	等外公路里程/千米	公路密度/（千米/百千米²）	公路密度/(千米/万人)	通公路乡镇/个	通公路乡镇占比
自贡	6 456	183.3	113.4	178.1	311.4	4 396.4	1 273.5	147.37	19.65	96	100%
泸州	13 516	389.0	41.6	817.2	177.7	8 126.8	3 964.0	110.46	26.75	128	100%
内江	10 136	231.9	61.9	437.3	445.5	5 417.3	3 547.8	188.22	23.76	115	100%
宜宾	18 301	178.1	76.4	737.6	360.4	14 006.7	2 964.2	137.95	33.48	185	100%

注：数据取自《四川交通年鉴 2015》

表 2-5　2014 年川南经济区公路覆盖情况

分类	按行政级别划分				按常住人口数量划分（不含乡镇）			
	地级及以上城市	县级市	区县（不含县级市）	乡镇	20 万人以上	10 万～20 万人	5 万～10 万人（不含 10 万人）	5 万人以下
城市总数/个	4	0	33	639	31	2	0	0
高速公路覆盖数量/条	4	0	25	—	25	0	0	0
普通国道覆盖数量/条	4	0	13	—	13	0	0	0

表 2-6　川南经济区内交通基础设施状况（一）

高速公路名称		途经川南经济区城市（县级及以上）	线路	开工时间	建成时间
厦蓉高速公路	成渝高速公路（成都—隆昌段）	内江市（资中县、隆昌市）	G76	1990 年	1995 年
	隆纳高速公路	内江市（隆昌市）、泸州市（泸县）		1996 年	2000 年
	纳黔高速公路（四川段）	泸州市（叙永县）		2008 年	2012 年
渝昆高速公路	成渝高速公路（重庆—内江段）	内江市（隆昌市）	G85	1990 年	1995 年
	内宜高速公路	内江市、自贡市、宜宾市		1996 年	1999 年
	宜水高速公路	宜宾市		2002 年	2006 年
内遂高速公路		（遂宁市、安岳县）、内江市	S11	2009 年	2012 年
成自泸赤高速公路		（仁寿县）、威远县、自贡市（富顺县）、泸州市（合江县、泸县）	G4215（S4）	2009 年	2014 年
成渝环线高速公路	乐宜高速公路	宜宾市（宜宾县）	G93	2007 年	2010 年
	宜泸高速公路	宜宾市（长宁县、江安县）、泸州市		2009 年	2012 年
	泸渝高速公路	泸州市（纳溪区、江阳区、合江县）、（重庆市江津区）		2009 年	2013 年

续表

高速公路名称		途经川南经济区城市（县级及以上）	线路	开工时间	建成时间
乐（自）隆高速公路	乐自高速公路	自贡市（荣县、贡井区、自流井区、沿滩区）	S66	2010 年	2013 年
	自隆高速公路	自贡市（沿滩区、富顺县）、内江市（隆昌市）		2011 年	2015 年
内威荣高速公路		内江市（威远县）、自贡市（荣县）	S20	2012 年	2015 年
泸州绕城高速公路		泸州市			2014 年

表 2-7　川南经济区内交通基础设施状况（二）

线路	技术等级	里程/千米	开工时间	建成时间	投资规模/亿元	备注
宜宾—叙永高速公路	高速	91.7	2012 年	2016 年	71.3	前 42 千米（宜宾-长宁已于 2015 年通车）
宜宾—彝良高速公路	高速	130	2014 年	2019 年	165	
宜宾绕城高速公路	高速	94	2013 年	2016 年	40.2	（分三段，其中南段和西段为新建）
内江绕城高速公路	高速	64.6	2014 年	2017 年	35	

3）既有内河运输分析

川南经济区水运较发达，长江、岷江、沱江、金沙江、赤水河五条水运干道是与川南经济区紧密相关的水运通道。

川南经济区在建的水运通道是岷江江口至乐山段，已于 2013 年开工，预计竣工时间为 2030 年。该段水运通道的技术等级为Ⅳ级，设计能力 500 吨级。

川南经济区现有主要港口为长江干线上的泸州港和宜宾港，其总体规模仍然较小，港口现代化、信息化水平不高，港航服务效率有待提升。

四川宜宾港位于长江、岷江、金沙江三江汇合处。宜宾港一共包括 4 个港区（翠柏港区、南溪港区、江安港区、新市港区），规划了 11 个作业区，预计运量可达 400 万标箱。在规划的 11 个作业区中，最大的作业区为志城作业区，建设用地面积为 4.1 平方千米，整个作业区岸线长 3.5 千米，该作业区同时也是全省最大的港口作业区。宜宾港志诚作业区区域位置较好，位于长江、岷江、金沙江三江汇合口下游约 14 千米长江左岸，共规划建设 23 个 1000 吨级（兼顾 3000 吨级）泊位，集装箱年吞吐能力达 300 万标箱；其中，一期工程投资约 13 亿元，建成 4 个集装箱泊位，1 个重载滚装泊位及 1 个工作船泊位，2010 年设计年通过能力达到 50 万标箱，滚装 10 万辆。

泸州港地处长江、沱江、赤水河等干、支流交汇处，是四川唯一位列全国 28

个内河主要港的港口和四川第一大港。截至 2016 年泸州港已形成纳溪、中心、泸县、合江、古蔺 5 个港区，全港有生产性泊位 174 个，其中千吨级以上泊位 34 个，年综合通过能力约 1000 万吨。

基础设施的陈旧和不完善，是川南经济区内河航道港口存在的主要问题之一，如金沙江航道上，绝大多数的港口和码头都没有配备必要的设备，基础设施简陋。

总体而言，川南经济区两大港口在四川的内河航运中具有非常重要的地位，经济区中内河航运有良好的水运条件，但缺乏整体规划和协作机制。目前各港口各自为政的发展模式，使得各港口资源无法得到有效的配置和利用，远远不能满足现在川南经济区经济发展的需要。并且现有的发展模式导致了港口重复建设、资源浪费和恶性竞争问题的出现。川南经济区各港口之间应该加快港口之间统一协作机制的建立，在组织上和运行机制上协调各港口的协同发展。在港口建设上，应实施沱江、岷江、金沙江、赤水河航道整治，加快泸州集装箱港口建设和改造，重点改造建设宜宾、自贡各主要码头。2014 年川南各地区水运情况如表 2-8 所示。

表 2-8　2014 年川南经济区水运通道状况（既有）

经济区内运输通道	水运航道	航道等级	设计能力	适应性
长江	长江	Ⅲ级		
岷江	江口县—乐山市	Ⅵ级	100 吨级	
	乐山市—宜宾市 162 千米	Ⅳ级	可通行 500 吨级船舶	无法保证大件专用船舶全年顺利通行
沱江	沱江	Ⅶ级		
	内江市—泸州市 288 千米	Ⅴ～Ⅶ级		
金沙江	水富市—新市镇 78 千米	Ⅴ级		
	攀枝花市—新市镇 708 千米	Ⅶ～Ⅴ级	300 吨级船舶、季节性通航小机动船舶	水流条件差，航道等级低
赤水河	合江县—岔角 159 千米	Ⅵ～Ⅴ级	300 吨级船舶、100 吨级船舶	无法满足煤炭运输需求

4）既有航空运输分析

截至 2014 年，川南经济区有菜坝机场和蓝田机场，两个机场规模都属于军民合用机场，等级为 4C 级。虽然两个机场规模有限，但在四川省航空运输中有重要作用。宜宾菜坝机场是除双流机场外四川省第二大机场，已经开通飞往北京、上海、广州等我国主要城市的航班，2014 年机场吞吐量达到 57 万人次，2010 年前，机场旅客吞吐量增长率维持在 9%左右。

泸州蓝田机场是四川省第三大航空港，截至 2014 年开通泸州至北京、上海、广州、深圳、海口、昆明、贵阳等地航班，2014 年旅客吞吐量突破 70 万人次。

由于川南四市的地理条件和环境较为复杂，再加上四市空域有限，航运资源尚未形成有效配置机制，加剧了川南经济区机场建设规模和速度尚不能满足发展形势的严峻状况。川南经济区航空运输存在的问题主要体现在以下几个方面：一是市场份额有限，未形成规模效益；二是区域通关能力低；三是航线航班结构不合理；四是各支线机场能力有限。川南新国际机场建设迫在眉睫。

2.4.2　川南经济区既有综合交通网络发展中存在的问题

从川南经济区的既有交通基础设施及交通运输情况来看，目前由铁路、公路、内河和航空运输构成主要的综合交通方式，其中以公路运输为主。主要存在如下问题。

（1）由于综合交通体制改革不到位，协调机制不健全，各种运输方式发展自成体系，制约了综合运输整体优势和效率的发挥。

（2）交通基础设施需求与供给不匹配，快速铁路、内河水运等大运量、高效率的运输方式发展缓慢。

（3）综合客运枢纽、货运枢纽及枢纽集疏运体系建设滞后，不同运输方式之间缺乏有效衔接，导致多式联运发展缓慢，运输成本较高。

在未来的交通设施建设中城际轨道建设将作为重点发展项目，这是由川南四市的相对位置决定的。川南四市之间衔接较为紧密，城市之间交通距离相对较近，中短途运输是川南四市间的主要运输需求。在未来的川南综合交通网络规划中，应加紧四市间交通发展的统一规划，加快川南四市内交通的无缝接轨，建成覆盖四市的便捷交通网络，同时注重交通运输管理系统的升级改造，为有效配置川南四市优势资源，实现共同发展打好基础。

第 3 章　川南经济区一体化发展战略对策研究

3.1　强化顶层设计，加强统筹协调

3.1.1　准确把握川南经济区一体化发展内涵

川南经济区的载体是城市群，一体化发展是指城市群的一体化。当前中国最有潜力和发展最好的城市群基本上是跨行政区域的，如同省内跨市级区域的珠三角城市群、北部湾城市群、中原城市群等，跨省级区域的长三角城市群、珠三角城市群、京津冀城市群等。川南城市群属于同省内跨市级区域的城市群，因此，以往同省跨市城市群发展的思路和经验值得学习和借鉴。以往同省跨市的城市群发展根本理念在于“优势互补”、“有效配置”和“错位发展”。在发展模式上可以有多种模式，也不拘泥于形式，虽是同城化，但不一定合并更不是同质发展，打破区域间的行政壁垒，实现各区域的协同发展才是同城化的关键所在，具体而言，即各城市间的发展目标协同、资源协同、基础设施协同、环境保护协同等。

3.1.2　优化体制机制、强化顶层设计、加强统筹协调

建立跨区域的川南经济区协同发展统筹领导小组，强化对区域经济社会一体化发展的顶层设计，赋予川南经济区协同发展统筹领导小组打破行政区域进行顶层设计的权力（可以考虑提高其行政级别和经济管理权限），建立“规划共绘、设施共建、产业共树、资源共享、环境共治、优势共创”的体制环境，以顶层设计、上下内外协调、城市联动实现区内各市互利共赢、错位发展。

四川省委、省政府应加强川南城市群一体化发展领导力度，理顺川南经济区联席会和川南各市政府之间的关系，充分发挥领导小组统筹协调作用，避免川南各市在一体化发展过程中“争夺主导权、各自为战、恶性竞争”的状况出现，要形成基于推动区域一体化发展的川南各个城市明确的空间布局、功能定位和发展方向，共同优化川南经济区城市发展空间。同时，可以考虑在相同经济发展水平下增加地方公共财政收入，为城市群的一体化发展提供财力保障。

3.2　大力推动区域产业一体化发展

川南经济区的产业一体化发展模式即“以带连点、以带兴面”的空间开发模式，构建川南四市优势互补、分工协作、功能完善的区域产业空间结构体系，实现“轴带引领、分片发展、整体提升”的区域产业发展战略。建立以区位优势、资源禀赋、市场导向三位一体为导向的产业结构模式，着力进行产业结构调整和优化升级，有效抵消成渝两大中心城市的“虹吸效应”。

3.2.1　优化产业布局，促进集聚效应的产生

川南经济区要以长江黄金水道和主要陆路交通通道为纽带，加强城镇产业分工协作，大力发展通道经济和临港经济。调整优化城镇产业布局，推动区域四市产业转型升级，大力发展服务经济和总部经济。推动国家级经济技术开发区和高新技术产业开发区向多功能综合性开发区发展，推进具备条件的开发区扩区调位，在推进规模发展的同时更注重发展质量。依托交通枢纽、产业基地、城市商贸组团，规划建设一批物流、商贸、金融服务业集聚区，培育发展城市中央商务区，促进产业集聚发展和产城融合发展。从各市产业布局看，要根据各自区位优势和资源禀赋大力发展优势特色产业。

自贡：装备制造产业、科技服务（自贡国家级节能环保装备科技研发制造基地）、服务外包产业、文化旅游产业。

内江：汽车制造产业、能源电力产业（火电）、文化旅游产业。

宜宾：酒类制造产业、能源电力产业（水电、火电）、油气化工业、现代物流产业、现代金融产业、文化旅游产业。

泸州：酒类制造产业、装备制造产业、油气化工产业、能源电力产业（水电）、现代物流产业、现代金融产业、文化旅游产业。

川南经济区酒类制造产业、油气化工产业和装备制造产业等优势产业不仅对于川南经济区发展具有重要意义，在四川省整体的产业布局中也处于重要的战略地位。酒类制造产业、油气化工产业和装备制造产业等产业发展已具备一定的规模，并发挥出一定的聚集效应。然而，川南经济区产业布局仍然存在着一定的问题，如产业发展仍处于“微笑曲线”底端，产业发展收益较小，土地的使用未做到集约化，产业园区同质化程度严重，“港口-园区-城镇”未形成协同发展模式等。

依托川南经济区资源环境承载能力和工业布局现状基础，结合成渝经济区发展上升为国家战略和主动承接东部产业转移等新因素影响，顺应产业沿江集聚效应、布局向东扩张、“港口-园区-城镇”综合开发和产业向园区集中的发展趋势，

以打造长江上游重要产业带为导向，发挥长江黄金水道的产业集聚效应，以“港口-园区-城镇”一体化发展作为优化产业空间布局的有效手段，实施“以带连点、以带兴面”的空间开发模式，重点调整园区产业布局，构建优势互补、分工协作、功能完善的产业空间结构体系，形成推动川南经济区工业转型升级的重要支撑，实现“轴带引领、分片发展、整体提升”的区域产业发展战略。

3.2.2 优化产业结构，实现产业结构多样化

1. 调整区域三次产业结构比例

川南经济区产业结构的调整，重点应当改变现在产业结构单一的状况，摆脱对资源的过度依赖，提高产业类型的丰富性。将寻找和培育新的主导产业与优势产业和新兴产业相结合，同时应当注重调整第一产业、第二产业与第三产业之间的结构比例，使产业结构更加科学、合理。并且产业结构的调整应当以市场为导向，结合自身的优势，寻求区域的市场定位，建立更符合经济发展需要的产业结构体系。

就目前川南经济区的产业结构来看，区域产业发展主要依赖于资源的自然禀赋与位置的独特优势。这有历史的原因，这样的产业发展也是适应经济发展规律的。对特殊资源的依赖，使得川南经济区工业化发展较快，在第一产业、第二产业与第三产业中，工业比例较重，第一产业在整个产业结构中比例较小。但随着工业化进程的深入，目前川南经济区的产业结构不适应未来的发展趋势，第三产业的比重在整个产业体系中较轻。因此，在未来的产业结构调整中，对于第一产业，应该改变现在的农业生产方式，对传统农业进行升级改造；对于第二产业，应该将发展新兴产业与优势产业相结合；并且应该大力发展第三产业，特别是发展与生产紧密相关的服务产业。

发展生产性服务产业，川南经济区具有非常大的潜力，同时对于提升本地区的产业竞争能力具有很大的助益。第一，交通运输业的发展。川南经济区现有的优势产业，如矿物能源、酿酒等，需要发达的交通运输能力给予其支撑，因此，这些优势产业的发展能够带动现代物流业的发展。第二，金融、科技、培训等服务业的发展。川南经济区企业过去对于资源和区位优势的依赖，导致其创新意识和创新能力不强，产品品级较低，而当面临更大的竞争产业升级的压力下，则需要相关的创新、人才培训、金融服务业的支持。

2. 优化工业产业结构比

产业结构优化除了关注第一产业、第二产业与第三产业的比例外，第二产业自身的结构是否合理对于区域经济的发展同样至关重要。就目前川南经济区的工业结构看，工业结构单一化是其工业结构调整中最为关注的问题也是最难解决的

问题。在今后工业产业结构优化过程中，首先，应该继续发展自身的优势产业，但同时应该对原优势产业进行创新升级，提高产品的品级，提高对资源的开发利用率。其次，应该根据区域特色，大力发展战略性新兴产业，逐步转变区域经济的支柱产业、培育新的经济增长点。

3.2.3　加快区域内产业发展，提升区域产业竞争力

1. 做强特色优势产业

川南经济区特色优势产业的发展，要做到五点才能从规模上实现新效益，层次上迈上新台阶，产业环节上实现向产业链两端发展。重点发展的产业有：第一，推动名优白酒业转型发展，建设五粮液工业集中发展区、泸州酒业集中发展区、二郎·名酒名镇，支持名酒企业多元化发展，打造白酒“金三角”核心区；鼓励龙头企业跨行业、跨地区发展，延长产业链，发展关联和配套产业，打造世界级千亿白酒产业集群。第二，重点发展装备制造产业。川南经济区装备制造产业的发展关键在于产业的升级改造。虽然川南经济区有一定的产业基础和产业发展历史，并具备一定的基础工人，但要提高本区域装备制造产业的竞争实力，必须进行技术创新，使其具备与国内领军企业协作发展的能力，提升其承接国际业务的能力；重点发展高端精密机床、大型工程机械设备、清洁能源设备、化工容器及设备、汽摩零部件等，建设临港重装产业基地和汽车零部件制造基地。第三，发展电子信息产业，服务配套成渝经济区。第四，发展现代林竹产业，打造竹产业集群。第五，发展绿色食品加工产业，大力发展本区域名优特产品和绿色食品。

1）酒类制造产业

实现川南经济区酒类制造产业的全面升级。

首先，要改变各白酒企业各自为政的发展模式，整合白酒行业的优势资源和能力，进一步提升白酒产业竞争实力，壮大名酒名企。具体措施有：第一，政府给予相应的政策，支持川南经济区白酒产业的领军企业向多元化发展，向区域外发展，扩大企业在全国的市场份额，夯实川南经济区白酒企业在国内白酒行业中的领导地位。第二，对川南经济区白酒行业的优势资源和能力进行整合，在支持领军企业发展的同时，带动中小企业发展，将领军企业的优势辐射到其他白酒企业，在技术、资金和人员上产生聚集效应，以提高整个川南经济区白酒产业的竞争实力。第三，注重白酒区域品牌的打造。将区域品牌打造与白酒名镇、名城的发展相结合，培育川南经济区白酒区域品牌，促进川南经济区整个白酒产业的发展。

其次，要培育白酒相关产业的发展，将白酒产业链向“微笑曲线”两端发展，

即在继续发展白酒生产环节的同时，一方面向白酒的创新研发方向发展，另一方面注重品牌的营销和加大物流的发展，提高产品的附加值，提升这个产业的利润空间，增强产业的整体竞争力。

2）装备制造产业

装备制造产业在川南经济区经济发展过程中也起到了重要作用，是川南经济区的传统优势产业之一。在川南经济区经济发展过程中，装备制造产业为川南经济区经济的发展做出过重要的贡献，在装备制造产业某些领域，川南经济区企业在国内曾具有较高的知名度，有良好的发展基础。虽然近几年，川南装备制造产业发展不景气，但一方面有政府政策扶持，另一方面有良好的发展基础，因此，装备制造产业有一定的发展空间。川南经济区有条件发挥装备制造产业传统优势，抓住装备制造产业市场增长和产业转移的重要机遇，打造若干特色装备制造产业集群，重新确立在国内外装备制造产业的竞争地位。

首先，扩大产业规模。将振兴传统优势产业和承接产业转移相结合，加快壮大装备制造业经济规模。推进川南经济区龙头骨干装备制造企业及配套企业的技改搬迁，加强与国际国内知名装备制造企业的战略合作；积极承接国际和东部发达地区装备制造产业转移，增强与成渝经济区工业企业的合作，聚集一批产业企业，加快培养行业的龙头企业，增强企业的设计和整装能力，发展一批具有较强竞争力的整机产品。

其次，完善产业链条。以振兴电力机械、工程机械、液压元件、石油装备等传统优势产品为突破口，壮大产业规模，夯实产业基础，培育发展化工装备、汽车及零部件、航空航天装备等潜力型产品，借助装备整机和总成龙头企业，引进和培育一批相关基础零部件及服务等配套企业，逐步完善产业链条，建立较为完备的产业发展的配套体系。鼓励和支持零部件企业与核心企业建立紧密的配套关系，形成一批“专、精、特、新”的中小企业配套群。

最后，提升产业层次。产业层次的提升离不开技术的创新升级，而川南经济区企业创新能力有限。因此，应该加强装备制造企业与高校和科研院所的创新合作，政府应该积极引导，并支持创新平台的建设，对于行业发展急需的技术、重大技术难题给予研发支持，提升行业的科技竞争力，提高产品的科技含量。川南经济区邻接成都、重庆，靠近绵阳，这些区域创新能力较强，创新人才济济，因此，要充分利用区域优势，利用好周边地区的创新人才和创新资源，加快产业的科技升级。

2. 加快资源型产业转型发展

着力于提升生产集约化程度，向产业链两端发展、提高资源开发利用率、增加产品的附加值，构建循环经济产业体系。推动能源清洁高效利用，加快筠连、古叙矿区综合开发，积极发展洁净煤技术，建设煤炭生产基地和循环流化床电站示范基地，科学规划布局坑口电厂、低值燃煤电厂，推进煤层气综合开发利用。推进四川长宁-威远国家级页岩气产业示范区的建设，加快富顺-永川页岩气区块勘探开发。有序推进水电开发，推动安谷、枕头坝一级、沙坪二级等水电站的建设步伐。促进煤电化综合开发，积极发展煤化工和硫磷化工，调整升级盐卤化工，延伸氯碱化工、天然气化工和医药化工产业链。重点发展再生资源综合利用产业，加快建设国家“城市矿产”示范基地。积极促进老工业企业搬迁改造和兼并重组，加快淘汰落后产能。严格产业准入标准，承接发展技术先进的资源精深加工产业。推进循环经济技术改造，建设循环经济试点示范园区。

1）化工产业

川南经济区化工产业转型不能脱离自身的资源优势构建空中楼阁，必须根据自身资源特点和技术优势来规划未来的发展方向。川南经济区天然气、煤炭资源有一定的储备，因此，化工产业的发展还需依赖于原有的天然气和煤炭化工企业，如以四川泸天化股份有限公司、宜宾天原集团股份有限公司等骨干化工企业为主体来发展化工产业。同时，在原有化工企业的发展基础上，要探索化工企业的技术创新和产业的升级发展，提高对化工原料的开发利用率，增加化工产品的附加值，摆脱对煤炭资源和天然气资源的过度依赖。产业的创新，一方面可以利用四川泸天化股份有限公司、宜宾天原集团股份有限公司等企业拥有国家级技术中心的创新资源，另一方面也应该增强与高校和其他科研机构的创新合作来发展精细化工和新材料。并且在发展化工产业的同时应当注重对环境的保护，关闭能耗高、污染大的化工企业，推动节能环保化工产业的发展。

2）能源产业

就川南经济区能源产业发展看，传统的天然气、煤炭、页岩气资源依旧具有发展潜力。在未来能源工业发展中，提高资源利用率，将产业发展向“微笑曲线”两端延伸，促进产业工业化发展质的提高，是未来发展的重要方向。

具体就煤炭产业而言，第一，要整合煤炭产业的资源，开展煤炭产业的综合治理，关闭耗能高、污染大的小煤矿，扩大大型煤矿企业的生产规模，集中精力提高大型煤矿企业的生产水平和生产能力，促进大型煤矿企业的技术创新和设备升级。第二，提高对煤炭资源的开发和利用，促进煤层气、页岩气等新能源产业的发展，提高资源向能源的转化能力。第三，将产业发展向“微笑曲线”两端延伸，加大创新投入，促进技术创新升级和产品品级，同时发展营销和物流产业，完备煤炭产业链。

3. 培育发展战略性新兴产业

近年来，国家在不断加大对战略性新兴产业的扶持力度。战略性新兴产业发展不仅有国家持续的规划指导，同时有连续的政策支撑。四川省也加大了对战略性新兴产业的培育发展力度。对于川南经济区而言，发展战略性新兴产业具有重大意义。目前，川南经济的发展正处在一个尴尬时期，一方面面临国内经济的缓慢复苏期，另一方面必须寻求新的经济发展支撑，实现经济的转型升级，以能在经济快速增长期时赶超其他区域，抢夺经济发展的优势地位。如何发展战略性新兴产业，是首先要思考的问题。川南经济区应该立足于资源、区位及产业优势来思考符合自身特点的产业之路，具体而言，一是应发展新材料产业，新材料产业应积极推动总量扩张，不断延伸产业链，促进产业集聚集群发展；二是应发展生物医药产业，生物医药产业应充分利用自然资源和生态优势，提高自主创新能力，扩大产业规模，扩大国际经济技术合作；三是应发展节能环保产业，节能环保产业应着力培育壮大一批骨干企业，促进产业跨越发展。

1）新材料产业

川南经济区拥有四川轻化工大学、中昊黑元化工研究设计院有限公司、西南化工研究设计院有限公司等科研院所和企业，这些都为川南经济区发展新材料产业提供了一定程度的科技和人才支撑。

围绕川南经济区产业结构转型升级发展需求，充分发挥新材料产业的科技人才和资源优势，依托四川大西洋焊接材料股份有限公司、泸州北方化学工业有限公司、宜宾天原集团股份有限公司等企业，着重支持其发展焊接材料、纤维素、有机硅、太阳能光伏玻璃、高性能陶瓷材料、纤维增强复合塑料（fiber reinforced polymer/plastic，FRP）制品等化工新材料和非金属新材料，通过产业项目的实施建设与培育引进，推动新材料产业总量扩张，不断延伸产业链条，促进新材料产业的集聚集群发展，形成具有川南经济区特色的新材料产业基地。

2）生物医药产业

在自然资源、人才储备、技术支持等方面，川南经济区生物医药产业的发展具有一定的优势。首先，就自然地理条件而言，川南经济区地貌特征多样化，适合多种中草药的生长，因此对于中草药的种植及多种中药材的供给非常有利。川南经济区有西南医科大学、四川轻化工大学、四川化工职业技术学院等高校，这些高校在医学和医药化工领域具有较强的创新实力和人才储备，能够为生物医药产业发展提供技术支持和人才供给。

因此，川南经济区在发展生物医药产业过程中，首先应当利用自身的资源优势，发展中药材种植产业。其次应加强与西南医科大学、四川轻化工大学、四川化工职业技术学院等高校及各大医院的产学研合作，一方面，发展中药材的深加工产业，利用先进的科学技术推动中药材种植、加工产业的发展；另一方面，应该加强企业区域外的合作和联系，加强与国内外的大型医药企业、医药机构的研发合作，推动本地区医药产业的升级发展。

3）节能环保产业

川南经济区发展节能环保产业同样具有一定的科技优势和产业基础。四川轻化工大学建立了节能环保研究中心，为川南经济区发展节能环保产业提供了有效的技术支持；同时，区域内各大机械装备企业也积累有长期生产节能环保设备的经验。因此，川南经济区应从生产规模、创新能力、集成生产等方面着力培养一批节能环保产业的龙头企业，着力发展高效节能、污水处理、工业废弃物再利用等行业，并与其他产业发展相补充。

4. 大力加快发展服务产业

大力发展金融、教育、商贸物流、现代服务、旅游文化、休闲娱乐等服务产业。根据不同类型工业的中间需求特征，着力培育以物流、技术研发、信息服务、金融投资和营销服务等为重点领域的生产性服务业。

1）大力发展旅游文化、休闲娱乐产业

川南经济区地处四川盆地南部，毗邻云贵高原，区域地貌特征为中低山和丘陵，经济区北部及靠近四个中心城市的大部分区域以浅丘和平坝相间的丘陵为主，川南经济区的南部和西部为云贵高原与四川盆地的过渡地带，为山区和少数民族聚居地。川南经济区旅游资源丰富，宜宾、泸州、自贡均为中国优秀旅游城市和中国历史文化名城。

2014 年川南经济区旅游资源统计表如表 3-1 所示。

表 3-1　2014 年川南经济区旅游资源统计表　　单位：处

地区	世界地质公园	“4A”级风景区	“3A”级风景区	特色景观	备注
自贡	1	2	2		世界地质公园：自贡恐龙遗迹
泸州		6	5	1	
内江		2	2		
宜宾	1	7	3	1	世界地质公园：兴文石海
合计	2	17	12	2	

注：数据取自四川省文化和旅游资讯网（www.tsichuan.com）

川南经济区可积极打造川南沿长江生态文化旅游发展翼：包括泸州、宜宾、内江、自贡等城市，并与成都、重庆等地联动，重点打造文化休闲旅游、竹海和喀斯特地貌生态旅游、名酒文化、四渡赤水红色文化四大旅游主题。“成都—乐山—宜宾—泸州—自贡—内江—遂宁—成都”旅游环线，以长江自然山水和川南民俗文化为主线，创新开发宗教文化、养生文化、白酒文化、竹文化、井盐文化、恐龙文化等主题旅游产品。

2）加快发展生产性服务产业

生产性服务产业的发展，以及其与现代制造业的紧密结合，对于提高现代制造业的市场竞争力和生产水平具有重要意义。将生产性服务产业与现代制造业相融合应根据不同类型工业的中间需求特征，加快发展面向工业生产的现代服务业，不断提升生产性服务产业对川南经济区工业转型升级的支撑、引领作用。

对于生产性服务产业的发展方向，应该以满足川南经济区工业发展需求为目的，促进区域产业转型升级，满足经济社会发展需要。其发展原则应以市场为导向，促进生产性服务产业向专业化发展。重点发展领域包括物流运输、科技创新、商务会展等，目前重点工作就是建立生产性服务产业与现代制造业的互动机制，以助力川南经济区工业的转型升级。

（1）大力建设川南专业物流中心。引进和培育 5～10 个年营业收入达 1 亿元的现代物流企业，建设 3～5 个辐射全川的重点物流园区，发展面向特色优势产业的专业物流产业。基本形成布局合理、技术先进、便捷高效的现代物流服务体系，面向机械、化工、食品、白酒等特色优势产业的专业物流水平明显提升。

（2）强化建设川南技术创新与职业培训中心。引进和培育一批科技服务型企业，产业技术创新联盟等新型组织加快发展，面向化工、机械、白酒等特色优势产业的现代职业教育体系初步形成，创制一批对工业转型升级引领作用突出的先进技术标准，工业领域科技成果转化应用能力显著提高。

（3）规划建设川南商务会展中心。建成 2～4 个专业性会展展馆，培育壮大 3～5 个工业领域品牌展会，促进川南经济区工业产品品牌化程度和市场辐射力不断提升。

3.2.4　促进产业分工协作，提高科技创新能力

川南经济区应充分发挥地区比较优势，以市场为导向，以企业为主体，鼓励企业跨区域重组联合，构建横向错位发展、纵向分工协作的特色优势产业集群。支持合作共建产业园区，建立创新协同机制，同时建立新的管理体系以满足产业园区企业协同发展。推进现代服务业合作，协调物流园区布局，加快物流信息网络互联互通，统一物流通行收费标准；探索共建跨区域投融资平台；加强旅游、文化、会展合作，共同打造“川南”品牌。

川南经济区还应协同推进自主创新体系建设，完善和落实有利于自主创新的财税、金融、投资和人才等政策。增强企业与高校、科研机构的创新协同合作，构建产学研相结合的协同创新体系；增加 R&D 人员数量和 R&D 经费支出；培育壮大创新型企业；建设一批国家级和省级关键、共性技术创新平台，联合组建产业技术创新联盟，实施一批重大科技成果转化专项工程，加强创新平台共建和资源开放共享，联合攻关共性关键技术；建设一批重大科技成果转化平台和转化基地，推动科技成果转化运用，瞄准科技资源共享、技术推广转移、科技信息服务

等重大问题，重点推进生产力促进中心、科技成果转化服务中心等科技中介服务机构建设和科技成果技术转移对接交易、技术评估咨询、成果转化融资等专业服务平台建设，鼓励创办和引进法律服务、成果转化、产权交易、专利代理、科技评估等中介服务机构，构建跨区域、跨部门、跨学科、多层次、布局合理、功能完善的科技公共服务体系，整体提升区域科技服务能力。

3.2.5 加强产业发展的金融支持服务

伴随着经济的快速发展，川南经济区金融体系也在不断完善。川南经济区的金融体系相对比较完备，整个体系内部包括银行信贷、证券、保险、信托等子商业体系，还包含政策性的金融机构。在加入世界贸易组织以后，我国的金融体系逐步开放，在与国内外的金融机构竞争的过程中，川南经济区金融机构不懈探索、寻求发展转型，谋求改革，业务能力、管理能力和抗风险能力不断提高、不断成长成熟，即使在经济发展放缓或是在国际金融业低迷的背景下，依然保持较为稳定的成长势头。川南经济区金融业促进了地区经济的发展，但支持力度不够，金融业的发展与地区实体经济的发展耦合性不高，金融业的发展状况与其为地区经济所做的贡献不相匹配。在未来的发展过程中，金融业还应发挥潜力、加快改革步伐，调整运行机制，根据川南经济区发展的实际需要，提供有力支撑。

1. 金融业支撑川南经济区一体化发展

川南经济区贷款增长速度与全国平均水平存在一定的差距，而且这个差距有扩大趋势，存贷比一直不高，金融业的发展和经济发展存在严重错配的情况。对此，各银行机构要围绕川南经济区一体化发展提供配套金融服务，今后川南经济区金融业对地区产业的信贷支持要为其发展战略服务，做到有的放矢。

第一，根据川南经济区发展战略，未来金融信贷支持的重点项目及行业包括：传统优势产业的转型升级，如资源能源产业、化工产业、装备制造产业等；未来发展的重点产业，如战略性新兴产业、生产性服务产业、信息技术产业等。

第二，促进绿色信贷的发展，一方面要加大对生态产业、节能环保产业的金融支持力度，另一方面要建立绿色信贷机制，将节能环保融入企业信贷审批标准中，让信贷企业披露其能耗环保信息，监督和促进企业走可持续发展之路。

第三，支持发展循环经济，利用金融杠杆调节传统过剩行业的发展，淘汰能耗高、污染状况不符合国家要求的企业，同时对有技术和资金实力、具有发展潜力的企业要支持其升级改造。

第四，积极支持中小微企业发展。中小微企业的发展状况是反映一个地区经济活力大小的重要指标。目前，信贷困难是制约中小微企业发展的一个重要因素，许多具有发展潜力的中小微企业在发展过程中因缺乏资金支持而未能生存下去，因此，解决中小微企业信贷困难问题对地区经济发展具有重要意义。首先，要改革金融业信贷模式。导致中小微企业信贷困难的一个重要原因就是传统的信贷模式不适应中小微企业的经营特点，如中小微企业一般存在资产少的情况，这将使其无法获得担保。金融业应该根据中小微企业的产品和服务特点，创新信贷流程和模式，特别是担保模式。其次，重视针对中小微企业的产品和服务模式创新，积极创新担保方式，如形式抵押、专利质押、应收账款质押等都是可以综合运用的担保方式。再次，由于中小微企业资金有限、盈利空间有限，金融业在对中小微企业提供信贷支持时，应灵活运用利率优惠，降低中小微企业的融资成本。最后，对于中小微企业的金融支持，给银行提出的难题不仅在信贷模式的创新和灵活运用利率优惠手段等方面，更重要的是在提高金融业的风险识别和管理能力方面。金融企业必须提高自身业务能力，识别和发掘具有发展潜力、市场前景好、创新能力强的中小微企业，并根据企业的特点和需求设计出有特色的融资产品。

第五，支持民生工程的发展。城镇化和民生建设依旧是未来川南经济区发展的重点。城镇化和民生工程带来的社会意义巨大，长期来看也会产生持续的经济效益。城镇化和民生工程建设短期经济效益难以实现，其涉及面广，金融支持要集中于保障性安居工程，为由于城镇化带来的购房、求学、就业等一些民生信贷问题提供普惠条件。

第六，支持农业产业发展。针对农业产业发展的金融支持需要对现有的金融服务模式进行创新，对现有的金融资源进行整合。农业产业具有自身的特殊性，因此，如何根据农业自身的特点、农户和农业企业的需求来创新金融产品是金融行业值得思考的问题。

2. 信托业支撑川南经济区一体化发展

1）积极开展川南经济区基础设施信托业务

发展信托业以对川南经济区基础设施业务进行支持，主要体现在对基础设施项目的资源配置上。政府应引导信托企业将资源向基础设施项目倾斜，让基础设施项目能及时获得多元渠道的资源，以提高项目的运行效率，降低项目的成本。

2）拓展土地流转信托业务

土地流转是农村生产关系的一次重大改革，对于促进农业生产力的发展具有重大意义。信托业务对农村土地的支持，对农村土地流转加注资本助力，对于加快土地流转、释放改革红利具有重要作用。

3）发展国有企业股权投资项目

川南经济区内有发展状况良好的国有企业，但总体来看区域内国有企业整体实力有限，运行状况堪忧，特别是大部分国有企业存在负债过高的情况，还款能力有限，财务状况较差。随着金融市场不断发展，国有企业通过负债转股权实现从无到有已成为我国一种较为普通的融资模式。因此，川南经济区依托信托企业发展区域内国有企业股权投资项目，甄别前景良好的投资项目，与国有企业一起投资经营，不仅可以增加区域内国有企业的融资渠道，提高国有企业抗风险能力，也能让信托企业参与投资市场的竞争，对增强区域金融市场活力、提高信托企业市场竞争力同样具有重要意义。

4）尝试发展中小企业的股权投资项目

私募股权投资基金在我国已发展多年。私募股权投资基金一般要参与企业的管理过程，因此私募股权投资基金不仅能增加中小企业的资金来源，同时对于改善企业的管理具有一定的意义。因此，川南经济区通过私募股权投资基金以发展中小企业股权投资项目，对于区域内中小企业的发展，提高区域经济活力是有所助益的。

5）开拓企业并购投资项目

川南经济区内大型企业屈指可数，区域内企业整体竞争力较弱，行业内各企业市场份额较为分散。行业内企业进行兼并重组，对于整合行业优势资源，乃至整个区域的产业升级发展与产业结构优化具有重要意义。政府应当引导信托企业开拓企业的兼并重组投资项目，为区域内企业并购提供资金支持和管理支持。

3. 保险业支撑川南经济区一体化发展

1）加大农村保险市场投入，设计特色“三农”险种

川南经济区农村保险业的发展关键在于因地制宜。目前川南经济区农村保险业发展依然是以国家社会保险体系为主，而商业保险业规模较小、覆盖面窄，并未真正发挥对农村经济社会发展的支撑作用。造成这种局面的原因较为复杂：一是农业本身的特点，农业本身风险较高，一旦发生风险赔付额度较高；二是农户本身对商业保险认识不足，购买商业保险意识不强，农户对农村商业保险常常持有排斥态度；三是农村商业保险的产品设计未能符合农业生产的特点和农民的需求。因此，川南经济区发展农业商业保险，第一，应该加大商业保险的宣传，政府和企业都有义务和责任开展农民的保险知识的宣传和普及工作，提高农民的风险意识。第二，保险企业应该加强对川南农村市场的调研工作，了解川南农业生产的特点、风险类别和特点及损失状况，充分认识农民的保险需求，根据农业生产特点和农民、农业企业需求研发新的保险产品。农业保险要惠及大多数农民，就必须考虑川南经济区农民的支付能力，根据其资金状况推出小额保险“一揽子”产品。而目前根据川南经济区农村发展状况，商业保险除了设计与农民自身生存生活相关的保险以外，对于农业生产的保险产品设计也是重点。农业生产商业保险的重点支持项目应该包括农村基础设施项目、农村生产工具项目、农村土地流转及针对农业企业的项目。

2）加强对优势主导产业和战略性新兴产业的保障力度

川南经济区的优势主导产业主要包括酒类制造产业、能源和装备制造产业。这些产业在未来川南经济区经济发展中依然具有重要的战略地位，因此，应该提高对这些产业的风险保障力度。具有发展潜力的战略性新兴产业，是川南经济区未来的经济增长点，因为是新兴产业，保险资金的投入能够缓解产业发展的资金压力，有助于区域产业结构的转型，同时政府引导保险资金在区位未来的重点发展产业（如物流、信息服务、旅游等产业）合理流动，将具有重要意义。

3）拓宽保险服务领域

发展医疗健康和商业养老保险。随着川南经济区人民群众生活水平的日益提高及保险意识的不断增强，大众对保险的需求层次也在不断提高，特别是医疗健康保险和养老保险。因此，积极探索和提供更高保障程度的养老保险产品，拓展与商业健康保险产品相结合的健康管理增值服务，有利于弥补社会保险供给不足和社会保障覆盖面有限的问题。

保险具有显著的经济功能，在川南经济区城镇化进程中，由于地区经济水平相对不够，区域发展资金非常有限，而保险在城镇化建设中，可以发挥其资金融通的功能，支持城镇化发展，特别是惠及民生的重点项目的资金支持，如川南经济区交通基础设施的建设、重大民生工程发展和战略性新兴产业的培育。保险企业可以债券或者股权的形式，为川南经济区城镇化过程中的经济建设项目提供较为稳定的资金来源。

4）开发和完善灾难保险

积极发展或引进家庭、企业财产保险、企业工程保险、意外伤害保险等。灾难保险的开发和完善，能够提高整个社会抵御灾难的能力，对于社会的可持续发展具有重大意义。一方面，可以减少个人或企业在灾难中的经济损失；另一方面，可以分担政府在救灾中的财政压力。因此，开发和完善灾难保险是我国灾后补偿保障体系的有力补充。

4. 投融资平台支撑川南经济区一体化发展

川南经济区投融资平台的建设是川南经济区经济融合发展的关键。川南经济区一体化发展必须打破区域间的发展壁垒，而在经济发展中，资金流通壁垒是一体化发展的重要障碍。要实现经济一体化，除了打破行政壁垒之外，企业还急需在经济区内获得便捷的投资渠道，特别是战略性新兴产业的发展。川南经济区内战略性新兴产业企业大都属于初创企业，企业科技含量高，人力资本投入高，具有较高的无形资产，但缺乏资金。对于战略性新兴产业的资金支持可以采用“知识产权质押贷款”的模式，降低战略性新兴产业企业贷款中的固定资产抵押部分，增加其无形资产的质押部分，为企业提供适合其自身特点的贷款方案。战略性新兴产业发展由于科技含量高，前期投入费用较大，可以举川南四市之力支持其发展。因此构建川南经济区统一的融资平台，扩大企业发展融资渠道具有一定的必要性。投融资平台的打造可以由国家开发银行四川省分行牵头，谋求与相关担保机构的合作，探求适合战略性新兴产业企业的融资模式，同时可以寻求相关资产评估公司的技术支持，完善无形资产评估和交易程序。

5. 新型金融业态支撑川南经济区一体化发展

互联网金融是金融业务与互联网技术结合产生的新的金融业态。互联网金融具有传统金融不具备的优势，如业务处理速度快、效率高、门槛不高、成本低。其主要业务形态包括互联网金融点对点借贷（peer to peer lending，P2P）平台网贷、第三方支付、数字货币、大数据金融等。互联网金融的发展可以更好地利用互联网的优势获取金融大数据，通过对金融大数据分析可以更精准地发现企业的信贷需求与判别企业的信贷资质，为企业提供定制的金融产品。互联网金融由于效率高、门槛低的特点，可以更好地解决中小微企业的信贷难问题。

6. 政策性金融支撑川南经济区一体化发展

对于国家支持与鼓励发展的产业和项目，企业可以争取政策性金融机构的参股投资，解决企业技术创新、重大科技成果转化和产业化、购买关键设备的资金问题。利用专项资金、贴息、担保等方式，引导和鼓励各类商业金融机构对川南经济区重点发展的产业项目给予信贷支持。通过搭建银企合作平台，建立稳定的银企关系，及时沟通信贷政策、项目信息，引导商业银行为重点工业项目进行贷款融资。

设立“工业转型升级专项资金”，加强与国内外创业资金的嫁接合作，吸引风险投资机构增加对川南经济区重点产业的投资。积极支持符合条件的企业发行企业债券，加强与四川省上级有关机构的沟通协调，为重点领域企业在境内外上市提供绿色通道。

3.2.6　加强川南经济区各地方政府宏观调控，完善保障措施

川南经济区产业转型发展，需要有资源的保障，只是依靠企业自身无法全部解决，需要政府出台相关政策引导资源的聚集和流动。同时在川南经济区一体化发展、产业结构升级调整的过程中，需要综合考虑和协调社会发展的方方面面，包括经济增长与环境保护的矛盾，经济发展与社会公平之间的问题等。这些矛盾、问题的解决也需要政府的宏观调控。

1. 建设支持产业转型发展的现代化基础设施硬环境

对于建设支持川南经济区产业发展的基础设施，需要按照统一规划、分步实施的原则进行，不能无计划、无统筹、一哄而上，要有所重点、有先有后、有急

有缓。基础设施建设模式，可以实行“多元化投资、市场化运作、滚动式开发”的建设模式，加快道路、供电、供水、供暖、排污、通信、有线电视、绿化等基础设施建设，提升基础设施供给和项目投资承载能力。大力投资发展川南经济区各级工业园区的基础设施建设和港口、铁路、航空等重大关键性基础设施项目的建设。在突出产业集聚、确保工业用地的同时，规范产业园区的基础配套设施建设，使各产业园区发展成为功能比较完善的社区，将其打造成为“工业新区、宜居新区、科技新区”。

2. 扩大产业项目的建设用地供给并逐渐向园区集聚

在满足川南经济区各城市总体规划的要求下，注重工业转型升级与土地使用调整的结合，落实征地责任，提前做好公开出让前的征地工作，争取扩大产业建设用地，提高土地使用效率。将土地调整优先供应给新材料、装备制造产业、酒类制造产业、战略性新兴产业等重点产业，特别是对于重点产业中核心企业项目、有助于促进重点产业发展的配套项目要优先保障建设用地，优先安排在产业园区。结合产业园区建设的规划和需求，引导城区中小企业向园区集聚。

3. 加大对产业项目的财政扶持力度

川南经济区各地方政府部门要积极争取国家和四川省的科技三项费用、技术改造贴息、中小企业发展专项资金、城市维护建设资金、生态环保专项资金等各类资金对产业重点项目的支持。完善产业发展的资金协调机制，整合现有财政投入促进产业发展的各类资金，集中力量投向新材料、装备制造产业、酒类制造产业、战略性新兴产业等重点产业。在制订固定资产投资年度计划时，列入基本建设和技术改造投资重点的必须包括重大产业项目及配套的能源、水、土地等生产要素供应项目。在加大政府对重点产业项目投资的同时，充分发挥政府投资对于民间资本的引导作用，对符合产业导向的项目，应运用贷款贴息、研发补助、租金补贴及引导银行信贷、民间资本进入、担保机构进行融资担保等方式给予扶持。财政部门应安排一定资金，用于产业转型升级的政策研究、技术推广、试点示范和宣传培训等。

4. 深化、落实对产业项目和企业的税费减免优惠政策

坚决执行国家和四川省有关取消、暂停征收部分行政事业性收费项目和降低部分收费标准的规定。需要根据产业发展需求，进行税费改革：一方面，对于供给侧，要鼓励企业自主创新、研发新技术、发展新业态；另一方面，对于需求侧要引导消费。同时按照国家法律法规及有关政策规定制定激励政策，形成普惠性激励社会资源发展重点产业的政策手段。对在川南经济区重点产业投资并取得土地使用权的新落户企业、省级高新技术企业，应给予税收和财政扶持。对重点产业引进的生产和研发设备，应按国家规定减免关税，并且根据技术进步情况，采

取固定资产加速折旧或缩短折旧年限等政策。对于产业发展中的检验检测、产品鉴定、项目验收、技术咨询、技术服务、研究开发费用，应按国家有关规定给予税费减免或加计扣除。通过政策支持，吸引行业内影响较大、对相关产业发展具有较强带动作用的重点企业在川南经济区设立总部和地区总部。

5. 构建推进产业发展的技术支撑体系

建立完善发展产业转型升级的技术扩散机制，加大科技投入，充分利用科技三项费用，支持工业转型升级技术的推广应用。建立健全以企业为主体的创新体系，引导和鼓励企业增加科技投入，采用高新技术和先进适用技术，优化产品的设计和生产工艺，提升工业发展水平。鼓励企业积极引进、消化和吸收国内外先进的适用技术，强化新能源和可再生能源开发利用、能源替代、废物综合利用等技术的推广应用。围绕重点产业的重点环节和领域，规划和建设一批共性和关键技术创新平台和公共服务平台，提供产业所需的标准检测、工业设计、设备共享、人力资源、信息咨询等高效的专业化产业服务体系。支持和培育一批国家级和省级工程研究中心、重点实验室、工程技术研究中心及国家、四川省认定的企业技术中心与博士后工作站。

6. 构筑推进产业发展的人才保障体系

采取全职、兼职、学术交流、技术咨询或短期工作等多种方式，以个别引进、团队引进、项目联动引进等多种形式，吸引一批高层次、复合型的专业技术人才和企业经营管理人才，对于重大项目急需人才应该重点支持。人才引进方式可以相对灵活，可以项目资助的方式吸引人才。通过组织重点企业到省内外知名企业进行考察、为企业开展个性化服务的管理咨询策划等途径，分层次、分类型地加快培养造就一批职业化、现代化、国际化的优秀企业家。川南经济区要为产业发展提供充分的人才保障，需要建立完善的人才保障体系，人才保障体系包括人才的开发体系、人才引进体系、人员培训体系等。健全的人才保障体系需要在人才需求信息发布、人才选拔、引进方式、政策及政策落地、知识产权认定等方面提供全方位的服务。对于引进的人才，更重要的是制定合理的收入分配制度，激发人才的积极性和创造性。对企业急需的中高层技术人员、管理人才和市场营销人才，应给予专项资助、生活补贴及其他方面的照顾。

3.3　大力推动川南城市区域一体化发展

3.3.1　明确川南经济区发展战略定位

加速川南经济区的发展最为关键的是增强川南经济区四个中心城市的经济联系与分工协作，优化城市群规模等级结构，扩展川南经济区四个中心城市综合规模，形成综合有机体。在深入分析川南城市发展基础、面临的机遇与挑战的基础上，《成渝经济区南部城市群发展规划（2014—2020年）》提出了成渝经济区南部城市群发展的指导思想和基本原则，明确了将成渝经济区南部城市群建设为"多中心城市一体化发展试验区、西部老工业基地城市转型升级示范区、国家重要的先进制造业基地、成渝经济区沿江和南向开放的重要门户"的战略定位，确立了"到2020年，实现全面建成小康社会目标，基本建成同城化发展的多中心城市群，成为成渝经济区重要的经济增长极"的发展目标。因此，川南经济区发展的总体定位是成渝经济区重要增长极。

3.3.2 确定城市一体化发展路径

要确定川南经济区城市一体化发展路径，首先需要准确把握川南经济区城市一体化发展内涵，在此基础上，构建城市一体化发展的体制机制，明确川南经济区城市一体化发展的方向和功能定位，规划川南经济区四个中心城市的空间布局，以更好地推动城市一体化发展和经济社会资源合理有效配置。根据川南经济区发展的实际情况，可以采取两种模式作为一体化发展的实现路径：一是自贡、内江的同城化发展，建设内江-自贡联合都市区；二是宜宾、泸州的协调互通发展，建设宜泸沿江城镇发展协调区。

（1）自贡、内江的同城化发展。以内江和自贡为核心，内江依托区位优势提升交通枢纽地位，自贡依托科研院校资源积极培育壮大科研创新能力，建设川南经济区重要的环保产业基地、生态转型发展示范地区。在条件成熟时，研究实施有利于两地协同发展的行政区划调整方案，建设内江至自贡城际铁路和快速联系通道，建立内江-自贡联合都市区内公共交通一体化运营机制，并率先在区域内实现公共服务和社会管理一体化。

（2）宜宾、泸州的协调互通发展。以宜宾和泸州为核心，以宜宾（县城）、江安、长宁、泸县和合江为支撑，整合区域腹地与资源优势，优化城市功能与产业体系，建设川南经济区重要的机械装备、化工、白酒与物流基地。重点加强沿江港口协调，采取"一港两区"模式，实现建设、管理、经营一体化，注重与重庆方向的交通对接，提升宜宾、泸州区域交通枢纽地位。统一规划宜宾和泸州两市沿江各港口作业区布局和分工，统筹安排岸线资源的利用和跨江通道建设。在宜宾、泸州公共服务和社会管理一体化基础上实现与内江-自贡联合都市区公共服务和社会管理的对接共享。

3.3.3 顶层规划川南经济区交通网络总体布局

现代综合运输体系是根据区域自身地理特点和经济社会发展需求，基于多种交通运输方式建立的先进交通网络。现代综合运输体系发挥其整体优势的关键在于对于不同运输方式的统筹协调，既发挥各种交通运输方式的优势，使其相互补充，又避免重复建设和相互竞争。川南经济区各市的综合交通规划必须从系统的角度出发，与区域基础设施建设相协调，以区域综合交通一体化为目标，充分挖掘各种交通方式潜力，建立多种运输方式联运的、快速高效的综合交通体系。统筹规划建设区域交通物流通道及港口、机场、客货运枢纽站场等基础设施，进一步巩固衔接铁路、公路、港口、航空等多种交通运输方式的中心区域，使其成为人流和物流枢纽。

1. 川南经济区交通网络布局重点

川南经济区交通网络布局的目标是围绕建设川滇黔接合部重要综合交通枢纽，以提升枢纽功能为中心，进一步完善区域内路网。同时，应强化多种交通方式的互联配套，形成以中心城市为中心，以重要交通城镇为节点，区际大通道和区内快速通道有效衔接的高效、快捷、安全的“铁、公、水、空”相统一的立体式综合交通运输体系。

首先，优化内部交通网络，提升道路技术等级，加强通道与城市内部交通的衔接。重点建设川南经济区中心城市之间的快速道路，促进区域内大通道及交通枢纽建设，提升城际轨道交通，完善区域内高速路网，补充完善安全防护设施，全面加快构建川南城市群现代综合交通运输体系。

其次，加强进出城市群“铁、公、水、空”建设。构建一个完整的，以自贡为区域铁路中心，内江、宜宾、泸州、乐山环绕，与成渝铁路客运专线（以下简称成渝客专）、成昆铁路、内昆铁路、隆黄铁路及成贵铁路等连接成网的快速铁路网和普通客货混跑铁路网；继续推进宜宾港、泸州港整合发展，明确“泸州-宜宾-乐山港口群”是川滇黔水运门户，是西部综合交通枢纽的重要组成部分；围绕长江“黄金水道”，提升长江宜宾至水富段航道等级，结合大型水利枢纽开发，建设金沙江通航设施；以自贡为川南经济区区域中心，规划建设“川南新国际机场”，开通国内主要城市航班，增强航空国际、国内客货集散能力，满足川南发展的需要。

2. 川南经济区综合交通网络具体布局

1）加快高速铁路和普通客货混跑铁路建设

（1）高速铁路。构建川南经济区一体化和同城化，依托现有成渝客专（成渝高铁）和规划中的经过内江、自贡、宜宾的绵遂内宜高铁，经过乐山、宜宾的成贵高铁，经过泸州、宜宾的渝昆高铁，先期新建“内自泸城际客运专线”“川南城际铁路（自宜段）”，形成半小时经济圈。完成成自高铁（成都-天府国际机场-自贡高速铁路）的规划和前期工作，将其纳入新建范畴。这几条铁路的建设，同时与现有的成渝客专等线路一起，在川南经济区形成一个完整的快速铁路网，力争在 2020 年，川南四市携手迈入高铁时代。

（2）普通客货混跑铁路建设。根据川南四市的相对地理位置，应加快建设以自贡为铁路区域中心的，以内江、宜宾、泸州、乐山为环绕的乐自泸铁路和宜宾临港经济技术开发区的进港铁路。乐自泸铁路线路以自贡为中心，始于成昆铁路的燕岗站，联通乐山、自贡、泸州、宜宾和内江五市，最终接入隆黄铁路泸州站，将成昆铁路、内昆铁路及隆黄铁路连接成路网。宜宾“进港铁路”为从内昆线引出至宜宾临港经济技术开发区的港口专线铁路。乐山、宜宾和泸州均为四川省水陆联运枢纽，加强铁路建设，将实现港口、铁路、公路的高效衔接和实现“铁水”货运联运。铁路经乐山、自贡、泸州，这三个城市人口众多、矿产资源、旅游资源丰富、工业基础良好。铁路项目的建设，对加强川西、攀西与川南城市间的经济及人员交流合作，进一步巩固西部主要交通枢纽地位和作用，发展区域经济等方面将起到重要的推动作用。

建设宜遵铁路的“宜宾—叙永”段与隆黄铁路连接，尽快完成隆黄铁路的“叙永—毕节”段建设，打通与贵州铁路网的连接。在川南经济区域内，“宜宾—叙永”段和“叙永—毕节”段两条铁路线是交通网络中的重要辅助铁路。两条铁路建设项目沿线矿产资源和旅游资源较为丰富。就矿产资源而言，包括国家大型煤炭基地——云贵基地，筠连县和珙县的煤矿区、兴文县的硫铁矿区、叙永县的古叙煤田及黔北资源密集地区等。矿产资源区域铁路网络的完善，对于区域内矿产资源的开发、运输、综合利用有所助益，这不仅有利于扩大矿产资源利用项目的规模，矿产资源开发利用项目建设还可以和铁路项目的建设互为助力，谋求共同发展。就旅游资源而言，在项目连接的宜宾至贵州遵义之间，沿线各市有较为丰富的旅游资源，游客可以从宜宾沿线一带的蜀南竹海、石海洞乡，到自贡的世界地质公园、彩灯公园，再到有乐山大佛或是贵州遵义会议会址和赤水河的风景名胜区。项目的建设有利于整合沿线的旅游资源，促进沿线旅游业的发展。

建设宜西铁路［宜宾—西昌（攀枝花）］，该铁路是攀西地区与川南经济区之间的重要通路。宜西铁路的建设打通了从攀西地区通往川南经济区的铁路通路。不仅如此，川南经济区有长江上游地区重要的岸线资源，因此，该项目的建设将攀西地区与长江黄金水道连接起来。同时该项目与内昆铁路可将川南、攀西资源密集地区紧密联系起来，对加速金沙江水电和攀西矿产资源开发，以及促进全国最大的水电资源开发基地和钒钛资源开发基地建设等具有重要意义。在该项目沿线同样具有丰富的旅游资源，包括攀西高原旖旎风光，也有宜宾地区秀丽的资源风光和丰富的人文景观。项目建设对于整合川南经济区和攀西地区的资源，实现两地共同发展具有重要意义。

推进连乐铁路建设，打通成渝、成昆两大干线，使其成为四川省第二条铁水联运的铁路。该铁路是成渝铁路、成昆铁路（成昆铁路复线）的重要连接线，线路连接汪洋循环经济园区、井研县产业园区、乐山市三江临港经济开发区等产业园区，将有力促进区域经济发展。

2）公路：加快区域内大通道及交通枢纽建设

打通对外大通道，加快建设宜毕高速公路（宜宾—叙永—威信—毕节）、宜彝高速公路（宜宾—彝良）、宜昭高速公路（宜宾—高县—筠连—盐津）、南渝泸高速公路（南充—潼南—大足—荣昌—泸州）。规划隆昌与渝蓉高速（G5013）的连接线隆大高速（隆昌—大足）建设，建成“乐山—自贡—隆昌—重庆”的第二通道。

完善区域内高速路网，加快建设内江绕城高速公路、宜宾绕城高速公路、自贡绕城高速公路、南溪至富顺至内江高速公路、宜宾至攀枝花高速公路、仁沐新高速公路（仁寿—井研—犍为—沐川—屏山新市镇），规划研究仁寿至荣县至宜宾高速公路、荣昌—泸县—江安—长宁—高县高速公路、荣犍高速公路（荣县—犍为—沐川），做好前期工作并适时开工建设。

至此，川南经济区各县都有了高速公路，并且基本都是两两相连，真正实现川南城市群的内部高速大动脉的建立。改善区域内现有国道、省道、县道的路况。

3）打通水路通道

推动自泸大件路项目实施，自泸大件路联通自贡与泸州港，项目完成打通自贡大件运输的通江达海通道；推进沱江航道整治工程（六改四），建成富顺李家湾大件综合码头，发挥长江Ⅰ级支流水路作用，实现 500 吨级船舶直接通达泸州长江航道；建设长江宜宾至重庆川境段Ⅱ级航道整治工程（三升二），推进长江宜宾至水富段Ⅲ级航道整治工程（四改三）和沱江自贡至泸州航道等级提升工程等项目前期工作。

继续推进宜宾港、泸州港整合发展。打造和巩固西部综合重要交通枢纽地位，明确“泸州-宜宾-乐山港口群”是万里长江第一大港、长江上游重要的集装箱枢纽港、川滇黔水运门户、国家重型装备运输和战略资源开发的重要保障、提升川南经济区和成都经济区竞争新优势的重要载体、成渝经济区与四川经济发展的重要支撑。

将“泸州-宜宾-乐山港口群”打造成为长江上游集装箱枢纽港，充分发挥港口群带动川南经济区、攀西经济区、成都经济区三个经济区和沿长江经济带（三区一带）发展的作用，实现以港兴区、以港兴城、以港兴带的新局面。港口运输能力有效提高，实现多式联运，四大运输体系形成，集疏运网络进一步完善，综合服务体系完备，港口物流发达，各具特色的临港工业基地成为全省产业布局和沿江经济带的重要环节。

4）建设川南经济区新机场

截至 2014 年，川南经济区的两个机场（菜坝机场和蓝田机场）均为军民合用机场，航班和客货运输能力有限，不适应川南经济区发展的需要。川南四市应共同规划建设“川南新国际机场”，自贡是川南经济区域中心，是川南城际铁路、普通客货混跑铁路的铁路枢纽，应将规划的“川南新国际机场”选址在自贡区域内，并规划开通国内主要城市的航班，建设国际、国内大通关能力，增强航空客货集散能力，满足川南经济区发展的需要。

3.3.4　加强城市基础设施建设，推进基础设施互联互通

1. 完善城市交通网络

完善川南经济城市交通网络，一方面，应建设城市环线，有序规划轨道交通建设；另一方面，要加强城市群之间的快速通道和过江桥梁建设。布局建设客货集疏运枢纽，强化川南经济区中心城市交通与区域交通网络的连接，推动实现客运零距离换乘和货运无缝衔接。大力发展城市快速公共客运系统，加快优先通行网络建设，完善公共交通场站设施，提升营运服务水平。完善停车场等公共设施。鼓励发展城市智能交通，建设公共交通综合管理服务系统。

2. 强化市政基础设施建设

推行“城市地下管道综合走廊”模式，加强城市基础设施建设，改变城市基础设施无序建设的局面，统筹设计、长远规划给排水、电力、通信等市政管线建设。关于城市给排水基础设施、城市供水水源地的保护，川南四市应携手合作，同时完善城市供水工程和管网系统，加快改造和建设城市排水防涝、污水处理设施。关于城市垃圾处理基础设施，川南四市应完善城市垃圾收集、转运体系，加强城市垃圾处理设施建设。关于城市电力基础设施，应优化配送电网体系，推进城镇电网智能化，加强城市电动车充换电设施建设。关于城市能源供给基础设施，应建设城市清洁能源供应设施，加强城镇燃气管网设施建设改造。

3. 加快推进基础设施互联互通

（1）建设一体化综合交通运输体系。统筹规划建设区域交通物流通道及港口、机场、客货运枢纽站场等基础设施。长江、岷江、金沙江、沱江流经川南四市，因此，应协同推进航道治理。规划城际快速通道网络，加快县乡“断头路”改造项目实施。加快川南四市城际公交运输建设，推进城际公交路线的规划和城际公交的开通，实现城际公共交通集成电路（integrated circuit，IC）卡并网，相互开放出租车运营市场。

（2）完善川南经济区能源、水利、信息等基础设施网络。尽快实施川南四市电力、天然气、输油管道、灌区渠系等联网工程建设。完善区域输变电网络体系，建成溪洛渡左岸—浙江金华±800 千伏特高压直流输电工程。加快油气管网系统改

造，建设内江—宜宾、成都—泸州成品油输油管网和江津—纳溪集输气管道，建设区域性油气应急储备库。加快向家坝灌区等重点水利工程建设，提升跨区域水资源调配能力。推进川南经济区重点流域河道整治，共建川南四市防洪体系。完善公共信息数据库的标准化建设和联网建设，川南四市共享信息数据库，逐步实现川南经济区区域内电话区号的统一。

3.3.5　加快推动新型城镇化，增强城市人口聚集功能

1. 提升城市经济质效

城市经济是新型城镇化的发动机，城市发展必须要有城市经济做支撑。城市发展需要以经济发展为支撑，否则就会出现城市"空心化"的现象，无法使城市产生人、财、物的聚集功能。川南经济区城市区的发展一直以传统产业为支撑，而随着经济发展、区域竞争的日趋激烈，传统产业逐步失去优势。因此，川南经济区应及时培育接替产业，及时着力进行产业结构调整和优化升级，尤其是大力发展金融、教育、商贸物流、现代服务、旅游文化、休闲娱乐等产业，实现产业发展、就业吸纳和人口集聚的良性循环，有效抵消空间距离十分靠近的成都、重庆两大国家中心城市的"虹吸效应"。

2. 有序推进农村转移人口的市民化

户籍制度改革是川南经济区推进农村转移人口市民化的突破口。但仅是户籍制度改革作用有限，应以此为契机推进配套政策包括土地制度、财税体制、社会保障制度、行政体制等改革。全面放宽城镇落户条件，加快推行居住证制度，推动符合条件的农业转移人口落户城市，对于城市常住人口应提供城市基本公共服务，对于城市农民工子女教育问题，城市教育发展规划中要将农民工子女纳入其中，有计划、有步骤地推进普惠性学前教育、义务教育和免费中等职业教育对农民工子女开放；加强农民工就业创业培训和服务。提高农民工城镇社会保险参保率，保障其与城镇职工平等参保，实现社会保险关系全接续。完善社区医疗卫生服务体系，将农民工及随迁家属纳入体系中，公平享受社区医疗卫生服务，加强对农民工聚居地的疾病预防控制。改善农民工居住条件，扩大城市住房保障范围，将符合条件的进城务工人员纳入其中；在各级各类开发区和工业集中区域集中建设农民工公共租赁住房或公寓，探索将稳定就业的进城务工人员纳入住房公积金制度覆盖范围。对于农村转移人口市民化产生的成本，建立合理的成本分担机制，首先应强化各级政府责任，以政府为主导，由政府、企业、个人共同参与，调动社会力量共同分担。

3.3.6 提升城市品质

1. 增强城市服务功能

加强城市住房供应保障。城市住房供应体系，应以市场配置和政府保障相结合，发挥市场和政府各自作用使其互为补充。一方面，由市场提供多样化的商品房，满足多层次需求；另一方面，由政府加大公共租赁住房供给，提高保障性住房覆盖率。完善并严格执行准入退出制度，确保保障性住房公平分配。同时，政府应发挥其对市场的调控作用，不仅要满足高品质住房的需求，同时应增加普通型住房的供应，满足社会大众的需求。

提升教育、医疗卫生、文化、就业等公共服务能力。川南经济区财政收入有限，对于公共设施建设和公共服务的提供更应考虑如何提高公共设施的利用率和服务提供效率，合理布局公共设施。教育公共服务方面，调整中小学校布局和结构，加强居住小区幼儿园和中小学，特别是普通高中配套建设，在有条件的城市建设相对集中的教育园区。医疗卫生公共服务方面，合理布局各类医疗卫生机构，加强社区卫生服务机构建设，完善分级医疗、双向转诊服务体系。文化公共服务方面，完善公共文化服务网络，加强文体设施建设。就业公共服务方面，完善就业和社会保障服务体系。另外，应加强社区便民利民服务设施建设。

2. 推进区域公共服务对接共享

建设川南经济区跨四市公共服务平台，整合四市政策标准，加强城际公共服务对接，降低四市公共服务落差，逐步实现基本公共服务同城化、均等化。推进教育合作，共建职业教育培训和公共实训基地；强化医疗服务合作，加强医疗卫生人才交流培训，实现医疗机构医学检验互认，推动重大疫情联防联控；推进文化、体育等公共设施共享；实现川南经济区域内医疗公共服务共享，基本医疗保险跨区域无障碍结算；推动川南四市社会保险一体化管理；同时，在应急管理、社会安全保障体系方面应建立川南四市的协同机制。

3. 提高城市管理水平

（1）加强城市规划管理。川南四市城市规划不仅要考虑自身的发展，还要考虑与其他城市的协调发展，川南经济区的城市规划需要在区域层面统筹。因此，川南经济区城市规划编制需要更关注其科学性和系统性，做好城市总体规划和控制性详细规划，强化城市规划“三区四线”[①]管理，积极推动经济社会发展规划、城乡规划、土地利用规划及基础设施和生态环保规划等多规融合。

---

① “三区”指禁建区、限建区、适建区；“四线”指城市绿地控制线（绿线）、地表水体保护控制线（蓝线）、历史文物保护控制线（紫线）、基础设施用地控制线（黄线）。

（2）创新城市社会管理。转变城市治理理念和方式，推进城市管理网格化，完善城市社会管理体系；健全基层社会管理和服务体系，增强社区管理和服务能力，推进社区综合管理服务平台建设；提升社会治安综合管理水平，整合部门管理职能，引导社会组织参与，完善防控体系。

（3）增强防灾应急管理能力。加强消防、防洪防涝、抗震等设施的建设，提升救援能力；完善应急避难场所和通信、交通运输、物资储备、医疗、救助等应急保障体系；提升公共安全突发事件处理能力，建立健全应急处置保障机制和居民应急自救互救体系。

3.4　加强区域生态文明建设

3.4.1　加强区域生态环境建设，提升区域城市发展环境承载力

首先，共建川南四市立体的生态安全保障体系。建立以长江、岷江、沱江、金沙江、大渡河流域为重点，以山地、森林、湿地等生态系统为主体，以自然保护区、森林公园和风景名胜区为支点的生态安全保护屏障。

其次，推进重点流域水环境治理和重点生态工程的规划和建设。增强长江、岷江、沱江和赤水河流域的自然生态环境保护，强化沱江、釜溪河和清溪河流域污染治理，改善流域水体质量。并且要严格控制污染企业布局，严防污染企业对水体造成污染，建设川南经济区重要的环保产业基地、生态转型发展示范地区。

再次，继续实施天然林资源保护工程。对于已经取得的退耕还林成果，要继续巩固，坚决防止返耕现象出现。实施坡耕地水土流失综合治理、水土保持生态修复、石漠化综合治理。结合矿区的实际情况，因地制宜地开展矿区和采煤沉陷区生态恢复工程。对于川南经济区内库区腹地，要加强库区生态建设工程。

最后，促进川南四市邻接城镇垃圾污水处理设施共建共享。推进大气污染联防联控，完善区域环境监测预警体系。

3.4.2　完善生态补偿法律法规，依法管治生态环境

首先，要完善生态补偿法律法规，明确生态补偿主体与客体，创新生态补偿内容，通过补偿环境污染损失或损害，进行生态修复和区域可持续发展能力建设。生态补偿内容应明确补偿对象、补偿标准、补偿方式及补偿资金来源渠道等。补偿方式可具体包括税费减免、现金补偿、治理补偿、实物补偿、技术补偿和治理恢复保证金等，补偿标准可以根据重建成本确定。推动补偿资金来源渠道多元化，发动政府力量和个人、企业、公益机构等社会各种力量及国际援助等。补偿期限

视生态破坏情况而定，可以估算损失或损害的，在短期内一次性赔偿，影响时间比较长的，以恢复期作为补偿期连续补偿。

其次，要依法管治生态环境。虽然在生态环境保护方面川南经济区政府做出了一定努力，但相对于生态破坏的速度，治理落后于破坏，川南经济区生态环境污染治理形势严峻。环境保护刻不容缓，这是我国的一项基本国策，也是川南经济区可持续发展的支撑，各级政府必须贯彻实行。川南经济区生态环境保护需因地制宜，对于企业污染，根据区域内企业发展状况和企业排污情况来制定相应的环保法规；对于农村生活和农业生产污染，应在加大宣传教育的同时根据当地农村生活污染和农业生产污染程度制定相应治理办法。

3.4.3 加强生态文明体制机制建设

（1）建立约束-激励机制。首先，要建立环境违法处罚机制和责任追究制度，严格执法，对于破坏生态环境的个人、企业及其行为要严格依法处理，大幅度提高违法成本。其次，在加大处罚力度的同时，要建立健全激励机制，加大财政支持力度，各级政府要对工业污染治理工程、生态修复工程、环保产业发展工程等给予补贴；鼓励和吸引企业、社会资本投入环保开发工程，按照“谁投资，谁受益”原则，给予相应年限的管理权或股权和收益权；对于清洁生产、环保达标的企业给予表彰和奖励。

（2）建立部门协调机制。生态环境保护是一项系统工程，非一个部门就能完成。因此，首先在组织上保障生态环境的治理，成立生态环境与生态恢复工作领导小组，相关部门领导为成员，就职能分工、规划制订、资金筹措、组织实施和质量监督等方面对同一污染问题相互协调，形成合力。同时，建立生态环境开发保护专家库，为生态环境开发和保护提供咨询。

（3）建立考核评价机制。考核评价机制应将地方政府和企业作为考核对象。首先，对于地方政府的考核评价，改革地方政府的政绩考核制度，硬化地方政府的环保责任，把污染防治和生态保护纳入与地区生产总值同等重要的政绩考核指标，促使地方政府像关心经济发展一样去关心辖区的生态环境保护与建设，为地方政府加大对企业环境行为的监督和严格执法奠定制度基础。其次，对企业业绩的考核评价，应以资源或资源产品完全成本为依据，纠正不完全价格体系造成的资源价格、资源产品价格扭曲现象。

（4）建立利益相关者参与机制。构建生态补偿机制的根本目的是通过运用政府和市场两种手段调整生态保护利益者之间的经济利益关系，实现保护生态环境，维护生态服务功能。生态补偿涉及利益者范围广泛，因此生态补偿制度关乎所有微观主体切身利益。科学、合理的生态补偿制度能够激发各微观主体保护生态环境的主动性和积极性，他们的认同、支持和履行直接影响生态补偿制度的成效。因此，生态补偿制度是否能产生正面激励作用、得到绝大多数微观主体的认可和支持，关键在于补偿制度是否充分考虑和很好地平衡了各方利益。这需要制定制度时既听取各方意见，同时请有关专家对制度的科学性、可行性进行论证。

3.5　大力发展区域外向型经济

3.5.1　积极推进跨区域经济合作

全面实施“走出去、引进来”战略，加强川南经济区对外开放合作重点领域与重点区域布局，提升跨区域经济合作水平。川南经济区经济发展借力“一带一路”倡议，积极融入长江经济带的发展，发挥川南经济区产业技术优势，找准与沿线国家和地区的契合点，挖掘、巩固、拓展经济合作领域，实现借势发展。深度融入成渝经济区，积极对接成都市天府新区、重庆两江新区开发，充分利用成渝两极核的资本、产业、市场、科技、人才等优势资源，探索有效合作模式和发展路径。创新与云南、贵州间经济合作机制，推进机械制造、化工、食品加工等重点领域科技创新的分工协作与合作发展。积极加强泛区域合作交流，加强与长三角、珠三角、港澳台等发达地区的技术交流与经济合作；加强与欧洲和其他亚洲国家等外资企业的产业关联、技术交流和技术经济合作，形成全方位对外开放合作新格局。

3.5.2　积极营造推动经济发展的开放氛围

广泛开展地区间的交流合作，推进多领域务实合作，提高区域合作水平。组织重点产业相关企业和人员赴国内外发达地区考察学习，引进、吸收先进的技术和管理经验，增强企业的品牌意识，培育一批中国名牌产品和中国驰名商标，以品牌资源推进重点产业的快速发展。通过举办重点产业的相关论坛、展览洽谈会等活动，充分利用传统媒体和新媒体等多种途径开展形式丰富多样、覆盖面广的舆论宣传，打造区域大开发、企业大发展、产业大集聚的品牌形象。支持企业开拓市场，利用中国西部国际博览会、中国西部商品交易会、珠江西岸先进装备制造业投资贸易洽谈会等交流合作平台，开展联合招商引资、项目推介活动，建立政府、企业、民间常态化交流合作关系，组团参加“川货全国行”“万企出国门”等活动，扩大白酒、油气化工产品、机械装备、新材料、汽车等优势产品出口，推动特色农产品、竹产品等“走出去”，提升产业市场竞争力。整合川南旅游资源，打造川南旅游品牌，建成四川省重要的国外游客旅游目的地。转变外贸发展方式，帮助企业利用现代化技术手段开展跨境电子商务贸易，提高其参加商务会展水平。

3.5.3 提升招商引资的质与量，培育对外开放新优势

准确把握国家政策，围绕川南经济区产业发展、城镇建设等重点领域，加大招商引资力度，以定向招商、委托招商、以商招商和活动招商等方式，着力引进大企业、大集团，特别是世界500强、中国200强企业落户川南经济区发展。

从政务、法规、服务等方面改善和提升投资软环境，为招商引资营造规范良好的制度环境、稳定的市场环境和和谐的社会环境。特别是简化产业发展项目审批环节，减少不同部门间的前置审批，缩短审批周期。促进中介服务机构发展，为重点行业发展提供信息、咨询、评估、培训及政府政策解读服务。构建科学的产业发展检测和评价指标体系，加强政府对产业发展状态的掌握，及时调整产业政策。

建立健全大企业培育服务协调机制，促进资源和技术向主导产业、优势企业集聚，促进企业发展壮大，培育支撑力强、辐射带动作用广的企业。大力支持一批有实力的重点企业，以全球性的眼光配置资源，瞄准全球市场，主动参与国际经济合作。鼓励和引导一批龙头企业积极开展海外投资，打造跨区域产业链，将条件成熟的行业产能向海外目标市场转移。鼓励装备制造、节能环保、建筑材料、轨道交通、食品加工等行业中条件具备的企业开展对外工程总包业务。

3.5.4 加快构建区域统一的开放型现代市场体系

加快人力资源市场一体化建设，实现川南各市人力资源培训和鉴定结果互认，建立有利于人力资源流动的户籍、教育、人事管理和社保关系转移制度，加强跨区域劳动执法和监察协作。

加快资本市场一体化建设，推进产权、技术交易市场互联，建设川南跨区域产权交易市场。

加快商品市场一体化建设，统一市场准入标准，消除限制商品流通及市场准入障碍，加强市场监管和联合执法合作。

第4章 本篇小结

川南经济区是四川省五大经济区中排在成都经济区之后的第二大经济区。川南经济区在经济和社会等各方面的发展处于省内较高水平，在四川省建设西部经济发展高地战略中具有举足轻重的地位。2013 年 2 月，《中共四川省委四川省人民政府关于实施“多点多极支撑”发展战略的指导意见》提出了“全域全面开发、多点多极共兴、重塑经济版图、实现强省之梦”的重大战略举措，这既为川南四市社会经济全面协同发展带来新的历史机遇，同时也必然会打破川南四市以往以行政区域划分为中心各自发展的传统格局。因此，如何寻求川南经济区区域经济一体化布局，克服社会经济发展中依然存在的关键矛盾、问题和制约，具有非常重要的现实意义与战略价值。

本书作者长期跟踪川南经济区区域经济发展，结合我国其他城市群的建设经验及国内外最新研究成果，对川南经济区一体化发展所涉及的产业转型、城市发展、生态文明建设等关键战略问题进行了深入研究，从强化顶层设计、加强统筹协调，以及大力推动区域产业和川南城市区域一体化发展、加强区域生态文明建设和大力发展区域外向型经济等角度提出了相应的政策建议，为科学有效地解决川南经济区一体化发展中所面临的关键矛盾和问题，强力推进实施四川省新建“一干多支、五区协同”发展战略，提供了必要智力支持。

第二篇　自贡–内江同城化研究

第 5 章　自贡-内江同城化研究概述

近年来，随着我国城市化进程的加速发展，我国在打造区域经济增长极的战略选择上已经定位于城市经济整合与城市群培育。四川省最新出台的《川南经济区“十三五”发展规划》明确提出要积极推进内江-自贡同城化发展，促进两市产业分工协作和要素自由流动，提升科技创新和综合服务功能，引导先进制造业和现代服务业集聚发展，最终把“内江-自贡联合都市区”打造成连接成都、重庆双核的重要都市区。因此，响应《川南经济区“十三五”发展规划》的相关指引与要求，积极探索内江-自贡同城化发展的基础条件和制约因素，从战略层面设计内江-自贡同城化发展模式和方向，建立有利于推动内江-自贡同城化发展的体制机制环境，确定实现内江-自贡同城化发展的有效路径，对深入贯彻四川省“多点多极支撑”发展战略和把川南经济区培育成四川省重要经济增长极具有非常重要的战略意义与现实意义。

5.1　研 究 背 景

5.1.1　“同城化”逐渐成为区域协调发展的重要思路

近年来，“同城化”作为区域协调发展的一种类型逐渐成为区域提升竞争力的重要思路。

2005 年深圳市政府《深圳 2030 城市发展策略》的发布提出了国内“同城化”概念，“加强与香港在高端制造业、现代服务业及其他领域的合作，与香港形成‘同城化’发展态势”也在其区域发展策略中有所体现。而后，《合淮同城化总体规划（2008 年—2020 年）》、2009 年《丹东东港同城连接带总体发展概念规划》及《广佛同城化发展规划（2009—2020 年）》的相继出台，新疆维吾尔自治区的乌鲁木齐和昌吉等城市也纷纷提出“一体化/同城化”的发展构想。

另外，由于区域发展环境和学科背景的不同，国内众多专家及学者从各个视角在定义同城化方面提出了自己的观点。较早的有高秀艳和王海波（2007）认为：“同城化”实际上是区域经济发展过程中，为打破传统的城市之间行政分割和地方保护主义限制，促进区域市场一体化、产业一体化、基础设施一体化，以达到资源共享、统筹协作、提高区域经济整体竞争力的一种发展战略。进而谢俊贵和刘丽敏（2009）提出：同城化是指没有行政隶属关系的相邻城市，借由统一的协作规划、协同运行、协调发展，实现其功能放大，以使相邻城市的居民形成一种犹如生活在同一城市空间的社会生活感受的城市整合发展过程。

5.1.2 同城化发展进程缓慢且社会负效应渐显

通过研究国内同城化实施的案例，发现我国大多数地区的同城化进程都发展缓慢：一方面，对同城化自上而下资源控制的过度关注，对各城市及各社会群体之间利益的不适当分配，导致“弱势方”积极性不高，因此规划难以实施；另一方面，同城化建设往往期望一蹴而就，而不考虑发展的阶段性特征，规划实施缺乏更为细致的“动态调控”路径的引导，同时，缺乏相应的区域空间实施政策机制保障也是同城化实效不佳的又一羁绊。

再看实施程度较高的“广佛”地区，其同城化过程也暴露出了一些社会问题。广佛同城化之后，佛山市居民居住成本的增幅远远大于收入的增幅，为了缓解这一矛盾，佛山市政府于 2011 年 3 月 18 日发布“住房限购令”，成为继广州、深圳之后广东省第三个出台“限购令”的城市。“佛山限购令”是佛山为维护自身城市居民利益的重要策略，但仍然不能从根本上保障佛山作为“弱势方”的利益。

同城化规划作为区域协调发展规划的一种类型，是各级、各方利益博弈的平台，其实施效果不佳的根源在于规划行业根深蒂固的“中心极化”“静态蓝图”“重工程轻制度”等思维在作祟。同城化发展过程中出现的一系列问题警示我们，是时候转变技术经济的视角，跳出“自上而下”的路径选择，从另外的角度出发去寻找解决之道了！本书正是基于以上思考，引入社会学的视角，“自下而上”地展开研究，对现行的自贡-内江“同城化思想”进行补充与修正，以期寻求推进同城化进程高效、健康、可持续发展的可行性路径。

5.2 研究价值与现实意义

聚集区域财富的城市，在地区经济发展中起三个重要作用：组织、引导和促进。为了顺应经济全球化和区域一体化趋势，必须扩大资源优化配置的寻求范围并且拓展空间发展的新领域。国内外逐渐实现从单一的城市间到区域性城市群间新一轮经济竞争的演变，城市同城化也被认为可以必然且务实地增强区域竞争力。自贡与内江同处川南经济区，对两地的同城化发展问题进行系统性研究，可以使相关体系更加完善，还能为我国目前及今后区域性经济区或城市群建设和同城化发展提供理论支撑和实践经验，可以更加优化自贡和内江两个城市分工，明确城市功能；消除不良竞争，避免恶性竞争；解决区域环境约束的客观要求。其现实意义主要表现在以下几个方面。

5.2.1　推进川南经济区一体化发展的需要

纵观国外经济区相关的研究及实践经验，经济区扮演着两个重要角色：一是经济社会的重要统计单元；二是跨行政区域的地域实体。而我国城市在现行行政区经济体制和明确的行政区划范围下，主要分为市域和市区两个层次。目前，中国绝大多数城市是根据行政地域范围进行数据统计的，但城市行政辖区范围与城市功能地域不相吻合，难以反映城市真实完整的功能作用，因而使城市统计、城市管理和城市规划工作进行困难。经济区一般被认为是一个跨行政区的地域，更多地被认为是经济地域或功能地域。中国经济区及同城化的发展，对创新体制机制和打破行政区划界线有着极大帮助。自贡和内江通过推进在川南经济区的同城化建设、组织及协调机构的统一管理、区域内产业的协调发展、资源的合理利用、基础设施的建设等，谋求城市区域的共同发展，区域一体化的实现使其更有信心面对经济全球化背景下的川南城市竞争。

5.2.2　优化地域分工和要素组合的需要

不论是欧洲、美国还是日本，其主要经济区的重点都在城市间的合理分工和功能协调。

首先，以首位城市为核心、特大城市为次中心建立结构合理、相互有机联系的多心多核的经济区城市群体系。其次，以城市间的合理分工与功能互补为重点。中国的城市区域一体化是一项以客观规律为基础，以研究西方发达国家的经验为借鉴，通过市场规律调节各类要素，实现地域分工与要素组合的优化。城市群的建设，即比较经济群内各城市的优势，协调好各方的利益关系，有效地整合经济区内的资源，打破地区封锁，实现生产要素互补，强化互动效应，从而使区域的整体优势能最大限度地发挥。四川省社会科学院副院长盛毅在内江市委中心组（扩大）学习会上表示，要着力构建“一核多轴多点”的空间开发格局，启动条件成熟的城市群建设，促进部分城市的同城化发展。自贡-内江同城化发展有利于优化两地要素组合和地域合理分工，加强自贡-内江城市同城化发展与经济发展互为推动力量，两者紧密联系、相互影响、相互作用。工业化程度的提高，先要实现要素的、产业的聚集效益，即使资金、资源、劳动力等生产要素更多地集中在工业化较早的地区，最终实现较大的经济效益；而自贡-内江同城化发展，又会通过其极化效应进一步吸引周围地区的生产要素，实现规模效益，提高生产要素的利用效率，反过来又提高了当地的工业化程度，并通过其扩散效应带动和整合城市及周边地区的经济发展（闫晴，2012）。

5.2.3 整合产业发展，形成优势集群需要

区域协作的核心往往在于产业规划与布局，而地方政府的着力点主要在于确定主导产业，促进优势产业甚至企业的具体整合。产业布局体现的地区间的分工关系，也是很多国家进行国土规划的主要内容。大部分城市的领导集体只需负责发展自己管辖的行政区，而不用考虑周边地区的情况，因此在产业安排方面总是竞争多于协作，由此可见在我国目前的行政体系下，经济区规划中难点和重点在于产业布局。为了推进自贡-内江同城化发展，除了将城市间产业集群的分工扩展成城市之间的分工、区域范围内产业的整合、彼此的支柱产业和主导产业的合理安排，两个城市还应在自身行政范围内因地制宜地培育和发展有利于自身发展又不损害区域整体发展的产业门类，只有这样才能改变当前的重复建设、相互对立、产业趋同、同质化发展甚至影响环境的现象。

5.2.4 最大限度发挥政府的引领调控作用

纵观欧美国家和日本城市群发展，自贡与内江区域合作需要企业的积极参与和政府的主导。在区域互动发展经济、调整产业结构的情况下，政府或上级政府要适时组织、规划和建立公共政策，明确区域产业布局方向，要出台保障区域经济协调互动发展的制度，还要颁布促进区域一体化的有关政策，通过科学的规则和完善的机构，打造区域经济互动发展的舞台，创造竞争条件。“度”在川南城市群发展过程中是个很重要的问题，即考虑发挥作用的大小、方式，度把握得好，就能充分利用区域资源，从而更快地形成合理分工、错位竞争、互动发展的区域合作格局。

第 6 章　相关理论基础及文献研究

6.1　同城化及相关概念辨析

6.1.1　区域一体化

美国区域经济学家胡佛将区域定义为基于描述、分析、计划或制定政策等目的而作为一个应用性整体加以考虑的一片地区。一体化一词来源于地质学，随后被广泛应用到自然学科和社会学科领域。一体化是一个将部分结合为整体的行动和过程，它强调各部分间的相互联系与结合及产生的全新整体性。就城市与区域发展而言，一体化所强调的互相联系和整体性即区域内的各城市通过一定的组织、协议及联合方式，实现区域的统一规划布局和生产力配置，统一开发区域资源，统一分工协作，联合开发和占领市场，提高整体竞争力。

"区域一体化"在国内学者的理解下有两种层次：区域空间一体化和区域经济一体化。区域空间一体化是区域一体化的外部表象形态，区域经济一体化是区域一体化的本质和核心。区域一体化的定义由于区域的地域空间的大小不同存在一定区别。国家尺度的区域一体化，如欧洲一体化、东亚一体化，主要指区域经济一体化，即两个或两个以上地理位置相邻近的国家（地区），以获取区域内经济集聚效应和互补效应为宗旨，促使产品和生产要素在一定区域内自由流动和有效配置。城市尺度的区域一体化，如西咸一体化、长三角一体化，往往具有一个基于区域内经济活动的联系高度密切的中心城市，城市尺度的区域一体化能打破相邻城市间的隔阂，促进区域空间的拓展和整合、区域产业的集散和分工及区域市场的打造和共享，最终达到区域内城市经济社会的融合。

6.1.2　城市群

现代意义的城市群概念是由法国学者戈特曼在《大都市连绵区：美国东北海岸的城市化》中首次提出，他认为"城市群是一个范围广大的，由多个大都市连接而成的城市区域，是有一定人口密度的都市地带，随着城市化进程，城市将沿着交通主干道不断延伸演化形成一个人口、经济紧密联系的城市组合体"。国外城市群研究的代表理论是新古典范式城市体系理论和新经济地理学范式城市体系理论，这两种理论不仅基本回答了由城市区位、城市类型、城市规模和数目等一系列城市体系组成的问题，更深入地探究了城市体系形成和发展的内在动力机制。20 世纪 80 年代国内学者开始了对城市群的研究，他们从宏观角度对城市群的形成和演化进行了一般的分析，主要内容包括城市群的概念、内涵、模式、形成机制、空间结构及具体发展对策等方面，且特别地从政策研究方面提出了很多促进城市群形成和发展的相应对策建议。国内学者对于城市群的定义各执己见，但大都认为城市群是特定地域范围内，以一个或多个中心城市为区域核心，与周边联系紧密的城市（镇）共同组成的城市集合体。城市群以现代化的交通网络和信息网络为依托，促进区域的一体化协调发展。随着我国城市化进程的不断推进，城市群地域结构的形成将成为区域产业集聚和城市体系演化的必然结果。

城市群依靠现代化的交通网络和信息网络，协调发展区域一体化。随着我国城市化进程的不断推进，区域产业集聚和城市体系必然会演化成城市群地域结构。

6.1.3 都市区

1910 年美国提出了都市区的概念并于 1949 年正式设立了具体的统计标准。都市区概念的形成源于美国的城市发展。城市的迅速发展促使空间不断蔓延和郊区化，使得居住和就业在空间上产生分离，形成了“都市区”的空间组织形态。西方其他国家也在此基础上提出和建立了类似但又有细微差别的概念及划分标准，都市区由中心市区和外围地区两个基本单元构成。综合各国对都市区的界定标准，得出都市区的构成必须满足有一个中心市，即都市区的就业中心，且在外围地区有一定比例的通勤人口，即有一定数量的居民每天到中心市区上班。都市区是城市化高度发展的一种空间形态，但在我国还未有确切统一的概念标准。

都市区作为城市发展过程中的一种高级状态，一般是由规模较大的一个或数个中心城市与其外围若干紧密联系的小城市共同组成的地域单元，是具有影响力的中心城市与郊区城镇之间共同组成的紧密关系的人口密集区。都市区空间组织的形成和演变归功于社会经济发展和国家区域政策的积极引导。在经济全球化和新科学技术革命快速发展的背景下，都市区作为新的经济体系中的空间地域单元将在大城市突破原有的空间结构尺度中扮演极其重要的角色。

6.1.4 都市圈

日本学者木内信藏提出的“三地带学说”在 20 世纪 50 年代被应用于日本政府的“都市圈”理念。其中“大城市圈层由中心地域、城市周边地区和市郊边缘广阔腹地三大部分组成”，这标志着对都市圈研究的开始。日本原行政管理厅首次将都市圈定义为以一日为周期，可以接收城市某一方面功能服务的地域范围，中心城市的人口规模必须在 10 万人以上。1960 年日本行政管理厅对中心城市的规模、中心城市和其外围的通勤人口、都市圈之间的物流运输量部分做了修改，提出了“大都市圈”概念。大都市圈由一个或多个人口规模在 200 万人以上的特大中心城市和若干 50 万人以上的邻近城市组成，外围城市到中心城市的通勤率不小于自身人口的 15%，大都市圈之间的物资运输量不得超过总运输量的 25%。

日本政府希望通过都市圈的划分，完善和调整中心城市的功能，减少中心城市的压力并带动周边城镇的发展，在都市圈内建立独立的产业体系，提升区域竞争力。

国内都市圈被定义为由一个或多个中心城市和与其有紧密社会、经济联系的邻接城镇组成，具有一体化倾向的协调发展区域，对其进行研究开始于 20 世纪 90 年代。都市圈是大城市的郊区化、辐射扩散与相邻城市之间的相互作用的产物，其形成源于多城市一体化趋势。它以中心城市为核心，通过发达的联系通道，吸引辐射周边城市，促进城市间的联系与协作，从而带动整个区域的经济社会发展。

6.1.5　同城化

国外没有同城化对应的概念，但是有类似“同城化”的城市或区域发展现象在欧美国家出现，如美国明尼苏达州著名的双子城明尼阿波利斯与圣保罗，德国的柏林与勃兰登堡州，英国的格拉斯哥与爱丁堡等。经历改革开放后几十年的快速发展，我国社会经济进入城市化快速发展阶段。城市建设用地扩张推进了城市化进程，相邻两个城市的联系逐渐紧密，部分城市或者区域也呈现出空间一体化的趋势。为了打破行政分割、促进区域经济一体化发展、形成区域增长极，实现区域竞争力的提升，国内多个城市提出了同城化发展战略。

同城化的概念由深圳市政府在 2005 年发布的《深圳 2030 城市发展策略》的区域发展策略中首次明确提出“加强与香港在高端制造业、现代服务业以及其他领域的合作，与香港形成‘同城化’发展态势”。邢铭（2011）认为，同城化一般是指两个或两个以上城市因地域相邻、经济和社会发展要素紧密联系，具有空间接近、功能关联、交通便利、认同感强的特征，通过共同配置城市间的经济要素，使城市间在产业定位、基础设施建设、土地开发和政府管理上形成高度协调和统一的机制，使市民弱化属地意识，共享城市化所带来的发展成果的现象。桑秋等（2009）基于沈抚同城化的研究，对同城化的定义进行了初步的解释，认为同城化是区位邻近、人文历史相似、产业结构明显互补的两个或两个以上城市在经济社会联系达到一定程度后所呈现的空间一体化、经济一体化的地域现象。

基于以上分析，本书将同城化定义为空间相近、经济关联性较强、具有历史文化认同的两个或两个以上城市，通过消除城市间传统的行政壁垒，实现空间一体化、经济一体化、制度一体化、管理一体化等区域间的合作与融合，实现区域一体化，提高城市和区域竞争力的城市发展战略。区位邻近的城市之间合作联系的不断增强，整合发展的不断深入促进了同城化的产生。城市整合带动的是资源、产业的互补发展，同城化更是在市场、政府管理方面达到同步一致，从而逐步实现基础设施、产业布局、环境、城市功能、公共服务、要素市场六个方面的一体化（闫晴，2012）。

6.1.6 相关概念辨析

1. 同城化与区域一体化

城市尺度的“区域一体化”与“同城化”理论基础和思想渊源相似，且都是为了追求区域的融合发展，所以两者有着相近的概念。对比内涵来看，都是在区域经济发展过程中，为了打破传统的城市之间行政分割和保护主义限制，区位相近、经济联系紧密、产业互补性较强的城市通过经济一体化、空间一体化和制度一体化等区域合作与融合，实现城市和区域竞争力的提高，促进区域一体化的发展战略。

同城化的目的是实现区域一体化，但更注重城市间的“同质化”发展和经济、社会、制度上更深层次的协作与融合。桑秋等（2009）认为同城化比城市一体化更有现实性、针对性和操作性。杨再高（2009）认为同城化意味着更深层次、更广范围、更高程度的区域合作与融合，包括在规划、基础设施、环境保护、产业发展、公共服务及管理等全方位的一体化。姚宜（2010）则认为同城化的发展状态是区域一体化的最高形式，以加强相邻城市和区域之间的合作，建设一个全新的区域经济中心为主要目标。

2. 同城化与城市群、都市区、都市圈

城市群、都市圈的概念提出较早，其理论研究相对成熟且在一定程度上与同城化的提出有些渊源，所以和同城化也有相似的理论基础。城市群、都市圈、同城化作为区域经济一体化与城市发展进程中的特定发展状态，既相似又有差异，既相互联系又各有区别。

城市群、都市区、都市圈、同城化都应具备一个或一个以上的区域中心城市，即城市群、都市区、都市圈、同城化发展的核心城市，一般情况下同城化的中心城市只有一个，而都市圈、城市群可以有多个中心城市。从基本条件来看，三者都应具备一定的区位条件和经济联系性，但城市群、都市圈的地域空间尺度更大，同城化城市之间的空间尺度相对较小。三者的发展目标都是为了实现区域一体化，提升城市或区域竞争力，但在发展过程中，同城化追求城市间的同质化发展，属于更高层次的一体化。

6.2　同城化的理论基础

同城化发展战略以消除区域内部个体的行政壁垒为本质，实现区域一体化的融合和平衡。同城化的研究对象涉及多个行政主体，空间尺度的扩大，以及对经济、社会、政府多因素的考虑（陈晓耀，2013），其形成基础是以区域发展理论和区域空间结构理论为主的区域规划理论。

6.2.1　区域分工与合作理论

以英国经济学家亚当·斯密的绝对优势理论和大卫·李嘉图的比较成本理论为代表的区域分工理论，起源于国际分工和贸易理论。

区域分工理论认为，在资源和要素无法自由、完全流动的情况下，由于各个区域之间经济发展条件和基础的差异，为满足各自生产、生活等多方面的各种需求和提高经济效益，在经济交往中必然遵循比较利益原则，选择和发展优势产业。于是，区域之间开始分工。区域分工是区域之间经济联系的一种形式，通过区域分工合作，能够使各区域充分发挥资源、要素、区位等方面的优势，进行专业化生产，有利于实现区域之间资源的优化配置，有利于提高区域的专业化效益，有利于增强区域之间的经济联系，有利于推动生产技术创新和提高产品质量，进而提高区域经济发展的竞争力。通过作为区域之间经济联系形式之一的区域分工的合作，各区域资源、要素、区位等方面的优势得到充分发挥，进行专业化生产对优化区域之间资源的配置、区域专业化效益的提高、区域之间经济联系的增强、生产技术的创新、产品质量的提高都有益处，最终实现区域经济发展竞争力的提高。

区域分工源于区域之间比较优势的存在和比较利益的驱动，而不同区域的资源要素不同，所以产生了比较优势。区域分工理论要求在区域发展规划中建立区域分工体系，综合分析区域条件，确定各自的比较优势及专业化生产部门，同时建立区域间合作与区域经济相互协调的机制，积极促进生产要素合理流动，形成统一市场。因此，区域分工作为区域经济活动的一种空间组织方式，也有助于国家和地方政府调控区域经济。区域分工是推进大都市区同城化发展的有效途径，既能够有效配置同城化城市的资源，又能通过城市间及部门间的专业分工，加强城市间的联系合作，为提升城市及区域整体竞争力和促进发展区域一体化提供条件。

区域分工的表现，在于充分发挥地区比较优势，进行专业化生产，有效配置资源，提高劳动技术，以获得更好的区域经济效益和社会效益。人们社会经济生活的需求无法由一个城市或地区单独承担，而需要各城市或地区相互联系和交换，这就必然导致区域间的合作，因此可以说区域分工的不断深化加强了地区间的联系。只有在满足“在区域内部（外部）建立共同的市场”“贯通交通网与信息网”“共享资源”“联合经济和协调发展环境”四个原则的基础上，才能构成完善的经济社会合作模式。

区域内的分工与合作是区域内经济联系的一种形式，由于区域内各小区或城市之间既相互竞争又相互依赖，既争夺资源又互为补充，有机地构成一个整体。其发展过程从理论上看，先形成区域专业化分工，再随着区域分工的不断深入，区域中各小区或城市之间的依赖性不断增强，区域合作成为必然趋势。

6.2.2 城市空间聚集与扩散理论

城市与区域之间联系紧密，区域是城市的基础，城市是区域的核心。城市，尤其是中心城市，在区域经济运行中扮演着极其重要的角色，它不断强化区域经济“聚集—扩散—再聚集—再扩散”的链式过程。

城市空间是人们集聚居住的环境，有着自己独特的发展和演变规律。空间上，这个规律表现为城市要素和空间的聚集与扩散，区域中产业、劳动力、居民和资金的集聚与扩散都是以城市为节点进行的。城市，尤其是中心城市具有较高的聚集功能。在城市发展到一定阶段的时候，城市地域也会随着要素流进行集聚或扩散。起初，厂商、企业等为了最大限度地降低成本，在分工专业化与多样化中追求利益的最大化，聚集在城市，形成生产的聚集，在聚集生产的同时，城市的劳动力和商品市场逐渐成熟、发达，从而聚集大量人口到此消费，形成消费的聚集。而随着城市人口的进一步集中，又会产生一系列环境问题、地价上涨问题、劳动力成本上升等，导致竞争力下降，一部分经济活动和人口将被分散到周围地区，由此产生城市的扩散、辐射功能。随着城市化的进一步发展，临近中心城市的地域，其功能不断调整，逐步专门化，特别是生产性服务业更进一步向核心城市集中，而周围地域制造业也迅速发展，占领主导地位。于是在一定的地域范围内形成了核心城市以服务业为主、周围地区以工业为主、有便捷交通线路相连的、结构上既相互依赖又各具特色的有机整体。中心城市与周围地区双向流动导致了大都市区的形成，而健全的大都市区运作需要满足社会经济联系紧密，便利的交通、通信，以及行政的协调领导的条件。

6.2.3 城市空间相互作用理论

世间万物，包括地理空间都非独立存在，且都有其特殊性和普遍性。城市作为人类在地理空间上的一个聚落形态，是有生命和活力的空间实体（武廷海，1995）。只有城市之间或者城市与区域之间要素不停地流动，才能使城市不断完善和发展，让城市空间相互作用，将不同规模、不同类型的城市有机地结合起来，形成城市空间的有机体。随着城市的区域化和全球化，区域内的城市相互连接（鲁晓勋，2006），形成一个联合城市地域的大整体。

$$\frac{T_a}{T_b}=\frac{P_a}{P_b}\frac{d_b}{d_a}$$

其中，a、b 为两个城市；T 为城市吸引力；P 为城市规模（以人口为标准）；d 为城市间的距离。

20 世纪 30 年代，美国著名城市经济学家雷利（W.J.Reilly），通过划分两个城市之间最佳零售市场区，提出了“零售引力法则”，此公式表达一个城市对周围地区的吸引力与距离成反比，与其规模成正比。

$$d_a=\frac{D_{ab}}{1+(P_b/P_a)^{1/2}}$$

其中，d_a 为城市 a 的分界点；D_{ab} 为城市 a、b 的距离；P 为城市人口规模。

1949 年，康佛斯（Convers）继续完善雷利的理论，认为两个或两个以上的同等级城市之间存在吸引边界点，通过公式算出这些分界点（也称断裂点），将它们用曲线连接起来得到城市的吸引范围。从公式可得出，城市的规模越大其引力范围越广，城市引力分界点就越会朝规模较小的城市偏移。

$$I_{ab}=\frac{(W_aP_a)(W_bP_b)}{D_{ab}^j}$$

其中，I_{ab} 为 a、b 两个城市的相互作用量；W_a、W_b 为经验确定的权数；P_a、P_b 为 a、b 两个城市的人口规模；D_{ab}^j 为 a、b 两个城市的距离；j 为测量距离摩擦作用指数。

美国学者乌尔曼在 1956 年提出的空间相互作用理论，对城市空间体系具有远大意义。他通过研究，提出城市空间的一般规律。首先，城市空间相互作用的前提条件就是存在供求关系，当两个城市的资源要素互补，一地区对另一个地区的资源有需求和依赖时就促进了城市间的联系；其次，城市间要有各种流的移动，在移动过程中距离是主要的影响因素；最后，两个城市间要有互补性和关联性，且具有一定的空间关联，若其中出现一个新的城市，其就会对这两个城市产生干扰，影响和阻碍这两个城市之间的要素流动，形成中介干扰机会。城市的空间相互作用，可以通过引力模型来表示，其一般形式如 I_{ab} 引力模型。空间相互作用理论充分表明，单个个体和个体间的相互作用及表现形式，不仅是区域内的城市体系形成的理论基础，也是城市同城化发展的理论依据之一。

6.2.4 城市空间结构理论

在整个同城化过程中，始终存在着城市布局结构的相互适应和优化，为了更加清晰地把握同城化城市之间的功能变化规律，合理地划分城市功能属性是一项必要的工作。尽管从城市产生之日起，城市的功能一直随着生产和生活的变迁而变化，如政治、军事、贸易等，但现代城市的基本功能始终离不开两个属性：生产和生活。每个城市都是一个二元结构的有机整体，所以在参与同城化的两个城市之间，必须对彼此之间的二元结构进行重新调整和安排。城市的空间发展战略实质上是对产业和人居空间的总体安排，它对城市的长远发展起着支配性的作用（茹志东，2014）。在大都市区一体化或同城化建设中，往往要合理协调两个或多个城市间产业空间和人居空间的关系，这也是规划的主要任务。

第 7 章　自贡-内江同城化条件与可行性研究

7.1　国内外同城化现状分析

随着工业化与城市化进程不断推进，产业结构不断调整，经济全球化和区域经济一体化已经成为当代经济发展的主要特征，生产力布局的国际调整出现了新的变化，不同区域竞争加剧，但相邻区域既竞争又合作成为主旋律，相邻城市抱团发展战略已被普遍接受并得到运用，世界级的城市群和城市带不断出现。“同城化”也经过实践证明成为城市群一体化发展的重要战略，相邻城市在充分利用比较优势的基础上共同发展，能够实现利益最大、成本最低的经济目标。在此背景和具备基本条件的情况下，国内相邻城市都在探索和实践着同城化或者一体化，截至 2014 年已有二十多个城市组合提出了建设“一体化”的目标。

7.1.1　国外同城化现状

国外还没有同城化的对应概念。同城化可以追溯到都市区和城市群，其作为区域一体化背景下的新型地域组合关系，也是区域协调发展的一种新型探索。

“均衡布局，适度集中”原则是指通过发展多中心和均衡的城市体系，强化城乡地区的协作，协调区域发展，并倡导交通与通信的整体发展，根据各地区经济、社会和环境的差异因地制宜地制定发展战略，支持“多中心”均衡发展的策略，实现均衡的可持续发展。欧洲国家主要遵循此原则构建大都市区和大区域，如荷兰，采用“分散化集中型”的城市发展模式，其为了解决大城市的拥挤问题，1960 年开始了一场新城建设运动，15 座新城以兰塔斯德地区为中心进行规划，形成了大、中、小城市体系健全、城市之间具备有机分工和协作的都市圈。德国柏林为了促进中心城市与周边区域的协调发展，制订了柏林及勃兰登堡州整个区域协调发展的战略方案，将柏林与勃兰登堡州作为整体进行空间规划。在空间结构上，欧洲国家为了平衡大都市区空间结构，通常采用“调控土地利用需求”及“开展绿带和开敞空间规划”等策略。

北美大都市区以温哥华、纽约等加拿大、美国的典型大都市区为代表进行规划，主要从区域层面协调大都市区内城、郊区及自然环境三部分之间的整体发展，在此过程中注重公交导向发展单元的构建；1909 年芝加哥规划就已将区域层面的交通及开敞空间等内容考虑在内；1920 年以来，纽约区域规划协会（Regional Plan

Association，RPA）对纽约大都市区先后进行了三次区域规划，规划核心依次为“再中心化”“建立其周围的新城市中心”“重建经济、环境、公平”，通过规划新的开敞空间和次级中心，促进大都市区由单核心转变为多核心，以此实现大都市区内部社会空间结构及经济空间结构的平衡。

亚洲国家的大都市区大多运用西方“绿带和分区”的理念进行规划，用以控制大城市的爆炸性增长；在东京、汉城①、曼谷等大都市区域实行“开敞空间”的理念。1988 年，日本在首都圈的规划中提出，除了规划绿带和新城外，建立“多核多心”的新型都市圈结构，规划至 2015 年将整个大都市区分为“既成市街地（城市建成区）、近郊整备地带（近郊开发地带）和卫星城镇（都市开发区域）”三个部分。韩国政府为了控制城市用地的无限扩大，引进了开发限制区制度：1971 年韩国在汉城建立了第一条绿化带以限制都市区边缘的农田和森林的转化，1989 年至今，通过在汉城大都市区共建设五座新城，疏解汉城中心区高度集中的职能和人口，促进大都市区外围的发展。

7.1.2 国内同城化现状

改革开放以来，我国城市功能上逐渐摆脱了计划经济时代对城市定位的限制，各个城市已不再只是作为独立的居民集聚地区，城市功能上开始追求领域更宽广、层次更明显、功能分区更多元的形式。城市的区域作用和辐射作用在不断推进的城市化进程中不断增强，建立大城市群通常有两种模式：其一，将地域核心城市作为发展重点，不断深化中心城市功能，以从内到外的扩张方式，兼并经济发展薄弱的周边地区，建立卫星城，以一带多，从而达到“一城多星”的城市构造；其二，由发展程度相似、功能互补、有一定历史联系的城市以经济交流为桥梁，在经济一体化的同时逐步加强其他各方面的合作与融合。“同城化”的因素渗透到每个城市群的建设中。

城市群的溢出效应、分化效应与扩散效应在同城化模式中更加凸显。近年来我国不少城市都先后提出同城化战略，深圳与香港首次提出“同城化”理念在全国引起强烈反响，随后，郑州与开封、太原与榆次、沈阳与抚顺等地纷纷开始了同城化建设。

广州和佛山在诸多城市的同城化建设中最为积极。2009 年 3 月，广州、佛山两市签署了《广州市佛山市同城化建设合作框架协议》，此后政府部门每年邀请民间人士、专家学者对广佛同城化的工作进行考评。到现在为止已经建立了广佛同城的体制和机制，如每年召开两次市长联席会议；开展了一系列专题对接行动，

---

① 2005 年 1 月 19 日，韩国汉城市市长李明博在汉城市宣布把汉城的中文名称改为“首尔”，“汉城”一词不再使用。

如轨道交通、年票互通、道路建设、治水、环境保护、社会管理等。为了推进海峡西岸经济区建设，福建省在 2011 年 8 月出台了加快推进厦漳泉大都市区同城化工作的方案，确定了厦漳泉同城化在 2012 年迈出实质性步伐，到 2015 年初步实现，将交通通信基础设施同城化联网的推进作为重点，建立同城公共服务信息平台，形成资源要素市场体系一体化，基本实现资金、技术、人才等要素的高效配置，协同保护和合理利用生态环境资源。目前，西安和咸阳实现电信同城化；郑州和开封实现金融同城结算、郑开（汴）城际公交车开通；沈阳与抚顺之间开通城际公交与城际轻轨，并在两市中间地带建立沈抚新城。通过同城化来促进区域经济一体化，能有效地根据区域实际情况提高城市化水平。截至 2012 年国内同城化实施主要情况如表 7-1 所示。

表 7-1　截至 2012 年国内同城化实施主要情况

名称	相关规划	发展策略	实施程度
长株潭一体化（1997 年）	《长株潭城市群区域规划（2008—2020）》	坚持核心带动，促进跨越发展；加快产业“两型化”，推进新型工业化；强化生态格局和湘江治理，塑造高品质生态环境；发展社会事业，推动城乡和谐；坚持集约发展，促进能源资源节约利用；建设综合交通体系，提高城乡运行效率；提升存量空间、创新增量空间，推进空间高效利用	较低
西咸一体化（2002 年）	《西咸一体化建设规划》①	规划统筹、交通同网、信息同享、市场同体、产业同布、科教同兴、旅游同线、环境同治；规划西咸新区；开展交通、市政等专项规划	较低
乌昌一体化（2004 年）	—	财政统一、市场统一、规划统一；规划建设米东新区和昌河新区	高
郑汴一体化（2005 年）	—	建设两地快速通道等基础设施；搭建郑汴共同发展的平台，形成产业发展带；功能一体化、交通一体化、空间一体化、产业一体化、服务一体化、生态一体化	中等
广佛同城（2006 年）	《广佛两市道路系统衔接规划》《广佛同城化发展规划（2009—2020 年）》	选取综合服务、基础设施、居住生活、生态维育等作为同城化四大重点协调发展区域，规划建设成为广佛同城化发展载体；基础设施、产业协作、科技创新、环境保护、社会事业、公共事务、区域合作、体制机制协调和创新为八大发展重点	高

① 2008 年第 22 次陕西省政府常务会议审议并原则通过《西咸一体化建设规划》（http://www.jingbian.gov.cn/gk/zfwj/szfwj/39723.htm，2020 年 8 月 13 日），2009 年 1 月 6 日陕西省人民政府办公厅发文《陕西省人民政府关于印发〈西咸一体化建设规划〉的通知》（陕政发〔2009〕3 号）。2014 年 2 月 28 日，陕西省人民政府办公厅发文《陕西省人民政府关于公布规范性文件清理结果的决定》（陕政发〔2014〕12 号），废止《西咸一体化建设规划》等规范性文件，并对废止的依据、理由和时间进行了说明（http://www.jingbian.gov.cn/gk/zfwj/szfwj/39819.htm，2020 年 8 月 13 日）。

续表

名称	相关规划	发展策略	实施程度
沈抚同城（2007 年）	《沈抚连接带总体发展概念规划》	沈抚连接带一体化建设；空间共构、功能共生、产业共谋、设施共建、环境共治、事业共融、形象共塑、商家共招、利益共享、制度共创	高
合淮同城（2007 年）	《合淮同城化总体规划（2008 年—2020 年）》	规划统筹、交通同网、信息同享、市场同体、产业同链、科教同兴、旅游同线、环保同治	中等
丹东东港同城（2009 年）	《丹东东港同城连接带总体发展概念规划》	构建同城连接带，实施十大基础设施共建共享工程	起步阶段
太榆同城（2009 年）	《太原经济圈规划纲要》	交通同网、信息同享、能源同体、环境同治、金融同城	较低
宁镇扬同城（2009 年）	《同城化建设合作框架协议》	实现发展规划、基础设施、产业协作、环境保护、公共服务上联动，推动社会经济事业的共同发展	中等
麒沾马同城（2011 年）	《曲靖市麒沾马都市区规划（2011—2030）》	依循同城化发展时序，分阶段实施同城化战略：雏形期，构建一体化发展格局；融合期，推进功能一体化发展；协调期，构筑同城化协调机制；同城期，协调社会资源的优化配置和社会利益的合理分配	起步阶段
厦漳泉同城（2011 年）	《厦漳泉大都市区同城化发展总体规划（2012—2020）》	基础设施共建共享；推进产业发展合作共赢；基本公共服务一体化；建设资源要素统一市场体系	起步阶段
汕潮揭同城（2012 年）	《推进汕潮揭同城化工作方案》	建半小时生活圈，三市车辆通行费年票互认。电信业务套餐改革：统一区域内电话资费标准。产业发展优势互补：三市交界地区建合作开发区。市场要素融合：信贷管理技术市场一体化。公共服务同城化：区域内医保费用实时结算	起步阶段

同城化涉及了城市发展的各个范畴，被认为是地域毗邻城镇特定发展阶段的路径选择。地理空间层面，同城化是以地缘关系为基础，以实现资源要素效益最大化为目的的要素流动过程；经济制度层面，同城化是通过构建区域协调发展共生系统，降低地域毗邻城市为寻求交易费用的动态制度变迁过程；社会功能层面，同城化是相邻城市间因资源配置环境发生改变导致“均衡—不均衡—再均衡”状态的不断演变，从而形成同质化社会发展态势的过程。

同城化更侧重于同质化的社会发展态势，从社会功能优化的角度强调居民正逐渐地淡化与弱化原有属地观念，实现共享同城化带来的发展成果、实现公共服务的均等化，这也是“同城化”的一个重要特质，使之与都市圈和城市群相区别。同质化包括产业经济发展环境、社会功能环境、制度环境及协同的利益诉求等发展态势。

7.2　自贡-内江同城化发展历程

7.2.1　概念设想阶段

1985 年，地貌学家丁锡祉提出了以成渝为中心、以城市为依托的不同层次的盆地经济圈的观点。1995 年，成渝经济区成为四川经济发展的重要地区，但在成渝经济区之间的中部地区，其经济实力相对落后，中心城市发展乏力，使得成渝两市联系不紧密，离心力增大，从而不利于四川盆地经济区健康发展。因此艾南山和马晓玲（1995）提出通过将自贡与内江两市合并来促进中部发展，增强成渝经济区走廊中段薄弱地带的活力。

7.2.2　区域助推阶段

2006 年 1 月，为了推动四川省经济发展而出台的《四川省国民经济和社会发展第十一个五年规划纲要》，提出了“五大经济区+四类主体功能区”的区域发展格局。以工业、城镇布局合理，土地有限的合理开发，保护生态环境为基础，为了加快推进工业化和城镇化，该纲要（草案）提出了构建成都、川南、攀西、川东北和川西北五大经济区，按优化开发、重点开发、限制开发和禁止开发四类主体功能区，发展四川省未来区域新格局的设想（李文贵，2014）。

2010 年 3 月，川南经济区商务合作与发展研讨会在自贡召开。自贡、泸州、乐山、内江、宜宾川南经济区五个城市的商务部门以开放合作、商贸流动、服务业合作为切入点，签署了《川南经济区商务发展与合作框架协议》，迈出了同城发展关键一步。根据框架协议，五个城市将优势互补，抱团发展，确保川南经济区外贸进出口、服务业增加值、居民消费品零售额等主要商务指标年均增长速度高于全省平均水平。把川南城市群打造为成渝经济区的重点示范区，以及川南经济区独特的商务与现代服务业新高地。

2011 年 12 月 31 日，四川省人民政府办公厅以川办发〔2011〕94 号印发《四川省“十二五”城镇化发展规划》界定范围，川南经济区包括内江、自贡、宜宾、泸州及乐山的犍为县、井研县、沐川县、峨边彝族自治县、马边彝族自治县 5 县，区域土地面积约 4.42 万平方千米。

2011 年，《四川省国民经济和社会发展第十二个五年规划纲要（2011—2015 年）》提出“加快推进成渝经济区四川部分‘一极一轴一区块’建设，建立健全区域协调互动机制，促进五大经济区协调发展”。作为四川省“十二五”规划的五大经济板块之一的川南经济区，地处成渝经济区的南翼、长江上游川滇黔渝接合部，区位优势独特，是川、滇、黔、渝三省一市接壤地带和成渝经济区的腹地，也是四川通江达海的主要通道，历来就是沟通四省市的重要物资贸易中心，以“黄金水道”为依托，有序推进岸线开发和港口建设，加强高速公路和快速铁路的建设，建成全省次区域交通枢纽，形成四川沿江和南向开放的重要门户，使之成为全省经济发展新的增长极。川南经济区产业优势明显，宜宾、泸州、内江、自贡都是老工业城市，有能源、装备制造、化工、饮料食品等优势产业；资源能源富集，有煤炭、水电、盐卤、天然气、矿产等；川南经济区以机械、化工等制造类优势产业为基础，逐步建成一个“引擎”型区域经济中心和内江、自贡、宜宾和泸州四市构成的多核心经济区。

2014 年 4 月 23 日，在四川省川南经济区发展协调小组暨川南经济区联席会第一次会议上，自贡市、泸州市、内江市、宜宾市首次签订的《川南经济区合作发展协议》，标志着川南四市将拉开全面对接、合作发展新序幕，四个城市的合作发展将进入制度化、常态化、一体化发展新阶段。川南四市将根据《川南经济区合作发展协议》的要求，加强规划政策衔接，联动推进产业优化升级，构建统一的市场体系，推进建设基础设施一体化，共享公共服务对接，共同治理生态环境，合力提升对外开放水平，开展改革创新合作，完善区域合作机制。

目前，川南经济区已开展川南经济区联席会年会制度，以四市党委、政府主要负责人为川南经济区联席会成员，关于川南经济区的问题，共同研究制定重要战略和政策，指导和协调实施发展规划，协调解决经济区一体化建设中的重大问题。联席会实行年会制度，采取共同主办、轮流承办的方式举行，以宜宾市、自贡市、泸州市、内江市为序，轮流作为承办方。按照川南经济区联席会章程，川南经济区联席会要组织研究川南经济区重大发展战略，审议有关合作发展规划，协调生产力布局；组织研究和推动区域合作的重大改革、重大项目、重大工作；组织、协调经济区内外多层次、各行业、多形式的交流协作，不断拓展区域合作深度和广度等。

2014 年 6 月，四川省发布了《成渝经济区南部城市群发展规划（2014—2020 年）》。南部城市群发展规划范围包括川南自贡、泸州、内江、宜宾四市全域及乐山市犍为县、沐川县、井研县、峨边彝族自治县、马边彝族自治县五县。南部城市群面积达 43 600 平方千米，2013 年末常住人口 1642.5 万人，地区生产总值 4845 亿元，分别占四川省总人口数的 20.3%、地区生产总值的 17.6%，占成渝经济区总人口数的 17.7%、地区生产总值的 13.6%。

该规划提出，构建“四核、五轴”城市群空间结构，形成多中心、网络化发展格局（张立荣，2008）。做大做强自贡、泸州、内江、宜宾中心城市，建成四个百万人口以上的区域性中心城市（成良琴，2013）。拓展沿长江经济带通道轴；沿内昆铁路、内宜高速公路通道轴；沿厦蓉高速公路通道轴；沿成渝、乐自高速公路通道轴；沿成自泸赤高速公路通道轴。同时，中小城市产业、服务和居住功能要得到提升，将自贡市富顺县、荣县，泸州市合江县、泸县，内江市资中县、威远县、隆昌市，乐山市犍为县，宜宾市江安县、珙县等县城，建设成为中等城市，形成支撑城市群发展的重要节点。强化东西向成渝连接通道和沿江通道，提升长江航道等级，推进岷江航电综合开发；加强南向通道建设，加快建设成贵铁路，启动建设隆黄铁路叙永至毕节段等（车文斌，2015）。完成菜坝机场、蓝田机场迁建。加快城际轨道交通建设，启动建设绵遂内宜、内泸城际铁路，开展乐自泸等铁路前期工作。加快建设自隆、内威荣高速。加强相邻县（区）快速通道建设。到 2020 年，实现全面建成小康社会目标，基本建成同城化发展的多中心城市群。进一步提升城市群经济总量占全省和成渝经济区比重，成为全省经济新兴增长极和成渝经济区重要经济增长极。

7.2.3　规划设计阶段

四川省在 2016 年 9 月发布的《川南经济区“十三五”发展规划》中提出了川南经济区的发展要求和明确定位，要充分发挥川南经济区的交通区位和产业发展优势，建成老工业基地城市转型升级示范区、多中心城市群一体化创新发展试验区、国家重要的先进制造业基地、长江上游生态文明先行示范区、成渝经济区沿江和南向开放的重要门户，打造成渝经济区新兴增长极。在空间布局上，将推进建设内江-自贡联合都市区和泸州、宜宾都市区，打造“川南大都市圈”，拓展沿长江发展带、内泸发展带和内自宜发展带，推进形成“三区三带”的空间发展格局。针对内江-自贡联合都市区，将推进发展内江、自贡同城化发展，促进两市市区与威远县、资中县、隆昌市、富顺县、荣县的一体化。以成渝、乐自内、内威荣高速及成渝客专等综合运输通道为依托，推动产业分工协作，促进要素自由流动，加强科技创新，提升综合服务功能，引导先进制造业和现代服务业集聚发展，打造连接成都、重庆双核的核心都市区。

自贡、内江作为川南经济区中的成员，地理位置邻近，具备率先实施同城化发展条件。

7.3　影响同城化发展的主要因素

同城化是相邻城市间逐步实现基础设施一体化、产业一体化、空间布局一体化等，最终达到城市间的同质化发展，一定的基础条件在同城化发展战略中十分重要。桑秋等（2009）认为同城化应具备四个前提：一是空间相近，地理位置相近是同城化产生的空间基础；二是产业互补性，城市间的产业互补是同城化的内在条件；三是紧密的社会经济联系；四是文化和历史认同。周轶男（2011）通过研究国内同城化的实践，认为同城化应具备三个内在条件：一是空间接近，交通便捷，空间距离和交通方式是同城化的基础；二是经济发达，产业关联性强，发达的经济和密切相关的产业是同城化发展的必要条件；三是人文同脉，区域认同感强，人文和区域认同感是同城化深入发展的因素。邢铭（2011）从大都市区角度研究同城化，认为同城化发展有六个必要条件：发展阶段相宜、地理位置毗邻、资源优势各异、产业结构互补、市场体系统一和文化历史同脉。本书选取国内正在实施的同城化战略的城市作为研究对象，认为同城化有四个特点：具有距离门槛，是相邻城市特定发展阶段的路径选择，同城化城市均为区域发展的中心城市或次中心城市，且城市之间有一定的经济实力差异和经济地位错位。因此，同城化影响因素可以归结为以下四个方面。

7.3.1　地理位置因素

地理学认为，城市之间距离越近，越有利于同城化的形成与发展，因为较短的距离能降低运输费用，促进生产要素与商品、服务的交易，且方便城市间加强联系。在我国同城化发展较好的城市中，广州和佛山相距 20 千米、沈阳和抚顺距离 46 千米、西安和咸阳距离 28 千米，其他城市间距离也都在一小时车程内。国外类似城市中，达拉斯市与沃斯堡市、双子城明尼阿波利斯与圣保罗、柏林与勃兰登堡州等距离也都不超过 50 千米。空间相互作用理论认为，空间距离与城市间的相互作用力成反比，城市距离越近，其交通运输费用也就越低，有利于流通与人力、物力、商品等生产要素交换，城市间相互作用得以加强。国外大都市区等都采用一小时交通圈的衡量方法。

7.3.2　交通条件因素

借鉴国外发展经验，都市圈和城市群的形成及功能的发挥与交通系统的服务有着紧密的联系。

现代化的快速交通运输网络和发达信息网络，实现了以时间换空间的选择，为城市间的统筹分工和区域的整体发展创造了条件，使城市群成为国内市场和国际市场的对接平台，形成人流、物流、资金流和信息流的聚集与扩散中心（茹志东，2014）。同城化需要完善的交通网络和交通设施进行连接与保障，只有这样才能保证商品、人力等各种要素在邻近城市间快速、高效的流动。同时，同城化作为一个区域的整体，也需要与外界有着顺畅的交通连接来保证内部要素与外部要素的交易。国内实施同城化发展的城市，都首先提出了如交通同城、交通同网、交通一体化等相关的交通发展战略来促进同城化的发展（黄鑫昊，2013）。

在区域协调发展的大背景下，同城化效应的发挥必须依靠完善的快速交通网络，主要是高速、高铁、快速通道等交通工具（表 7-2），通过缩短城市之间的空间距离，使城市间的资源得到充分利用，优化配置、协调发展城市产业和功能，通过“便捷生活圈”的构筑，让居民在日常生活、工作往来、就业出行中时时刻刻感到如同在同一座城市般的舒适和方便。目前在我国提出同城化发展的城市中就有所体现。

表 7-2　同城化城市之间的距离与快速交通方式

同城化城市	距离/千米	交通方式
沈阳-抚顺	46	城际铁路、城际公交
广州-佛山	20	城际铁路、城际地铁
太原-榆次	25	城际公交
郑州-开封	60	城际公交、城际高速
西安-咸阳	28	城际铁路、城际公交

7.3.3　产业结构因素

同城化的内在基础是城市间产业结构明显的互补性。亚当·斯密提出了区域生产分工理论，他认为提高资源配置效率的重要途径就是分工。研究发现若城市间产业不互补，城市间将会产生恶性竞争，只有城市间产业明显互补，才是作为城市从无序到有序、从无机到有机、从不完善到比较完善的相互作用的最佳方式。否则，城市间经济发展水平虽然很高，但产业结构同构，导致城市间恶性竞争、重复建设，很难实现有效的同城化。例如，沈阳是重工业生产基地，以交运设备、通用设备、电气设备制造为主，抚顺是重要的能源、原材料等工业基地，以石化工业为主，两市产业相似度低、经济互补性强。沈阳雄厚的经济实力对抚顺辐射能力强，为抚顺提供了金融、科技等现代服务业资源，抚顺以其丰富的能源为沈阳提供保障，两市在产业上形成良好的互动。广州作为我国最有经济活力的城市之一，主要产业集中在汽车制造、石化、造船等领域，其金融、会展业等现代服务业也高度发达，佛山主要优势在家电、建材、服装、陶瓷和灯等轻工业，两市产业的互补发展为其提供了合作的优势。

7.3.4　文化历史因素

若区域具有共同文化和历史渊源，在同城化构建发展时可以促进生活模式的融合，继承和保护区域内的历史文化遗产，避免外部开发和行为模式侵蚀本土认同，创造适应本地风俗的新生活方式，这些也是推动同城化发展的深层因素。社会生活和文化习俗相同或相近是不同城市间实现同城化的重要基础，两者差距太大是导致相互排斥的主要因素，这样就不可能实现真正融合。同城化归根结底是城市居民的一种心理认同，相似的文化和历史有利于产生共同的认同感和归属感，使同城化城市更具有包容性，使同城化的居民真正产生归属感和认同感，彼此间人口流动、经济联系等加强，推动同城化的实现。广佛同城化中，广州、佛山两市都是国家级历史文化名城，岭南文化底蕴深厚，生活背景一贯相通。历史上，广州与佛山曾长时间处于同一行政区划内，或属南海郡统领，或归广州府管辖，中华人民共和国成立后尤其是改革开放以来，珠三角经济区城市化进程加快，经济社会持续快速发展，城市间社会经济联系也趋向紧密，广州作为珠三角经济区中心城市的地位也不断强化，佛山历来受广州的辐射影响较大，并依靠广州发展壮大，久远的历史脉络使两地有着强烈的认同感，文化根基与传统底蕴的同一性为广佛加强合作奠定了坚实的人文基础。

7.4 自贡-内江同城化的基础

7.4.1 区位与交通

自贡市地处四川盆地南部，位于北纬 28°55′37″～29°38′25″、东经 104°2′57″～105°16′11″。自贡北与内江相邻，南与宜宾相连，东与泸州相接，西与乐山相连，全市面积 4381 平方千米，是川南经济区的地理几何中心。自贡由低山、丘陵、平坝和沟谷等多种地貌组成，属于低山丘陵地貌类型。地形分为低山、丘陵、平坝，以丘陵为主，平坝地形十分狭小、分布零星。低山呈条带状，分布面积广，沟谷纵横交错，穿插在丘陵之间（张斌，2012）。低山面积约占全市总面积的 17%，丘陵占 80%左右，平坝仅占全市总面积的 3%（谢宇，2010）。地势由西北向东南倾斜，海拔多在 250～500 米，城区海拔高度为 280～400 米（张莉敏，2009）。自贡的气候类型是亚热带湿润季风气候，四季分明，阴云天气较为常见，具有春早、夏热、秋凉、冬暖的气候特点。年平均气温为 17～18 摄氏度，常年日照 1150～1200 小时，无霜期 320～350 天，雨量充沛，年均降水量 1000～1100 毫米。

内江市位于四川省东南部，沱江下游中段，位于北纬29°11′～30°2′、东经104°15′～105°26′，东西长121.5千米，南北宽94.7千米。东邻重庆，南接泸州，西接自贡，西北连眉山市，北与资阳市相邻，全市面积5385平方千米（高泽龙，2011）。内江市属亚热带常绿阔叶林带，气候温和，雨量充沛，适宜多种林木生长。内江由于海拔高低悬殊不大，地形多为丘陵、低山，森林植物种类、群落组成及群落特征，随土壤理化性质差异呈较明显的地带变化，并在相应范围内，有相对的稳定性，其森林植被主要有针叶林、阔树林、竹林、灌木林等（王寒梅，2007）。

从以往的实践案例可以看出，同城化一般都发生在时空距离 30 千米左右、车程半小时以内的区域。自贡-内江空间上相邻，两市中心相距 36 千米，自贡城区大山铺收费站距内江城区收费站（渝昆高速）仅 30.6 千米，内江市威远县向义镇边界与自贡城区仅一河相隔，直线距离不到 1 千米。

自贡、内江两个城市往来方便、快捷，现有交通主要有内昆铁路（内江—自贡段）、渝昆高速（内江—自贡段）、206 省道（内江—自贡段），目前自贡、内江两市基本实现半小时交通圈。

（1）铁路：内江—自贡区间铁路为内昆铁路，该线路为普通客货铁路，日开行客运列车 5 对（10 列，主要为途经内江站、自贡站）。内江—自贡区间客运列车如表 7-3 所示。

表 7-3　内江—自贡区间客运列车一览表

序号	车次	起点—终点	途经
1	5635/5636	内江—昭通	内江、自贡
2	K1273/K1274	成都—杭州	内江、自贡
3	K829/K830	成都—深圳东	内江、自贡
4	K853/K854	成都—昆明	内江、自贡
5	K9445/K9446	成都—宜宾	内江、自贡

注：数据取自中国铁路客服中心

（2）公路：公路是两市之间主要的运输方式，承担着主要运输任务，随着近几年的发展，高速公路已经覆盖城市和县级城镇，自贡-内江区内已有 6 条高速公路、1 条普通国道和 3 条省道，共同组成了两市域内的公路网络。自贡-内江主城区之间连接高速公路为渝昆高速和 206 省道。公路网详细情况如表 7-4 所示，公路网运输情况见表 7-5，高速公路情况如表 7-6 所示，省道情况如表 7-7 所示。

表 7-4　2014 年自贡-内江公路网详细情况

地区	公路总里程/千米	高速公路里程/千米	一级公路里程/千米	二级公路里程/千米	三级公路里程/千米	四级公路里程/千米	等外公路里程/千米	公路密度/（千米/百千米²）	公路密度/（千米/万人）
自贡	6 456	183.3	113.4	178.1	311.4	4 396.4	1 273.5	147.37	19.65
内江	10 136	231.9	61.9	437.3	445.5	5 417.3	3 547.8	188.22	23.76

注：数据取自《四川交通年鉴 2015》

表 7-5　2015 年自贡-内江公路网运输情况

地区	公路总里程/千米	等级公路里程/千米	高速公路里程/千米	民用汽车拥有量/万辆	私人汽车拥有量/万辆	公路旅客周转量/万人千米	公路货物周转量/万吨千米
自贡	6 510	5 293	234	16.0	13.9	201 815	524 492
内江	10 212	6 699	295	15.6	13.6	368 247	339 742

注：数据取自《四川统计年鉴 2016》

表 7-6　自贡-内江高速公路情况

高速公路名称		途经川南经济区城市（县级及以上）	线路	开工时间	建成时间
厦蓉高速公路	成渝高速（成都—隆昌段）	内江市（资中县、隆昌市）	G76	1990 年	1995 年
	隆纳高速	内江市（隆昌市） 泸州市（泸县）		1996 年	2000 年
渝昆高速公路	成渝高速（重庆—内江段）	内江市（隆昌市）	G85	1990 年	1995 年
	内宜高速	内江市、自贡市、宜宾市		1996 年	1999 年
内遂高速公路		内江市（东兴区、市中区）	S11	2009 年	2012 年
成自泸赤高速公路		内江市（威远县）、自贡市（富顺县）、泸州市（合江县、泸县）	G4215（S4）	2009 年	2014 年
乐（自）隆高速公路	乐自高速	自贡市（荣县、贡井区、自流井区、沿滩区）	S66	2010 年	2013 年
	自隆高速	自贡市（沿滩区、富顺县） 内江市（隆昌市）		2011 年	2015 年
内威荣高速公路		内江市（威远县） 自贡市（荣县）	S20	2012 年	2015 年

表 7-7　自贡-内江区内省道一览表

省道编号	名称	起点	终点	途经川南经济区城市（县级及以上）	里程/千米	公路等级
S206	遂筠路	安居县	筠连县	内江市（东兴区、市中区）、自贡市（沿滩区、大安区、富顺区）、宜宾市（南溪区、翠屏区、高县、筠连县）	361	二级、三级
S207	资泸路	资中县	泸州市	内江市（资中县、威远县）、自贡市（贡井区、大安区、沿滩区）、泸州市（江阳区）	169	一级、二级
S305	隆雅路	雅安市	隆昌市	自贡市（沿滩区、自流井区、荣县、富顺县）、内江市（隆昌市）	343	二级、三级

（3）水路：自贡、内江水运通道为沱江航道。沱江是长江在四川境内的四大支流之一，北起成都平原金堂县，流经简阳市、资阳市、资中县、内江市、富顺县等，南至泸州市汇入长江，全长 629 千米，流域面积 2.79 万平方千米，约占全省面积的 5.05%。沱江航道为省管Ⅵ级航道，里程 496 千米，内江龙门镇经自贡到泸州河口航道共 155 千米。现有航道等级低，客货运输有限，2014 年自贡、内

江水运情况如表 7-8 所示。

表 7-8　2014 年自贡、内江水运情况汇总表

地区	航道总里程/千米	Ⅲ级航道/千米	Ⅳ级航道/千米	Ⅴ级航道/千米	Ⅵ级航道/千米	Ⅶ级航道/千米	货运量/万吨	客运量/万人口
自贡	560.45			81.8	44.65	434	239	103.76
内江	745.57				745.37		319	185

注：数据取自《四川交通年鉴 2015》

建设中的川南城际铁路将于 2020 年建成，将更加拉近彼此的距离，为区域合作提供巨大潜能，届时两市直达时间将缩短至 15 分钟内。

两市已形成了较为便利的交通联系。这种时空距离的缩短更是促进了两市的交流，人员往来也非常频繁，内江很多人周末购物或者吃饭都会特意去自贡，这些因素为同城化打下了很好的基础。

7.4.2　经济基础

1. 自然资源

1）自然资源禀赋良好，矿产资源种类多样

自贡矿产资源种类较为丰富，现有矿产资源种类主要有岩盐、煤炭、石灰岩、石英砂岩、膨润土、陶瓷用黏土、高岭土、砖用页岩、矿泉水等 17 种，其中盐和煤储量较为丰富。截至 2015 年，探明的岩盐资源储量 79.3 亿吨，煤炭资源储量 1.7 亿吨，高岭土资源储量 891 万吨，石灰岩资源储量 1.07 亿吨，陶瓷用黏土 187.7 万吨。

内江市已知矿产资源有 20 余种，但具有开采价值的主要有煤炭、石灰岩、白云岩、石英砂岩、耐火黏土、陶土砂岩、页岩、沙石、岩盐、绿豆岩、铁矿、铝土矿、铜砂、沙金、矿泉水等；其中，截至 2015 年煤炭资源储量 5.7 亿吨（炼焦煤 7509.8 万吨），石灰岩资源储量 1.08 亿吨；石英砂岩资源储量 7576.5 万吨。

2）盐卤资源得天独厚

自贡是我国西部地区重要的盐化工基地，盐卤资源丰富。主要分布在自贡地区的自流井构造和邓井关、兴隆场构造。仅邓井关构造一处经过系统的地质勘查和储量试算，保有储量 1902 万立方米，矿化度 200 克/升以上，其化学成分复杂，伴生组分多，可综合利用钾、碘、硼等。

3）天然气资源储量丰富

自贡天然气资源储量大、品质高，气卤共产和单纯产气的气井均有。勘探资料表明，自贡地区天然气储量达 1600 亿立方米，其中：自流井构造 751 亿立方米；邓井关构造 198 亿立方米；兴隆场构造 191 亿立方米。丰富的天然气资源，为自贡市制盐工业提供了充足的能源支持，也为自贡市发展化工产业提供了坚实的基础。

内江市由于地处盆地腹心地带，地质结构较简单，地壳相对稳定，区域内出露地层主要受“资威穹窿背斜”、“圣灯穹窿背斜”和“螺观山背斜”三大地质构造影响（许伟，2011），全市矿产主要分布在这三大构造带上的威远、资中、隆昌三县市。天然气主要产于“资威穹窿背斜”和“圣灯穹窿背斜”两大构造带上，截至2015年已探明的储量达600亿立方米。

4）页岩气资源极具战略开发价值

自贡、内江两市页岩气资源分布面积广，自贡市行政区域基本被页岩气勘探区块全部覆盖，属于川南页岩气勘探开发试验区，市内页岩气资源理论储量达2.5万亿立方米，是国家页岩气发展规划确定的重点勘探开发区之一（黎日昌，2013）。特别是自贡荣县、内江威远位处四川盆地内页岩气的最佳储藏区的“长宁-荣县-威远国家级页岩气产业示范区”，该示范区页岩气初步估算资源储量达5.18万亿立方米，勘探开发潜力巨大。截至2015年9月20日“长宁-荣县-威远国家级页岩气产业示范区”已获气井66口，累计测试产量为692.42万米^3/日，71口试采井，已累产页岩气8.01亿立方米。其中中石油区块约占93%，中石化区块约占4.5%，空白区块约占2.5%。储量巨大和开采前景丰富的页岩气资源为自贡、内江战略性新兴产业的发展奠定了坚实基础。

5）水资源较为丰富

自贡市内河流分属沱江、岷江两大水系。沱江水系是自贡市内的主要水系，自贡市有一级支流釜溪河，二级支流旭水河、威远河、长滩河、镇溪河等，沱江干流下游段流经自贡市127千米。岷江水系包括西部的越溪河和茫溪河，在自贡市流域面积1207平方千米。全市流域面积在5平方千米以上的河流有142条，其中流域面积50平方千米以上的河流有17条，河流形状多为羽毛状或树枝形。截至2015年，自贡全市水资源总量约为18.42亿立方米，其中地下水资源量2.11亿立方米，人均水资源量约576立方米，亩[①]均水资源量960立方米，可以为自贡产业发展和城乡居民生活提供充裕的生产生活用水。

内江市内河流属沱江水系，较大支流有资中的球溪河、内江的清流河等。其中，清流河分大清流河和小清流河，大清流河和小清流河在石子镇汇合后合称清流河，全长121.74千米（内江河段94千米），流域面积1538.3平方千米（内江河段523平方千米）。小青龙河经大治、太安，于小河口入沱江，全长56千米，流域面积532平方千米。内江市河流径流较为贫乏，分布不均。地表径流仅占地表水资源总量（254 079万立方米）的29%，其余为外来江河过境水，为四川盆地径流低值区，属全省瞩目的老干旱区。截至2015年，全市有地表水资源总量254 079万立方米，人均占有水资源量607立方米，为全省人均的19.40%，耕地

① 1亩≈666.67平方米。

亩均占有水资源量 885 立方米，为全省亩均的 22.60%。另外地下水储量也较低，仅 2.2 亿立方米左右，且具有分布普遍、埋藏浅等特点，为贫水区。

6）文化旅游资源底蕴深厚

自贡是国家历史文化名城、中国优秀旅游城市、中国民间艺术之乡、世界地质公园和省级重点风景名胜区，拥有丰厚而独特的文化旅游产品和资源。素以“千年盐都”“恐龙之乡”“南国灯城”而蜚声中外，更有新兴的“盐帮菜”饮食文化，还有以吴玉章、江姐、卢德铭、邓萍等革命人物为代表的红色文化，以赵熙、宋育仁、刘光第、李宗吾为代表的名人文化，以川剧、杂技等为代表的戏剧文化，以世界石刻第二大佛——荣县大佛、中国儒学文化的重要遗迹——富顺文庙等为传承代表的佛教儒家文化。全市有全国重点文物保护单位 10 处、省级重点文物保护单位 36 处。“自贡灯会”被列入国务院公布的第二批国家级非物质文化遗产名录，2002～2004 年自贡灯会被国家旅游局确定为“中国民间艺术游”、“中国百姓生活游”和向海外推出的大型民俗文化活动，也是“最具国际影响力节庆”。

内江历史悠久，人文荟萃，旅游资源丰富，是著名国画大师张大千先生的故乡，以“大千故里、书画之乡”的美名享誉全国。全市有旅游景区 28 处、旅游景点 180 多处。其中资中重龙山-白云峡、隆昌古宇湖两处为省级风景名胜区，资中县为成渝沿线唯一的省级历史文化名城，该县的铁佛镇、罗泉镇为省级历史文化名镇。市内张大千纪念馆、西林寺、圣水寺、三元塔、喻培伦大将军纪念馆、长江森林公园，资中文庙、武庙、清代一条街，隆昌牌坊群、云顶寨，威远三湖-白牛寨等风景区及名胜古迹均驰名省内外。内江又名“甜城”，盛产蔗糖、蜜饯、果脯，并有资中冬尖、威远七星椒、酱萝卜、隆昌板鸭、美陶制品、藤编制品、夏布工艺品等一系列土特产品及工艺品名扬中外。

截至 2015 年自贡、内江主要矿产资源储量如表 7-9 所示，自贡、内江旅游资源如表 7-10 所示。

表 7-9　截至 2015 年自贡、内江主要矿产资源储量表

地区	岩盐/亿吨	煤炭/亿吨	天然气/亿米³	页岩气/亿米³	石灰岩/亿吨	石英砂岩/万吨	高岭土/万吨	陶瓷用黏土/万吨
自贡	79.3	1.7	1 600	5 000	1.07		891	187.7
内江		5.7	600	25 000	1.08	7 576.5		
合计	79.3	7.4	2 200	30 000	2.15	7 576.5	891	187.7

注：数据取自贡市、内江市政府网站

表 7-10　自贡、内江旅游资源统计表　单位：处

地区	世界地质公园	“4A”级风景区	“3A”级风景区	备注
自贡	1	2	2	世界地质公园：自贡恐龙遗迹

续表

地区	世界地质公园	"4A"级风景区	"3A"级风景区	备注
内江		2	2	
合计	1	4	4	

注：数据取自四川省文化和旅游资讯网（www.tsichuan.com）

2. 总体发展水平

内江和自贡都是近代发展起来的工商业城市、老工业城市，有能源、化工、装备制造、饮料食品等优势产业；资源能源富集，有煤炭、矿产、天然气、盐卤等，两个城市都是四川重点发展的工业城市。

自贡市因盐化工的发达成为享誉全国的"盐都"，自贡市是四川省的六个双百大城市之一，川南区域中心城市，成渝经济圈南部中心城市，是中国的"千年盐都""恐龙之乡""南国灯城""美食之府"。2015 年全市常住人口 277.02 万人，城镇化率 47.88%。2015 年地区生产总值为 1143.11 亿元，人均地区生产总值为 41 447 元；城镇居民人均可支配收入为 26 267 元，农村居民人均可支配收入为 12 088 元。现有以机械、电子、生物制药为主导的自贡高新技术产业开发区，是四川省现有的八个国家级高新区之一。

内江市作为全国重点产糖基地而被称为"甜城"，位于四川南部，沱江下游，素有"川中枢纽、川南咽喉"之称。2015 年全市常住人口 373.97 万人，城镇化率 45.61%。2015 年地区生产总值为 1198.58 亿元，人均地区生产总值为 32 080 元；城镇居民人均可支配收入为 25 787 元，农村居民人均可支配收入为 11 428 元。现有以电子、医药、机械等为主的内江经济技术开发区（2013 年升级为国家级经济技术开发区），以建材、食品、机械等为主的资中经济开发区和以机械、纺织、食品为主的隆昌经济开发区。

2013～2015 年自贡、内江经济社会情况如表 7-11 所示，常住人口统计如图 7-1 所示，城区面积及城镇化率如图 7-2 所示；2011～2015 年自贡、内江地区生产总值和人均地区生产总值如图 7-3 所示。

表 7-11　2013～2015 年自贡、内江经济社会情况表

城市	年份	面积/千米^2	常住人口/万人	地区生产总值/亿元	城镇化率	城区面积/千米^2	中心城区常住人口/万人	人均地区生产总值/元
自贡	2013	4 381	273.83	1 001.60	45.52%	106.48	74.69	36 745
	2014		274.58	1 073.40	46.62%	109.38	77.09	39 145
	2015		277.02	1 143.11	47.88%	112.08	80.15	41 447
内江	2013	5 385	372.46	1 069.34	42.67%	58.01	62.87	28 735
	2014		373.26	1 156.77	44.21%	66.14	63.09	31 024
	2015		373.97	1 198.58	45.61%	71.14	65.92	32 080

注：数据取自《四川统计年鉴》（2014～2016 年）

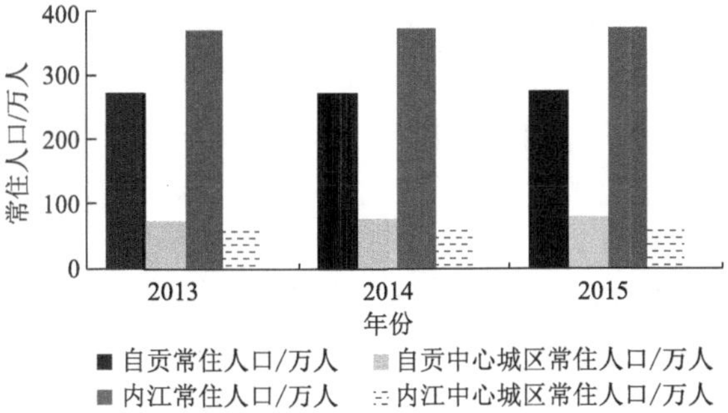

图 7-1　2013～2015 年自贡、内江常住人口统计

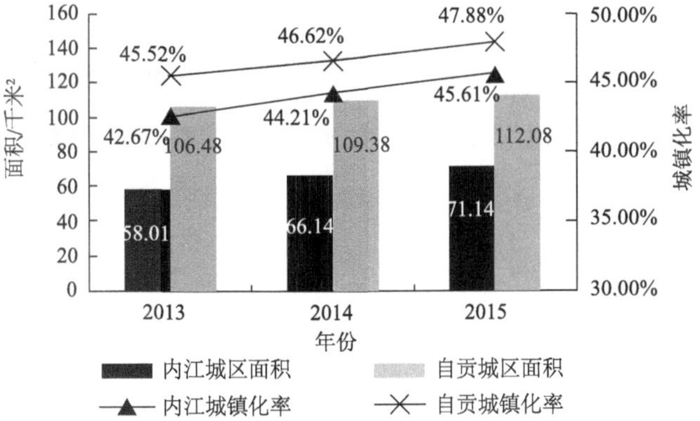

图 7-2　2013～2015 年自贡、内江城区面积及城镇化率

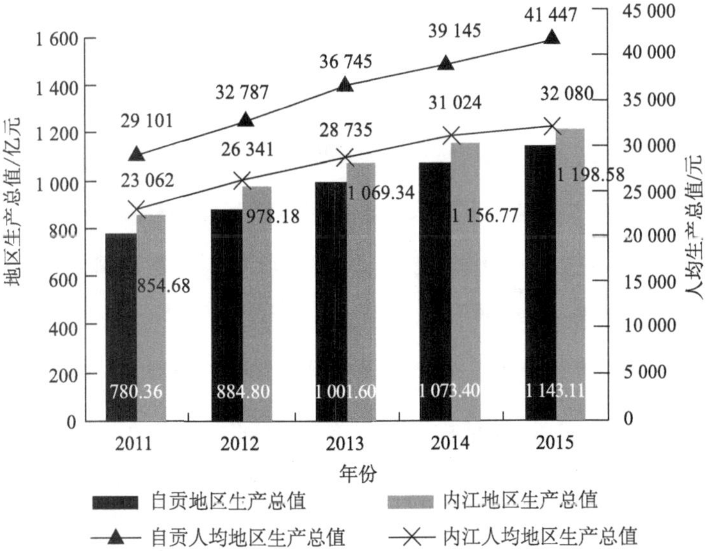

图 7-3　2011～2015 年自贡、内江地区生产总值和人均地区生产总值

2011 年以来，自贡、内江经济运行总体上保持了平稳较快增长，2013 年地区生产总值突破千亿元，分别达到 1001.60 亿元、1069.34 亿元，成功迈入“千亿俱乐部”，2015 年地区生产总值分别达到 1143.11 亿元和 1198.58 亿元。

内江、自贡两市受区域土地面积狭小、区县较少、资源严重不足等因素的限制，在地区生产总值总量等方面处于明显的劣势，与省内德阳、绵阳、南充、宜宾、泸州、乐山等城市存在一定的差距，表明自贡、内江产业发展基础较为薄弱。但是，从人均和地均角度考察，自贡上述指标均位居前列，较好地反映出其产值密度及经济发展水平。

自贡、内江两市地区生产总值的构成如图 7-4 和图 7-5 所示。

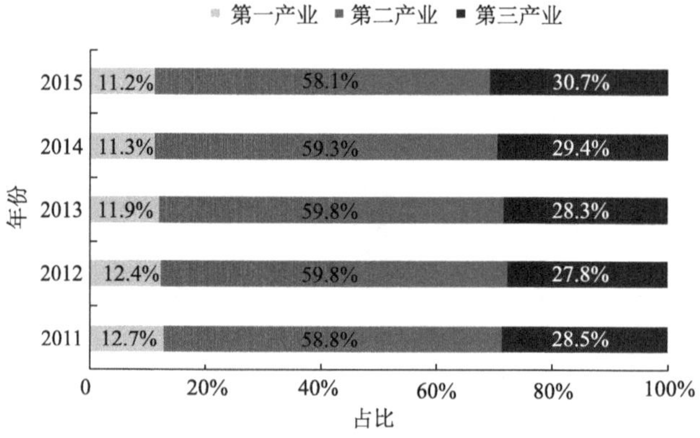

图 7-4　2011～2015 年自贡市地区生产总值构成

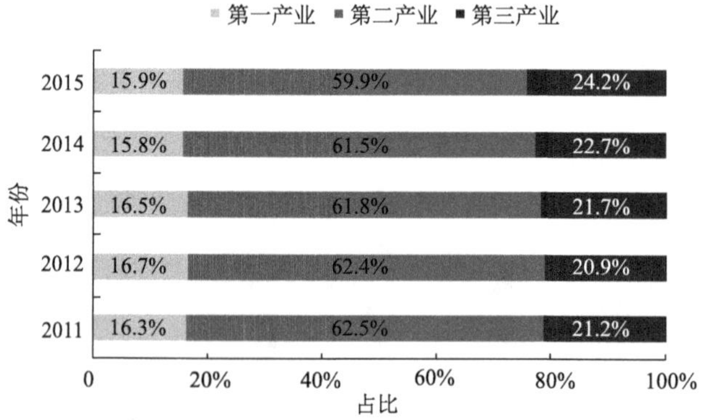

图 7-5　2011～2015 年内江市地区生产总值构成

自贡、内江两市三次产业结构正不断调整、优化，第一产业占比整体呈下降趋势，第二产业占比保持相对稳定，第三产业占比缓慢上升。第二产业、第三产业比重都较高，第一产业比重较低，表明两市产业结构相对合理，第二产业、第三产业对两市产业整体支撑作用较强。2015 年两市第二产业占比分别为 58.1%和 59.9%，客观地反映了两市具有良好的工业基础，工业支撑经济社会发展的结构相当明显。从第三产业比重来看，自贡作为发展历史较长的城市，城市化水平较高，商贸等服务业有一定的基础优势。

自贡、内江平均城市设施水平如表 7-12 和图 7-6 所示。

表 7-12　自贡、内江平均城市设施水平

城市	年份	用水普及率	燃气普及率	人均道路面积/米 ^{2}	人均公园绿地面积/米 ^{2}	建成区绿化覆盖率	污水处理率	生活垃圾处理率
自贡	2013	69.19%	85.94%	10.36	10.43	39.50%	90.55%	91.99%
	2014	70.03%	92.57%	13.12	10.14	40.00%	90.56%	93.00%
	2015	70.16%	93.00%	12.93	9.86	40.20%	96.53%	100.00%
内江	2013	85.81%	78.00%	7.24	8.60	37.51%	85.11%	65.91%
	2014	93.17%	90.21%	7.33	9.09	37.50%	88.78%	82.24%
	2015	91.10%	96.49%	8.13	9.26	35.43%	89.01%	100.00%

注：数据取自《四川统计年鉴》（2014～2016 年）

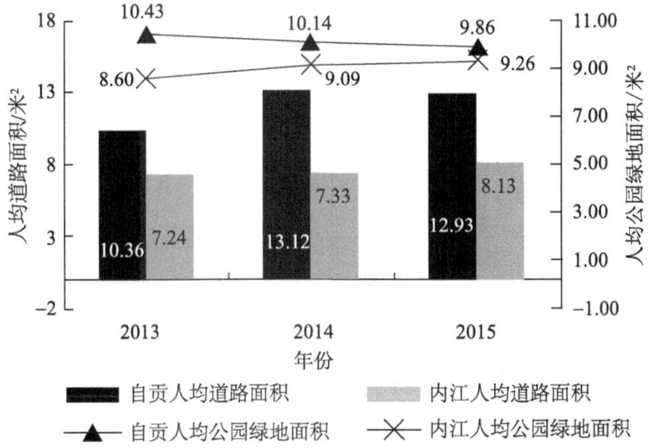

图 7-6　2013～2015 年自贡、内江城市人均道路、人均公园绿地面积

自贡、内江两市发展各异，自贡作为发展较早的城市，城市化水平相对更高，从 2012 年开始，自贡城市迈入“双百”行列，2012 年城镇化率达到 44.22%，城市建成区面积达到 100 平方千米，聚居人口超过 100 万人，实现由大城市向特大城市的跨越。

3. 产业结构

自贡市以机械装备制造、盐及盐化工、新材料三大优势产业为主导的产业体系愈加明显，节能环保装备、新材料等战略性新兴产业稳步发展。在“十三五”

期间，自贡将加快推进传统机械制造向节能环保和高端制造升级，形成千亿机械装备制造产业；加快推进盐及盐化工向精细化工延伸，推进盐向深加工、盐化工向精细化工延伸，形成 500 亿元盐及盐化工产业；加快推进新材料向特色化和高端应用制品发展，形成 500 亿元新材料产业。

内江优势产业主要集中在冶金建材、机械汽配、食品饮料、医药化工、电力能源五大支柱产业，并着力培育生物医药、高端装备制造和新材料等高新技术产业和战略性新兴产业，大力发展页岩气、信息安全、节能环保等高端成长型产业，推动全市产业整体向中高端迈进。在“十三五”期间，内江也在进一步加速调整改造老工业基地，应用高新技术和先进适用技术改造提升传统产业，推动冶金建材向新材料、机械汽配向高端装备制造、医药化工向生物医药转型升级，壮大食品饮料产业，稳定电力能源产业。

两市产业结构对比如表 7-13 所示。

表 7-13　自贡、内江产业结构对比分析

产业结构	自贡	内江
第二产业	传统优势产业：机械装备制造、盐及盐化工、新材料、绿色食品加工、生物医药、化纤纺织与建材 高端成长型产业：航空与燃机、新能源汽车及零部件、节能环保装备、电子信息、页岩气	传统优势产业：冶金建材、机械汽配、食品饮料、医药化工、电力能源 高端成长型产业：页岩气、信息安全、生物医药、节能环保、高端装备制造、新材料
第三产业	商贸、餐饮、旅游文化创意、金融服务、现代物流、信息与软件服务、电子商务、科技服务、中介服务、养老服务、社区服务	商贸、现代物流、金融服务、电子商务、现代旅游等
第一产业	粮食产业、果蔬产业、林业、畜牧业、水产养殖业	种植业、畜牧业、渔业

从表 7-13 中自贡、内江产业结构对比分析可明显看出，自贡、内江产业结构具有明显互补性，同时也存在一定的竞争性。

1）自贡市优势产业

自贡的传统优势产业主要集中在机械装备制造产业、盐及盐化工产业和新材料产业。截止至 2014 年底，三大优势产业的产值占工业总产值的 64.8%。

（1）机械装备制造产业。2014 年，自贡市规模以上装备制造企业 192 户，占全市规模以上工业企业的 34.7%；实现总产值 756.71 亿元，占全市规模以上工业企业的 45.4%；实现利润 37.1 亿元，占全市规模以上工业企业的 52.3%。目前，自贡拥有全国规模最大、品种最齐全、规格最完整的锅炉制造企业集群。

自贡机械装备制造产业目前已培育了一批在全国具有优势的拳头产品，“东方牌”电站锅炉、“飞球牌”阀门、“大西洋牌”焊接材料、“自贡运机牌”输送机械等产品发展成为国内外相应领域的知名品牌，其中电站锅炉于 2014 年开始在国内市场的占有率稳定保持在 30%以上，生物质发电锅炉、窑炉余热利用锅炉、碱液回收炉等特种锅炉在国内市场的占有率超过 1/3，压缩天然气（compressed natural gas，CNG）压缩机国内市场占有率超过 20%，管状带式输送机国内市场占有率超过 30%，具有较大的行业影响力。

自贡机械装备制造产业主要领域技术水平处于国内外领先地位，金属切削机床拥有铣床、铣车复合加工中心、数控电火花加工机床、数控钻床、分离与过滤机械、润滑设备、电力输变电设备等产品技术达到国内先进水平，锅炉及容器设备、循环流化床（circulating fluidized bed，CFB）锅炉、垃圾焚烧锅炉跃居世界先进水平。

（2）盐及盐化工产业。自贡盐及盐化工产业历史悠久、基础雄厚、优势明显，呈现出以盐业为龙头，两碱化工为基础，精细化工、医药化工、高分子化工等多元并进的发展格局。2014 年，盐化工产业拥有规模以上生产企业 60 户，占全市规模以上工业企业的 10.8%；实现总产值 205.07 亿元，占全市规模以上工业企业的 12.3%；实现利润 2.06 亿元，占全市规模以上工业企业的 2.9%。2014 年自贡盐产业可控产能规模已达到 330 万吨，食用盐省内市场占有率为 70%；盐化工产业中的纯碱达到 45 万吨、氯化铵达到 45 万吨、烧碱达到 15 万吨，工业盐省内市场占有率为 60%。自贡拥有全国最完整的盐卤化工体系，形成了大中小企业合理的产业组织结构，拥有四川久大盐业（集团）公司、昊华鸿鹤化工有限责任公司、四川自贡驰宇盐品有限公司等骨干企业，见表 7-14。

表 7-14　自贡盐及盐化工产业主要企业基本情况

主要企业	具备的产业基础及配套能力
四川久大盐业（集团）公司	自贡盐化工产业集群龙头企业，也是我国规模较大、配套较全的井矿盐生产企业集团，截至 2014 年底资产总额 16 亿元；原盐产量占四川盐产量的 70%，在井矿盐行业名列前茅；精制盐生产能力 300 万吨/年，占全国原盐产量的 5%、占四川盐产量的 2/3
昊华鸿鹤化工有限责任公司	盐碱结合，集基础化工、氟氯化工、化工新材料、医药化工于一体，是我国大型纯碱、烧碱生产企业，甲烷氯化物及制冷剂生产基地，亚洲最大的合成法小苏打生产企业
四川自贡驰宇盐品有限公司	全国 99 家食盐定点生产企业之一，2015 年产盐能力 30 万吨。主要产品有加碘食用盐、未加碘食用盐、精制工业盐、多品种盐，以及钙、锌、硒强化营养盐等 5 个系列近 20 余个品种

自贡盐及盐化工产业部分重点技术处于国内外领先水平。四川久大盐业（集团）公司、中昊晨光化工研究院有限公司分别拥有一个全国盐行业国家级企业技术中心，自贡还拥有全国唯一的井矿盐工业设计研究院、国家轻工业井矿盐质量监督检测中心、四川省精细化工工程技术研究中心。在制盐工艺技术装备方面，

盐业生产全部实现真空化，特别是四川久大盐业（集团）公司自主研发的真空制盐五效蒸发技术，能耗和排放低，处于国内领先水平。

（3）新材料产业。经过多年的发展，自贡新材料产业已具备了较好的基础，涌现了一批产品特色鲜明、初具规模效益的创新型企业，并逐步成为增长快速的优势产业。2014 年，自贡市拥有新材料规模以上工业企业共 26 户，占全市规模以上工业企业的4.7%;完成总产值118.96亿元,占全市规模以上工业企业的7.1%。自贡拥有自贡硬质合金有限责任公司、四川大西洋焊接材料股份有限公司、中昊晨光化工研究院有限公司、中橡集团炭黑工业研究设计院、昊华鸿鹤化工有限责任公司等一大批新材料科研、生产单位，见表 7-15。硬质合金冶炼与加工、炭黑及特种炭黑、硅氟高分子等特色新材料的生产在全国占有重要地位，氟橡胶市场占有率全国第一，硅树脂市场占有率全国第一，硬质合金产品国内市场占有率近 30%，炭黑技术覆盖了全国 85%以上的炭黑生产产能，居全国第一位。

表 7-15　自贡新材料产业主要企业基本情况

主要企业	具备的产业基础及配套能力
自贡硬质合金有限责任公司	世界第四、中国第二的大型硬质合金和钨钼制品生产企业，公司在硬质合金、钨钼制品、硬面材料方面已具备很强的研发生产能力和竞争优势，其“长城牌”硬质合金已荣膺“中国名牌产品”称号
四川大西洋焊接材料股份有限公司	国内焊接材料行业中品种规格最多、配套供货能力最强的企业，“大西洋”商标又荣获“中国驰名商标”称号，现已发展成为国内焊接材料行业中最具影响力、市场和用户最认可的品牌
中昊晨光化工研究院有限公司	国内唯一同时拥有有机氟、有机硅和环氧树脂三大产业的产学研企业，是国内为数不多的从有机氟、有机硅单体到聚合物生产及后加工全套技术和从科研小试、中试到工业性试验、最终实现工业化生产的科研、生产、经营一体化的企业
中橡集团炭黑工业研究设计院	中国炭黑行业唯一的科研设计单位和专用炭黑生产基地，其炭黑技术覆盖全国炭黑生产的 85%以上，在技术、生产等方面具有绝对竞争优势
昊华鸿鹤化工有限责任公司	中国化工新材料有限公司所属的国有独资企业，是我国大型纯碱、烧碱生产企业，甲烷氯化物及制冷剂生产基地，亚洲最大的合成法小苏打生产企业

自贡的新材料产业包括金属新材料、高分子合成材料、功能性炭黑及石墨材料、精细化工新材料、盐化工新材料和高性能纤维复合材料等产品系列，呈现出产业领域广、门类多、综合实力较强的特点。新材料龙头企业的产品有一定的关联性，多家重点企业目前已经涉足了大部分新材料领域，而且各大系列新材料产品之间具有较为广泛的联系。自贡新材料产品优势突出，已有产品主要包括高性能金属材料、新型有机高分子材料、先进无机非金属材料、纺织新材料、新型精细化工材料、生物医学材料和其他新材料及制品等七大类共 200 多个产品。其中，“长城牌”硬质合金、“大西洋牌”焊接材料等 25 个产品荣获中国名牌产品和四

川名牌产品，“鸿鹤牌”纯碱等 14 个产品商标荣获中国驰名商标和四川省著名商标。此外，已有近 50 个新材料产品分别在世界 30 多个国家和地区进行了商标注册。

自贡新材料产业具有良好的科技创新基础，拥有一批科技创新平台，已初步形成了以企业为主体、科研院所和高校为依托的产学研创新机制。现有综合性院校四川轻化工大学 1 所，国家级科研院所 2 个，省、市科研院所 3 个；国家工程技术研究中心 3 个，省级工程技术研究中心 5 个；国家企业技术中心 3 个，省级企业技术中心 4 个；省级重点实验室 4 个。氟橡胶、聚四氟乙烯树脂、纤维级聚苯硫醚、硬面材料、钨钼制品、特种炭黑、镍及镍合金钢焊条、药芯焊丝等产品技术达到国际先进水平。

2）内江市优势产业

内江市优势产业主要集中在冶金建材、机械汽配、食品饮料、医药化工、电力能源等五大支柱产业。

内江市 2014 年规模以上工业企业共 434 个，工业总产值 1654.4858 亿元，利润总额 75.2209 亿元，冶金建材、机械汽配、食品饮料、医药化工、电力能源等五大支柱产业实现工业总产值 1496.65 亿元，占工业总产值的 90.46%（李万春和李升红，2015）；利润总额 62.4541 亿元，占工业企业利润总额的 83.03%。

机械汽配，是内江传统优势产业之一。截至 2015 年底，全市机械汽配产业实现工业总产值 343.11 亿元，同比增长 13.8%；工业增加值同比增长 12.7%；实现利税 38.42 亿元，同比增长 9.3%；实现利润 20.4 亿元，同比增长 18.1%；共有规模以上工业企业 92 户，资产总计近 100 亿元，从业人员近 4 万人，成为第二大特色优势产业。

以四川省川威集团有限公司、四川威玻新材料集团有限公司为代表的冶金建材产业，以华润雪花啤酒（中国）有限公司、黄老五食品股份有限公司为代表的食品饮料产业，以四川兴明泰机械有限公司、四川富国电工有限公司等为代表的机械汽配产业等五大传统优势产业既是现阶段内江市产业发展的立身之本，也是内江市未来发展的重要基石。要促进冶金建材产业优化重组、机械汽配产业配套协作能力提升，促进食品饮料产业扩大规模、医药化工产业向中高端发展、电力能源产业向清洁能源转型发展，推动这五大传统优势产业加速转型升级。

经过多年的发展和产业调整，两地的产业都已构建起各自的具有一定规模的集群。内江和自贡正在形成各自的产业优势和建设良好的城市基础设施，两市工业结构有较大差别，具备优势互补、错位发展的基础条件。

4. 人文历史基础

1）自贡、内江同属川南片区，沱江流域

内江市位于四川省东南部，沱江下游中段，西靠龙泉山脉，东靠华蓥山脉，地势平缓，浅丘平坝相间，与南充、德阳、自贡的丘陵区构成川中丘陵。内江东西最大跨度 121.5 千米，南北最大跨度 94.7 千米，是典型的川中丘陵地貌，平均海拔 300～500 米，俩母山海拔 834 米，是内江海拔最高点，也是流向沱江水系的清溪河和流向岷江水系的越溪河的分水岭。自贡市位于四川盆地南部、长江上游的釜溪河畔，区域内中、浅丘陵起伏，地势由西北向东南倾斜，一般海拔标高在 250～500 米，城区海拔高度为 280～400 米。市内河流主要为沱江水系，沱江下游段流经市境 127 千米。釜溪河为沱江在自贡市的主要支流，其上游有旭水河、威远河注入，流域总面积为 3490 平方千米。自贡市西部有越溪河自北向南穿越荣县，属岷江水系。内江、自贡两市同属亚热带湿润季风气候，受盆地和本地自然环境的影响，具有气候温和、降水量丰富、光热充足、无霜期长的特点。

2）自贡、内江历史悠久

内江东汉建县，曾称汉安、中江，距今已有两千多年的历史。由于盛产甘蔗、蜜饯，鼎盛时期糖产量占到全川的 68%、全国的 26%，故被誉为“甜城”。自贡市因盐设市享有“盐都”之称。据历史记载，约在东汉（公元 76～88 年）时期，劳动人民就在这里凿盐矿藏，采卤制盐，至今已有两千多年历史。今日自贡市由古代的崇州和江阳部分产盐区组成，自贡称谓源于自流井和贡井两地名的合称。

3）自贡、内江文化底蕴深厚

自贡是国家级历史文化名城，以井盐文化为主体的历史文化内涵十分丰富。有世界第一口超千米的深井——燊海井，有被称为世界奇观的世界三大恐龙博物馆之一的恐龙群窟，有名扬天下的自贡灯会和彩灯博物馆，有佛教文化荣县大佛，有儒家文化的建筑富顺文庙等。恐龙、盐史、彩灯被誉为“三绝”，使自贡在海内外成为享有“恐龙之乡”“千年盐都”“南国灯城”等美誉。竹丝扇是竹编中的精品，刮削的竹丝，薄如蝉翼，编织出的山水、人物、翎毛栩栩如生，其工艺美术价值名列一流，已成为“国宝”，在清代末年由龚氏父子研制而成，俗称“龚扇”；自贡剪纸，刀法细腻、构思奇巧，画面内容隽永清新；自贡扎染，工艺精细、图案古朴，有着浓郁的民族民间特色。“龚扇”“扎染”“自贡剪纸”被赞誉为“盐都小三绝”。自贡川剧艺术轰动剧坛。

自贡，地灵人杰、人才辈出，有清末力主变法维新的“六君子”之一的刘光第；有清末学者、诗人、书画家赵熙；有中国无产阶级革命家、教育家吴玉章；还有同彭德怀元帅一起领导平江起义，后任红五军军长等职的邓萍；有参加秋收起义，并担任前线总指挥的卢德铭和小说《红岩》中“江姐”的原型女英雄江竹筠等一代精英。

内江，历史悠久、文化灿烂、人才辈出。内江素有“甜城”的誉称，糖文化是内江特有的传统文化。内江盛产蔗糖，制糖业十分发达，是西南重要的产糖区，也是四川主要的蜜饯产区，早在唐代，内江生产的蜜饯已成为皇家贡品。内江，有传统手工技艺夏布、川剧、车车灯、舞龙、赛龙舟等众多非物质文化遗产。传统工艺夏布主要传承于内江隆昌，已有一千多年的历史，宋朝时已成为贡品，其中隆昌夏布堪为中国之最。车车灯产生于清朝末年，是当地人们在春节期间开展的一项民间说唱曲艺活动。每年的传统节日端午节来临之时，在沱江河畔都会举行隆重的龙舟比赛。内江是一个人杰地灵、钟灵毓秀之地，是“当代第一画家”张大千的故里。张大千纪念馆彰显大千遗风，范长江故居再现中华人民共和国新闻事业发展历程。

4）自贡、内江饮食文化同脉相传

川菜是我国四大名菜之一，以麻、辣、鲜、香为特色，在成渝地区大致可分为上河帮川菜、下河帮川菜、小河帮川菜。自贡、内江地处川南，同属于小河帮川菜系，以盐帮菜为主，以味厚、味重、味丰为其鲜明的特色，最为注重和讲究调味。除具备川菜“百菜百味、烹调技法多样”的传统之外，更具有“味厚香浓、辣鲜刺激”的特点。

内江和自贡山水相连，蜿蜒其间的沱江哺育着两地儿女。两地的民风民俗几乎没有差别，方言也独具特色，具有明显的翘舌音，这都表明两地在地理上的无阻隔。文化上的一脉相承，人员流动上的高密度，归根结底还是两地近距离的互联所致。因此，内江和自贡两地有高度的文化认同感，这为两地的同城化发展提供了有力的文化支撑。

5. 区域定位

《四川统计年鉴 2015》的数据显示：宜宾的辖区面积是 13 266 平方千米，人口是 447 万人；泸州的辖区面积是 12 236 平方千米，人口是 425 万人；而内江的辖区面积是 5385 平方千米，人口是 373.26 万人；自贡辖区面积仅有 4381 平方千米，人口只有 274.58 万人。从辖区面积来看，内江和自贡作为地级行政区都较小，在这样的规模条件下，两个城市要发展壮大，在拓展空间和经济总量方面都有很大的局限性。两个城市实现同城化后可以产生一个规模较大的区域，而这正是四川省这样的人口大省所需要的。

7.5　自贡-内江同城化必要性与可行性分析

7.5.1　自贡-内江同城化必要性分析

2011 年 5 月，国务院正式批准建设成渝经济区，将成渝经济区规划建设范围确定为包括四川省 15 个市和重庆市 31 个区县。成渝经济区包括了成都、重庆两个特大中心城市和十余个中等城市及所涵盖的经济腹地。内江、自贡地处成渝经济区腹地，两个特大中心城市成都、重庆的中间。内江与自贡自然地理空间很近，两市中心之间的直线距离 36 千米，建成区之间的直线距离 16 千米。对于成渝经济区未来发展特别是城市体系构建来讲，内江与自贡实现同城化发展是一种必然选择。1879 年，德国科学家德贝里提出共生理论的概念，他认为共生是指一种不同种属生物生活在一起的状态，在生物的长期发展进化中，彼此共存，共同适应外在环境，相生相养，各自获得一定利益的关系。

内江、自贡是成渝经济区中两大次级经济中心，上接纳来自成都、重庆两大超级经济中心释放的能量，下向腹地扩散其积累的能量，它们两者之间形成一种共生关系。这种共生关系，既存在竞争，又存在合作互补（杨晓波和孙继琼，2014），只有通过共生关系的良性互动、共同发展、共同进化，才能实现能量的净增加。区域之间发展不协调是成渝经济区的主要矛盾。成都、重庆是成渝经济区的双核，对成渝经济区内部的“虹吸效应”明显，成都、重庆经济发展的首位度很高，除重庆、成都以外，各市县在经济总量和各个方面只相当于成都、重庆的大概 1/8～1/6，成都、重庆在经济总量、财政收入、社会消费等方面都遥遥领先于其他地区。因此，成渝经济区城市体系是不完整的。1997 年重庆直辖以前，处于成都与重庆中间的内江、自贡等地区的经济发展状况相对良好，后来由于行政区划的原因，四川中部地带减少了与重庆的交流与合作，四川发展的重点区域由中部向东北部转移，中部地区有被边缘化的趋势，使得成渝经济区内“凹”字形空间结构非常显著。

四川经济发展面临着内部发展严重不平衡的问题，较为突出的有成都的“一枝独秀”的矛盾，针对这个问题，四川省委提出“多点多极支撑”的发展战略。这个发展战略，既强调提升首位城市，支持成都领先发展，更强调着力次级突破，夯实底部基础，从而使四川经济社会发展由“一城独秀”变为“众花竞妍”的发展格局。加快培育新的经济增长极，将“两极”变为“多极”支撑，逐步缓解“两极独秀”的矛盾。

7.5.2 自贡-内江同城化可行性分析

一是地域空间连绵一体。同处川南的自贡、内江，作为成渝经济区的腹心地带，具有一致的气候条件，一体的自然地域空间，山体同脉相承延伸，沱江、岷江水系相互贯通；两个中心城区的直线距离仅 36 千米，是成渝经济区内两个相隔距离最短的地级城市，建成区之间最短只有 16 千米，其中内江的凌家镇与自贡的三多寨镇的距离仅 3 千米（杨晓波和孙继琼，2014）。在中国很少有两个这样城市距离的地级市，这为两市一体化发展提供了地理优势。两市通过一体化发展，其既有的区位优势、城市优势、科研人员优势和经济优势将在川南经济区完全脱颖而出。

二是历史文化渊源深厚。两地拥有很相似的民风民俗，方言也独具特色，都会明显的翘舌，文化上高度的认同感，会有力地支撑两地一体化的发展。

三是经济发展优势互补。自贡市辖四区二县，有着发展空间较小和水源短缺的经济发展问题。内江地处成渝高速中部，又是内宜铁路与成渝铁路的交会点，水源和发展空间都比自贡好（艾南山和马晓玲，1995），但经济基础和科技力量都比自贡薄弱。自贡与内江相距仅 36 千米，其间还有白马、凌家两个镇，地缘关系接近，优势又可互补，可以通过一体化发展，形成川南的经济中心，带动和辐射川南经济区发展（杨晓波和孙继琼，2014）。

四是社会生活联系紧密。随着社会发展和人民生活水平不断提高，内江、自贡两市居民通勤、交往及跨市居住、就业、消费等生活、就业、休闲方面交际日趋频繁，逐渐实现教育文化资源共享；鼓励公共卫生服务协作，加强体育交流合作，促进民间艺术来往，不断扩大的社会事业和公共事务合作领域、不断提升的合作层次、不断显现的合作成果，初步形成了“内自生活圈”。

7.6　自贡-内江同城化发展的战略意义与价值

7.6.1　自贡-内江同城化推动川南特大中心城市的培育

从区位来看，川南处于成渝经济区的腹心地带，特别是自贡、内江两市均在成都、重庆两个特大中心城市 1.5 小时经济圈辐射范围内。川南从经济版图上看在成渝经济区占有重要地位。2015 年川南四市的地区生产总值为 5221 亿元，占全省地区生产总值的 17.34%；四市常住人口为 1528.5 万人，占全省常住人口的 18.63%；四市区域面积为 35 268 平方千米，占全省面积的 7.26%。从经济密度看，2015 年四川省经济密度为 618.6 万元/千米^2，川南四市经济密度为 1479.0 万元/千米^2，比全省高出 860.4 万元/千米^2。从人口密度看，2015 年全省人口密度为 169 人/千米^2，川南四市人口密度为 433 人/千米^2，比全省高出 264 人/千米^2。从产业分布看，川南经济区有相对发达的工业和相对较好的工业基础，工业企业规模较大。

总之，在成渝经济区中，川南经济区拥有特殊的区位条件和良好的产业格局，在加快“多点多极支撑”的整体战略中，川南城市群最具有条件和潜力发展成为全省第二增长极。实际上推动川南城市群发展成为成渝经济区的第三增长极的关键是构建川南经济区为具有辐射作用和带动作用的特大城市。建设川南经济区特大城市需要在城区面积、市区人口等方面形成较大的规模，完善设施基础，还需要对周边地区有较强的经济文化辐射力。然而，从目前的自贡、内江、泸州和宜宾各自的实力来看，短期内其中任何一个城市都难达要求。

自贡和内江地域相连、历史相承、文化同源、产业互补、交通衔接，经济社会发展水平较高，具备良好的一体化发展基础。两市行政区划总面积为9766平方千米，2015年，常住人口651万人，地区生产总值达2341.69亿元，在川南城市群及全省经济社会发展格局中均占有重要地位。内江和自贡两市同处成渝经济区的核心，紧密相连，在资源配置、功能分区、产业布局等方面相互补充，两市一体化发展无疑能为川南经济区一体化并最终建设成为四川经济副中心打下牢固的基础。“内自同城化”的实施有以下三方面的益处：一是促进内江、自贡丰富的土地资源的开发，有效地配置人力资源，促进广阔市场资源的流动，提升内江、自贡两市的城市功能，增强综合经济实力，推动两市经济跨越式发展；二是推进川南城市群的经济一体化发展，鼓励城市间优势互补，保持四川经济的后发优势和发展潜力；三是促进成渝经济区重要经济增长极的形成，有效地解决成渝经济区中部塌陷的问题。

7.6.2 提高自贡和内江接受成都、重庆两个特大城市经济辐射的能力

目前作为成渝经济区的两个重要新兴工业城市的内江和自贡，仍在进一步发展过程中受到各方面的制约，尤其是成都、重庆两个特大城市的经济辐射能力。泸州的辖区面积是12 236平方千米，2015年常住人口是428.5万人，宜宾市的辖区面积是13 266平方千米，常住人口是449万人；而内江市的辖区面积是5385平方千米，常住人口是374万人，自贡市的辖区面积仅有4381平方千米，常住人口是277万人。单从行政区的辖区面积来看，内江和自贡作为地级行政区相对较小，即使两者合并，总辖区面积也仅为9766平方千米，仍然低于泸州2470平方千米，低于宜宾3500平方千米。由于辖区面积的限制，自贡和内江两市的发展壮大就必须突破空间和经济总量的局限。因此，通过实施内江和自贡深度一体化发展，有效地发挥两大城市一体化的城市综合功能，接纳成都、重庆两个特大城市的经济辐射能量，进而形成第三增长极。

7.6.3 有效提升自贡和内江产业优势，促进产业优化布局的需要

中华人民共和国成立后，作为近代发展起来的两个工商业城市——内江和自贡，都是四川重点发展的工业城市，具有较高的工业发展水平。从特色来看，内江作为全国重点产糖基地，被称为“甜城”；自贡作为全国重点的盐化工基地，成为享誉全国的“盐都”（杨晓波和孙继琼，2014）。

多年来内江、自贡两地围绕特色优势产业，经过不断改进发展和调整产业，最终形成了一定规模的产业集群。从现实来看，自贡工业面临着城市核心区远离河流，工业发展明显受限的制约，所以自贡需要采取“北上”的工业布局，以求

靠近沱江而获取水源。内江和自贡深度一体化发展，能够促进产业布局的优化和实现大规模、高水平产业园区的构建。由于内江、自贡两地中间的凌家镇距沱江很近，且具有广阔的腹地，是规划新产业园的有利条件。

7.6.4　强化自贡和内江作为成渝经济区次级交通枢纽地位的需要

众所周知，内江作为仅次于成都的第二大交通枢纽，不仅是我国西南地区交通的重要交会点，还是成渝高速、成渝铁路的中间点，具备健全的铁路、公路、内河和管道运输条件与雄厚的基础。在四川高速铁路网的规划中，内江是最重要的枢纽之一。相对而言，自贡的交通区位较偏，目前在交通网络的构建中，并不是重要的交通节点城市。长此以往，自贡经济社会发展将面临交通的限制。内江和自贡深度一体化发展的实现，可以使自贡分享内江便利的交通条件，并加大内江交通便利的优势。

7.7　自贡-内江同城化过程中存在的障碍与冲突

7.7.1　城市发展方向不一致，缺少科学合理的规划

同城化发展必须以科学的、高瞻远瞩的城市规划为指导，把两个（或多个）城市作为一个整体来考虑，统一编制总体发展规划，统一产业技术开发、招商引资、外贸出口、财政税收、土地征用、工商管理、物价调控等方面的政策。虽然自贡-内江两市中心城区空间距离仅 36 千米，但是两城市及其城市腹地间发展战略的差异，导致两市的非相向发展和产业非互补性布局。自贡-内江两个城市的产业功能规划总体布局如何避免恶性竞争以实现错位发展，基础设施建设管理模式同城化如何协调、如何衔接落实等问题必须要有统一规划和可操作的机制，否则可能导致同城化项目涌到一处，推进无序、缓慢，项目能量无法释放，难以实现项目的最终落实。

7.7.2　同城化体制机制不完善，面临政府的行政壁垒

尽管地理相近，文化同源，自贡-内江同城化中最大的困难依然为政府间的行政壁垒，两市同质化竞争加剧、缺乏政府协作的体制机制。激烈的竞争仍然在两市中存在，各城市还是将自身利益最大化而非整个区域利益最大化作为出发点来决策并行动，当地方经济利益与整个城市群经济发展全局性、整体性、长远利益发生矛盾时，地方经济发展的推动者和实施者会竭力维护地方利益，尤其是短期地方利益。从表面上看这种矛盾来源于行政区划，实质上却关乎深层体制。另外，

由于缺乏成本投入分担机制、市场化投融资机制、利益分享机制和激励机制，自贡-内江服务功能较弱，竞争力低于周边城市。此外，两市级别相同，综合实力相近，致使在合作中双方都具有较大的自主权，客观上增加了合作难度。

7.7.3 缺乏一个高级别、权威的协调组织

两市的合作只是作为协商的一种形式。合同协议虽然每年都会签订，但是仅是两市间的一种承诺，缺乏法律效力和刚性约束，需要一个高级别的组织机构来监督协调。

第 8 章　自贡-内江同城化发展模式研究

8.1　现有同城化模式的比较研究

同城化是两个或两个以上社会经济联系密切的相邻城市在促进一体化发展过程中打破传统城市之间的行政分割，使城市之间达到资源共享、统筹协作并逐渐融合，最终达到一体化发展状态，提高区域经济整体竞争力的一种新型城市发展战略，其模式是“某种事物的标准形式或使人可以照着做的标准样式”或“事物的标准样式”。对于区域及城市的发展模式的研究，研究者从不同角度进行了不同的分类。王士君等（2001）从城市功能整合角度，把同城化模式归类为“成长三角”整合发展模式、“雁行式”整合发展模式、“多极式”整合发展模式和“双核式”整合发展模式。焦张义和孙久文（2011）从行政管理角度，把同城化模式归类为跨行政区的理事会模式、地方政府首脑协商模式、上级政府派出机构模式和联合党委模式。邢铭（2011）从空间整合角度，把同城化模式分为飞地发展模式、双城对接模式和多点融合模式，又从组织管理角度把同城化模式分为地方政府首脑协商模式、上级政府派出机构模式、联合党委模式、框架协议模式和组织机构模式。段德罡和刘亮（2012）从空间分布角度，把同城化模式归类为“毗邻型”和“遥望型”两种类型，其中“遥望型”又包括“共筑新城”、“分散组团”和“生态绿核+卫星城镇”三种模式。

本章重点从空间整合和组织管理两方面谈谈同城化的推进模式，以期对自贡-内江同城化发展有所借鉴。

8.1.1　空间整合模式

研究国内外众多的同城化实践，同城化的空间整合模式可归纳为飞地发展模式、双城对接模式和多点融合模式这三种。不过这些模式通常不会独立存在，可能在同城化的不同阶段中出现，也可能在同一阶段中以一种模式为主，并伴随着其他模式。

1. 飞地发展模式

飞地发展模式是指同城化城市在各城市主要地域单元以外，依托自然资源、交通枢纽等特有条件，通过建设新城、新市镇等独立的空间载体，疏散同城化城市的人口、职能等，进而实现同城化区域的统筹发展。飞地发展模式是一种跳跃发展模式，表现为不连续的空间形态。

美国华盛顿与巴尔的摩的同城化发展可作为飞地发展模式的典型案例。华盛顿与巴尔的摩两市距离 72 千米，城市间有便捷的交通网络、频繁的经济往来，但随着城市的快速发展，城市内出现了交通拥挤、人居环境差等问题。为解决城市病问题，促进城市区域的良性发展，在距华盛顿市中心 48 千米，距巴尔的摩市中心 24 千米，靠近地铁站和交通枢纽的区域建设了哥伦比亚新城，分散了华盛顿及巴尔的摩的部分城市人口，实现了建设的初衷，并有效地促进了华盛顿与巴尔的摩的空间连绵与一体化发展。另外，英国伦敦大都市区伦敦与伯明翰的同城化发展、法国巴黎大都市区巴黎与鲁昂的同城化发展等也都采用了飞地发展模式。

2. 双城对接模式

双城对接模式是指同城化的两城市空间相向发展，依托交通走廊逐步蔓延或通过新城、新区、工业园区等的建设实现空间连绵，进而为同城化区域要素流动、空间整合等提供平台。双城对接模式是一种递进发展的模式，表现为连续的空间形态。

广佛同城化、沈抚同城化和西咸一体化都采用了双城对接模式。广州和佛山两市中心直线距离仅 20 千米，两市间交通便利，两市分别实施“西联”“东承”的发展战略，城市空间通过交通轴线引导逐步蔓延，目前已融为一体。西安和咸阳两市中心的直线距离为 28 千米，沈阳和抚顺市中心之间的直线距离为 46 千米，它们分别通过西咸新区和沈抚新城的建设实现城市空间的对接，且目前在同城化推进中已取得较大的进展。日本大都市区的东京-横滨同城化也采用了该模式。另外，郑州和开封城市中心距离达 60 千米，距离较远，郑汴一体化城市间是通过产业带建设实现空间的整合，这需要同城化城市有较强的经济实力与较好的产业驱动，其采取该模式的效果还有待观察。

3. 多点融合模式

多点融合模式是经济实力较强、功能完善的三个及三个以上城市之间，彼此之间相互依托、优势互补、共同发展，形成经济、社会、文化等方面融为一体的辐射力、扩散力和竞争力越来越强的板块经济体。作为同城化发展到高级阶段模式之一的多点融合模式，表现在大都市连绵区的空间形态，实现了区域共同发展，是同城化发展较理想的模式。

西欧兰斯塔德大都市连绵区、长江三角洲经济区的苏锡常同城化都是多点融合模式的典型案例。兰斯塔德大都市连绵区包括鹿特丹、阿姆斯特丹、海牙和乌得勒支 4 个主要城市，城市间距离均在 60 千米范围之内，同城化初期主要表现为双城对接的模式，随着各自优势的发挥，逐渐形成功能互补、特色鲜明的大都市连绵区。苏锡常三市为带形分布，相邻城市间距离均在 50 千米之内，同城化初期同样表现为双城对接的模式，但经过多年的发展，已形成明确的职能分工与连绵的城市空间形态。另外，美国东北海岸大都市连绵区、英国伦敦大都市连绵区、法国巴黎大都市连绵区、日本东海岸巨型城市带、我国珠江三角洲大都市连绵区和京津冀大都市连绵区也都属于该模式。

4. 空间整合模式的比较

同城化空间整合模式的比较见表 8-1。

表 8-1　同城化空间整合模式的比较

模式	适用对象	优点	不足
飞地发展模式	距离较远的同城化城市间	有利于抑制同城化城市空间的无限制蔓延，能够推进郊区城市化，形成新的经济增长点	前期投资费用高，建设周期长
双城对接模式	近距离的同城化城市间	较容易调动同城化城市的积极性，可操作性较强，可以借助城市现有基础设施条件等，前期投资费用较低，见效快	距离较远的城市之间较难实现
多点融合模式	距离适中、经济实力较强、职能分工明确的同城化城市间	彼此之间相互依托、优势互补、共同发展，形成经济、社会、文化等方面融为一体的板块经济体	需要逐步推进

8.1.2　组织管理模式

1. 组织管理模式的分类

按照组织管理模式中参与方构成的不同，本节将组织管理模式分为四种：派出机构模式、地方协商模式、联合管理模式和理事会模式，见图 8-1。

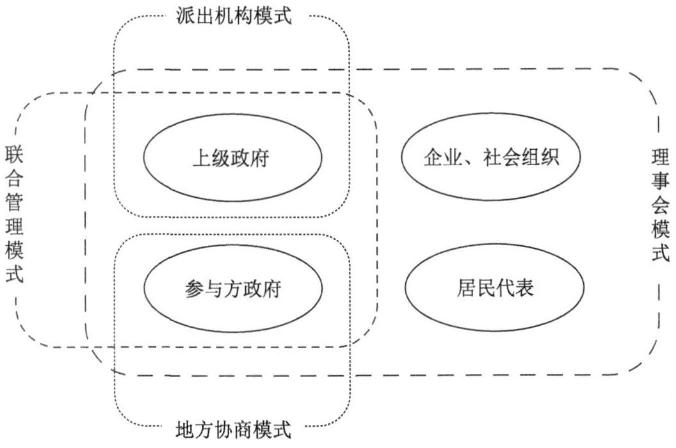

图 8-1　同城化组织管理模式构成示意图

1）派出机构模式

派出机构模式是指由同城化城市的上级政府派出领导小组，通过上级政府和领导人的权威协调解决城市间的利益冲突。

我国长株潭同城化过程中提出了派出机构模式在同城化过程中的推进效果有限的观点。在长株潭一体化过程中，于 1985 年成立的长株潭经济区规划办公室及 1998 年成立的由省长牵头的长株潭经济一体化协调领导小组，因其措施与市场经济的背景不相适应，协调效果不佳，后于 2006 年长株潭地区调整了上级派出机构制，间接否认了这一模式。

2004 年 12 月，新疆维吾尔自治区党委和政府决定，在不涉及乌鲁木齐市和昌吉回族自治州行政区划调整的前提下，成立自治区党委派出机构“乌昌党委”，统筹乌昌地区的经济社会发展，统一制订并组织实施乌昌地区经济社会发展规划、城市整体规划、产业发展规划，研究解决乌昌经济社会发展中的重大问题，全力领导乌昌经济一体化。在实施过程中，新疆维吾尔自治区党委和政府给予乌昌党委人事权和一定的税收减免权。从目前来看，这一模式取得了一定的成果。但是派出机构在管理实施过程中重新整合了同城化区域的主要部门，将乌鲁木齐市和昌吉回族自治州的发展和改革委员会、旅游局、规划局、劳动和社会保障局、环保局，以及工商、税务、银行等部门进行了合并，实际进行了合并“同一化”管理。这种管理实际违背了同城化本意，短期内取得了一定成效，长期效果还有待观察。

派出机构模式在国外大都市区发展中有类似的实践，但其效果同样甚微。如美国政府设置了独立机构——府际关系委员会，委员会由若干委员组成，主要为政府领导人遴选的行政法、地方财政、公共政策、产业经济等方面的相关学者和专家，委员在任期中依法独立行使职权，不在任何一个城市担任其他职务，主要处理大都市区城市政府之间争议的问题。但是由于缺乏各城市及市民的参与，推行效果同样不佳。

2）地方协商模式

地方协商模式是由同城化各市的市长或者书记等主要领导，就城市间的发展进行平等协商，签订产业协作、生态环境保护、基础设施建设、城市规划等方面的若干合作协议，通过各市成立专门的领导小组办公室负责对协商成果、合作协议进行落实，保障同城化的实施。地方协商模式在实践中的采用，如我国广佛同城化、太榆同城化，美国洛杉矶大都市区等。

广州和佛山每年召开两次市长联席会议，两市政府 2009 年协商签订了《广州市佛山市同城化建设合作框架协议》，该框架协议覆盖了广佛同城化的规划编制、产业协作、基础设施建设、科技创新、市场环境建设、环境保护、能源保障、社会事业、公共事务和体制机制等十多方面的内容，形成了指导广佛同城化的纲领性文件。广佛同城化专责小组基于此还分别签署了城市规划、交通基础设施建设、产业协作和环境保护等方面的合作协议，具体指导不同领域同城化的开展。广佛已建立了同城化的体制和机制，编制完成了同城化发展规划，并积极开展轨道交通、环境保护、社会管理等方面的专题规划，开通了广佛地铁，实施了年票制，建设沉香大桥、大坦沙大桥，形成了明确的产业分工，推进了具体行业的合作等。

2002 年，太榆同城化进入实质操作阶段，两地开通了城际公交车，2008 年底广播电视实现互通，2009 年两地煤气供应实现互通。太榆两市为加快推进同城化，将接合部划定为“共建区”。目前，道路对接工程有较大进展，但尚未真正有效推进共建区建设。由于只是地方协商，未设立权威的领导协调机构，太榆同城化的工作止步于一般要求，多数工作仍处于讨论研究阶段，实质性进展缓慢。

在美国洛杉矶大都市区发展过程中，洛杉矶与周边 29 个城市针对污水处理的问题进行协商，最终确定由洛杉矶市投资 4 亿美元兴建日处理能力 2046 亿升的污水处理厂，其他 28 个城市有偿使用，实现了资源的共享。

3）联合管理模式

联合管理模式简单来说即是组建一个组织机构来推进同城化发展。具体来看这种组织机构是由同城化城市与上级政府联合形成的，包括组委会、工作领导小组等。在国内外大都市的同城化推进过程中，联合管理模式被使用的频率较高。而对于我国来说，则是在同城化发展初期被普遍采用的。针对同城化推进事宜的协商，主要由省政府或省直有关部门先行进行组织，再由涉及地内包括书记、市长参与会议进行讨论。随着同城化进程的推进，同城化涉及城市将化被动为主动，积极开展此类会议，使其平常化，如我国的西咸一体化、沈抚同城化，加拿大大温哥华地区一体化等。

陕西省建立的西咸新区建设工作委员会办公室正是为了推进西咸一体化而建立的，其具体工作包括统筹关中-天水经济区和西咸新区建设中的重大问题、筹备经济区市长联席会相关工作等，而承担这些职责的主体则是陕西省发展和改革委员会及西安、咸阳两市的主要领导。西咸两市为执行新区的规划编制、设施配套和招商引资等工作设立了两个派出机构——沣渭新区管理委员会和泾渭新区管理委员会，并且针对具体的职能部门划分出了规划建设、综合行政等部门。省级开发区政策也对该委员会所属的沣渭新区和泾渭新区适用。目前，西咸两市在交通、金融、通信及西咸新区的建设上逐步推进，公交线路正在实现体系化，票据实现同城结算，通信完成了升位并网。辽宁省政府为推进沈抚同城化建设设立了沈抚同城化工作领导小组，由省长担任组长，成员由沈阳、抚顺市委、市政府及省直相关部门主要领导组成。沈抚两市也同样在本市成立沈抚同城建设工作领导小组及办公室，负责规划方案的制作、政策的出台及项目的落实等工作。目前，沈阳与抚顺逐步在交通方面完成开通轻轨，在通信方面实现同网同费，开始了新城的开发与建设。

大温哥华区（Greater Vancouver Regional District）管理委员会拥有包括政策规

划处、工程建设处、运行维护处、空气质量管理处、区域住房处、区域公园管理处等 11 个处。它是由 21 个市选出的代表组成的，尽管它没有直接的征税权，但它有权力按其所提供的服务向各市以其财政收入数额收取一定费用。大温哥华区管理委员会不仅以其完善的组织机构和运作机制有效管理区域有关事宜，更是通过立法制定了一系列包括《大温哥华地区供水法案》和《大温哥华地区污水和排水法案》的法案，有效促进了其一体化建设。

4）理事会模式

负责公共决策、规划协调、政策环境协调、专项事务协调等事务的人员被称为理事会中的主席和副主席，此二人于理事会成立后选出。理事会模式简单来说是指建立一个理事会来促进同城化，它由上级政府和参与同城化的城市政府组成，而其成员由上级政府、同城化参与政府、企业及社会组织、居民等各方推荐（选举）代表共同组成，它是以市场化为导向的。

基于此种模式能够更好地发挥市场的主导作用，也是我国同城化发展的方向。但需注意的是此种模式是利用市场手段来调节城市利益的，因此转变政府管理职能，建立完善的市场管理体制是必要且必需的。理事会模式需要有成熟的选举制度与文化支撑，与国外的都市政府联合组织模式类似。都市政府联合组织由地方推举产生董事会，其主要面临的问题包括环境、区域规划、交通等，协商方式由董事会协商或投票决定。它是一种半官方的组织形式。

2. 组织管理模式的比较

同城化组织管理模式可以说各有利弊，具体比较见表 8-2。

表 8-2　同城化组织管理模式的比较

模式	优点	不足
地方协商模式	简便易行，机构调整幅度小，来自各行政主体的阻力小。可以探讨的领域广，往往可以先易后难签署某些领域的合作协议，减少了城市间合作的障碍	成员沟通、协商的时间较长，决策慢，影响发展的时机。协商成果不能有效监督执行，行政推动力较弱，参与方在具体落实协商成果过程中存在灵活博弈，易流于形式
派出机构模式	能够最大程度理顺各行政主体之间的关系，可以独立机构的形式运作，超越地区利益	以行政权力来协调城市利益，市场能动性体现较弱，城市间互动乏力，且上级政府对同城化城市了解有限，很难起到良好的协调效果
联合管理模式	能够加速要素整合，强化同城化的实施力度，形成开放开发的整体合力	来自机构、人员、职能的调整幅度和阻力较大
理事会模式	以市场化为导向，集思广益，充分调动了同城化城市参与各方的积极性	需要完善的市场经济管理体制，实现难度较大

8.2　自贡-内江同城化模式选择

8.2.1　国内现有同城化模式的实施

各地协调组织构成方式、政府参与度不同造成了各市同城化发展战略的实施效果也有所差异（表 8-3）。比如，与同城化进程发展速度非常快的乌昌、沈抚相比，长株潭同城化的效果一直不明显，这是由于后者政府的支持力度不够，相比来看前者政府的参与度都较为高涨，并且获得了国家的支持。在认识到这点之后，在湖南省政府大力支持下，长株潭一体化也得到了发展。广佛和乌昌由于地理位置接近且双方主体参与热情较高，因此其同城化发展战略实施较为顺利，也成了同城化程度较高的两组城市。而太榆同城化由于缺乏权威统筹协调机构，进展比较缓慢。西咸、郑汴一体化发展均由省政府促成，咸阳和开封参与热情较高，而西安、郑州缺乏动力，导致同城化进程缓慢。

表 8-3　部分城市同城化实施情况

区域	发展目标	领导机构	进展情况
广佛	珠三角地区发展龙头	城市建设和管理工作领导组	城市规划、交通基础设施、产业协作、环境保护对接，开通广佛地铁
郑汴	中原城市群中心	两市各自成立领导协调小组	道路衔接，公交直达，协调规划
长株潭	提高长株潭城市群的核心竞争力和综合实力	省发展和改革委员会领导设立一体化协调领导小组办公室	设立长株潭综合改革试验区，道路衔接，公交直达，统一区号
沈抚	推动辽宁与沿海地区互动发展	同城化领导小组	开通城际铁路，开通公交客运，统一区号，推出沈抚同城游
西咸	形成西安咸阳大经济圈	西咸一体化领导小组办公室	道路衔接，公交直达，统一区号，区域协调规划，金融同城
乌昌	在新疆经济发展中具有重要地位	自治区派出机构，设立秘书处和 5 个正县级工作组	道路衔接，公交直达，区域协调规划，金融同城，成立两地财政局
太榆	带动全省发展的增长极	缺乏权威统筹协调机构	道路衔接，公交直达，广电网络对接，煤气供应互通，共建区建设尚未真正有效推进
厦漳泉	至 2020 年基本实现同城化	联席会议特设领导机构	签订多个规划协议，开通高铁，电话同城，产权交易市场同城化，建设夏漳泉桥段、厦漳同城大道等

8.2.2　自贡-内江同城化模式分析

自贡与内江当前的同城化属于“弱弱联合”，从空间整合、组织管理、功能定位几方面考虑，建议两市同城化采用的发展模式如图 8-2 所示。

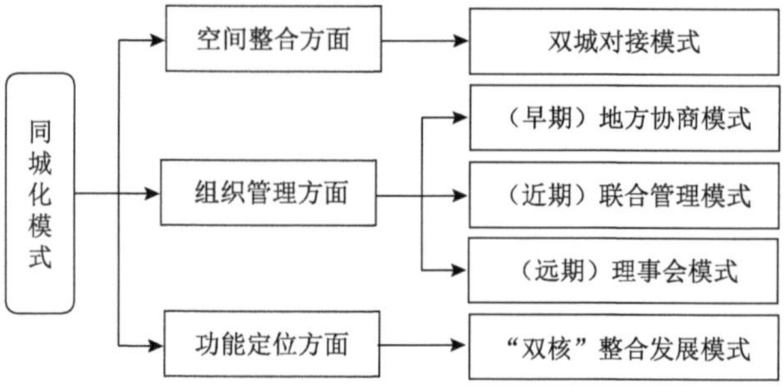

图 8-2　自贡-内江同城化模式选择

空间整合方面采用“双城对接模式”的理由是自贡与内江紧密相邻，中心城区距离近，适宜采用双城对接模式进行空间整合发展，且该模式能够充分利用现有基础，实施难度相对较小。

组织管理方面模式选择的理由是：①自贡与内江同城化，早期按地方协商模式开展，从目前来看，两市之间真正的协同合作一直难以实现，推进效果不理想。②上级政府的支持在我国同城化的实践中发挥了不可忽视的作用，是实现同城化战略成功实践的重要保证。它直接关系到同城化战略的效果，因而，推动同城化需要有上级政府参与。同时，推进同城化又不能脱离地方实际，必须充分调动参与主体的积极性，这就需要参与方主要领导直接参加，所以，建议自贡-内江同城化的组织管理模式在近期内采用联合管理模式。③更加市场化的理事会模式，更能发挥市场主体的参与积极性，但目前法律保障、市场条件及文化支撑等还不完备，所以将此作为远期发展目标。

功能定位方面采用“双核”整合发展模式的理由是与空间整合方面采用“双城对接模式”相匹配。“双核”整合发展模式的关键在于共同解决一些整体上的共性问题，改变两市的孤立发展状态，如可从资金不足、资源匮乏、基础设施滞后等问题入手、传递和互动，使彼此的毗邻状态成为区位优势，有效避免双方的重复建设和“恶性竞争”，实现“1+1＞2”的突破。

8.3　自贡-内江同城化生成机制与制度设计

8.3.1　自贡-内江同城化生成机制

区域市场对于同城化的形成与发展有着重要作用。市场能够依托自身的自发性，使要素自由流动，进而对资源进行优化配置。如前所述，市场化的作用即一种内生的驱动力，它能够使微观企业在追求自身利润最大化的过程下，进行自发驱动，实现经济要素的市场流动。市场机制对于同城化的发展来说也起到了主导作用，促进了同城化的形成与发展，扩大了要素区际流动的规模并加速了其流动速度。在此条件下，市场机制的作用将进一步得以凸显，由它优化配置后的资源能够为下一步市场间的融合奠定基础。由此，市场一体化得以形成，并促进了区域分工，使城市的产业结构、经济结构得以转换与升级，最终达成促进同城化发展的目的。同城化的具体生成机制见图 8-3。

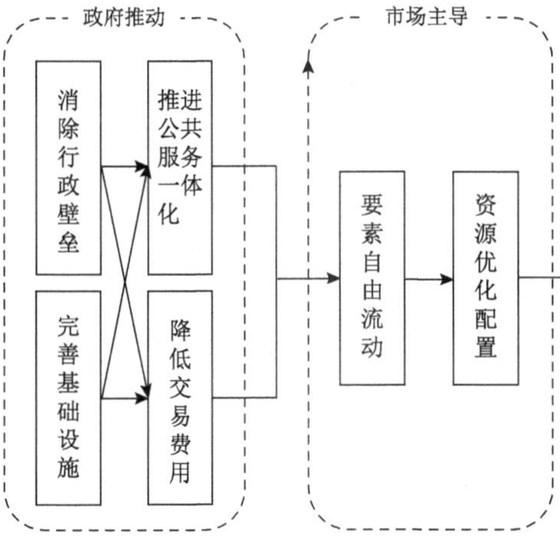

图 8-3　自贡-内江同城化生成机制

从上可见，市场一体化是同城化形成和发展的关键基础和条件，市场一体化的有效运行又有赖于推进公共服务一体化和降低交易费用，消除行政壁垒和完善基础设施能有效推进公共服务一体化并降低交易费用，最终推动同城化形成与发展。

1. 消除行政壁垒推动同城化

行政壁垒指的是为使本地市场不受外来竞争的冲击，地方政府使用自身行政权力对市场进行不合理干预的一种行为。地方政府基于对地方经济利益和社会效应的考虑，必然会对本地经济发展提高重视，而这种干预虽然能达到保护本市企业和产品的目的，但阻止了生产要素的自由流动。

行政壁垒对区域经济的整体发展带来严重危害，制约着社会进步与发展，其负面影响主要有：①破坏了市场规律的正常运行、抑制了生产效率的提高与科技的进步，使竞争机制形同虚设，阻碍其积极作用的发挥。②造成地方本位主义。政府的过度干预容易造成政府权力与职责的错位。③导致地区封闭现象的产生，如产业重构、基础设施重复建设等，阻碍了区域资源的整体性优化配置。④行政壁垒的存在影响区域合作的科学决策。由于是基于主观考虑的决策，领导层的决策往往不够科学合理，并难以制订具有长远性眼光的规划，规划具有眼前的利益性。⑤各地方政府因其关于吸引外资和引进人才的政策不同，致使区域整体政策失调。因而，发展创新的管理制度对于促进同城化具有重要作用，它能够有效地消除行政壁垒。同样地，运用利益协调也能够更好地完善基础设施，推进公共服务一体化，降低交易费用，实现要素自由流动。

1）消除行政壁垒，推进公共服务一体化

行政壁垒形成的障碍具体表现在对户籍制度、社会保障制度、就业制度等方面的限制，而这些限制也只能从源头上，即通过地方政府创新制度来解决。由于同城化是为实现同城城市间在产业、环境、社会生活等方面的协调发展，创新制度则不仅要在区域空间上，更要在上述被限制的方面，实现统一规划、统一布局、协同发展。只有消除行政壁垒，推进公共服务一体化，达成资源共享，才能促进要素自由流动，实现顺畅对接。

2）消除行政壁垒，降低交易费用

不断增长的交易费用会阻碍同城化进程的发展，也会使其产业分工的深化及交易空间范围的扩大受到进一步的限制。由行政壁垒所造成的交易成本包括电话长途费、手机漫游费、汽车路桥费等，还有各种关于社会保障、医疗、就业、教育等问题。而当城市间人流、物流、资金流、信息流不得不绕过这些因为行政区划而设置的壁垒时，无形中就增加了双方的交易成本。因此，政府通过制度创新降低城市间的交易费用，是推动要素自由流动、实现同城化的强大动力。例如，要降低劳动力流动成本，可开通城际公交、对接社保；要降低信息交换的时间资金成本，可实现电话同城、构建信息平台。

2. 完善基础设施推动同城化

要想形成同城化统一的区域市场，完善基础设施是十分重要的一环。基础设施能够推进同城化区域的专业化分工协作，使要素在市场上能够自由流动，是能够为工业集聚和规模生产提供条件的企业投入生产之中的中间产品。由于基础设施的同城化在统一市场的进程中有着重要的作用，整合统一的市场将能够有效推动生产要素的流动和降低交易费用。

1）完善基础设施，推进公共服务一体化

同城化发展的有效运行需要各种要素的合理配置与积极流动，公共服务则要发挥其基础性作用保障同城化发展。因此，完备的基础设施是推动同城化发展的基础，同城化城市间要积极完善基础设施，为公共服务奠定良好的运行基础。

2）完善基础设施，降低交易费用

基础设施的完善能够推动同城化间各种生产要素的自由流动，特别是交通基础设施，如公路对接、城际公交的开通、城际轨道的运行等。完善基础设施不仅实现了生产要素的自由流动更是进一步降低了交易成本，能更有效地推动同城化建设。并且要想引入微观企业和优秀人才进而扩大经济规模、促进产业置换和结构调整，更是离不开完善健全的基础设施。完善健全的基础设施有利于对这些资源优化的配置过程进行基础性保障，进而促进经济增长，推动同城化的良好发展。

8.3.2　自贡-内江同城化制度设计

行政分割管理与经济社会同城化发展的错位问题将增大实现同城化进程中出现无秩序、无效率现象的可能性。因此，需要对部分行政管理体制进行修改和创新，同时，为解决上述问题，国内学者也提出了很多对策与建议。邢铭（2011）提议沈抚同城化发展中应该按照联合大都市区方式进行构建，并且提出两市应该在基础设施、生态环境、旅游资源等方面共享，进一步消除行政壁垒，对两市的衔接带进行结构规划和合理的产业布局。王德等（2009）指出我国同城化亟待解决的两个问题是利益分配机制与制度，另外，中心城市房价上涨与人口激增也是要解决的主要问题。梅伟霞（2009）从制度方面对广佛两市同城化出现的问题进行了分析，认为广佛同城化主要问题是政府内部整合、利益协调与利益分配问题。陈征卫（2010）指出，建立利益协调机制与具有约束力性质的监督机构是保障同城化顺利进行的有效手段。从整体化治理的视角提出解决同城化过程中政府合作问题，包括实施大区管理制、政府扩大授权、改革部门设置、建立信任合作机制和扩大电子政务覆盖等方面。

同城化是一种多方面融合的进程，不论是经济、政治还是文化都需要从整体性、全局性出发，将各方面的优势点发挥出来。对于产业布局、基础设施、资源配置等实践问题要合理计划，地方政府也要消除行政壁垒，弄清各自利益发展点和合作点，摒弃本位主义实现区域协作，这是同城化发展的意义所在。所以，政府的宏观调控、干预、计划手段在同城化的发展中也是十分重要的。

1. 成立协调组织机构，推动同城化快速有序发展

形成区域合作组织能够在一定程度上协调同城化城市间的利益冲突，进而形成共同的利益追求。自贡和内江两市在交通运输、财政税收、地方政策等方面具有较大差异性。这种利益冲突形成的行政约束，致使两市在合作上遇到障碍，不能深入促进两市间物流、人流、信息流和技术流的沟通。因此，在同城化过程中建立一个强有力的组织进行协调管理是十分必要的。

在制度安排上，建议自贡-内江同城化近期采用联合管理模式，成立协调组织机构，即由省政府牵头，联合自贡、内江两市政府，组成“自贡-内江管理协调委员会”，以法律的形式将该协调组织制度化，并依据法律将自贡和内江政府的部

分权力让渡给这个协调组织，赋予其一定自主性和权力，使其能够独立运作。对“自贡-内江管理协调委员会”的机构设置、人员配备、基本职能等方面的建议，如表 8-4 所示。

表 8-4　“自贡-内江管理协调委员会”的设置及职能

名称	内容
机构设置	建议根据专业、精简、高效、公平的原则设立领导小组、相关的专门委员会（工作小组），设立负责日常组织、联络、宣传工作的秘书组。专门委员会可以作为一种常设机构，需要有较强的管理、研究、协调、分析和组织能力
领导小组人员构成	近期由省政府委派第一负责人，两市市委书记、市长作为主要负责人。远期过渡为市场化治理结构（理事会模式），通过公平、民主的方式选举产生
专门委员会人员构成	建议近期按公平、公正和专业的原则，从省和两市的发展和改革委员会、财政局、经济和信息化局、住房和城乡建设局、卫生健康委员会等相关的政府机构中抽调部分有资历的公务员，并适当吸纳社会专家学者、企业法人代表等组成。远期向市场化管理过渡，由省政府、两市政府、企业及社会组织、居民等各方推荐（或选举）代表共同组成
基本职能	负责制订统一的、深层次的基础设施建设、产业发展、市场体系建设、生态环境保护、资源开发等规划，并以法律形式确定下来 分析并提出完善自贡-内江同城化的具体途径和措施 管理和监督执行经立法程序通过的政策、法规和其他规划 审查和监督自贡-内江政府自主达成的区域合作规划的执行情况，并提出深化自贡-内江同城化的其他合作规划 统一管理专门的“同城化建设基金”或监督及约束有关部门的区域资源使用方向 积极协调自贡-内江地方政府的合作方式和利益分配机制 监督和约束自贡-内江地方政府的机会主义行为 积极向省发展和改革委员会汇报自贡-内江同城化进展情况等

转化同城化发展理念，要从“政府主导，企业、社会参与”的观念转变到“政府引导、企业主体、社会参与”。鼓励公众成立协调性的非政府组织，或在政府协调组织中吸纳非政府组织参与，推进市场化制度建设，逐步发展到远期采用“理事会模式”管理，发挥市场的基础性作用，有效配置资源，调动市场主体的积极性，促进同城化的深入化发展。

2. 协调发展战略，实现互利共赢

1）加快自贡-内江基础设施建设同城化

抓住“十三五”时期构建川南经济区半小时快速通道体系的机遇，统一规划自贡-内江空间发展战略，联合编制两市接合部区域开发规划。在交通、通信、供电、给排水、旅游、环保、教育和卫生等方面强调自贡与内江两市的协调合作，注重此类重大基础设施的建设与完善。在建设此类重大基础设施时要确定建设标准、建设时序，对于建成后的共享问题两市要积极协调与沟通，进而共同计划执行基础设施的发展规划。

自贡-内江同城化建设的目的之一是促进两市更好的发展，而作为能够沟通和缩短空间距离的交通，其对于两市的同城化建设重要性自是不言而喻的。因此，发展城际交通，使两市能够更好地成为一个整体，实现联动作用，实现两市经济利益共享，这既是促进两市经济、政治间的推动力也是促进两市交通发展的助推器。因此，促进两市道路同网、交通同制、乘车同卡能够更好地推进自贡-内江同城化发展。

2）推进自贡、内江两市产业联动发展

为协调城市间的产业发展，更好地发挥自身的产业优势，产业集群化、企业集团化能够促成各城市间的连接，进而使各城市能够深入进行沟通与合作，有效避免资源浪费与恶性竞争。在股权、资金、技术、销售等方面进行一系列规划，找准企业自身优势，形成有大规模、效益好的产品质量垂直式或水平式企业集团的依托，使各城市间能够多维度、多层次的协调发展，考虑企业各方的利益诉求，发挥其积极性。这样相互渗透、有着密切联系的产业体系将对经济整合的发展起到重要作用。

3）推进自贡、内江两市信息同城化建设

促进“数字自贡-内江”的建设，使自贡-内江能够在经济信息同城化方面形成长效的协同机制。要做到构建统一、完整、规范的网络信息体系，则需要整合电子商务、电子政务应用和信息资源，加强信息基础设施的建设，使网络资源共享更加便捷，同时巩固信息安全保障体系和网络信任体系的建设与管理。

4）促进基本公共服务一体化

可在教育、医疗卫生、就业与社会保障等基本公共服务领域逐步推进自贡-内江同城化：①对于教育领域，一方面注重政府作用，加强其引导职能，对优化教育结构，实现教育资源共享进行充分引导；另一方面加强资金支持力度，促进各类教育事业的联动发展。二者共同作用，将能够有效推动自贡-内江同城化发展。②对于医疗卫生领域，通过建立统一的医疗信息系统，优化配置两市医疗卫生资源，形成急救医疗卫生体系，能够更好地实现两市的医疗卫生联动。同时，对于两市也要推进其社会医疗改革。③对于就业与社会保障领域，要建立有效的、整合一致的人力资源公共服务与人才交流信息平台，不断完善劳动市场监管体系，实现社会保障的有效衔接。使劳动者能够突破劳动就业与社会保障的限制，实现劳动力自由流动、高效配置。

5）协同环境治理，加强生态保护

环境资源问题在自贡-内江同城化进程中也是不可忽视的。两市应树立起环境资源生态协调的观念，不断加强双方合作，依据实际经济发展状态与环境实际建设合作机制。应在三个方面做好相应工作：①合理使用土地资源，确保其可循环使用，保证生态稳固，形成布局合理的土地资源保障体系。②要加强水资源保护，尤其是釜溪河和沱江水域的保护和治理。③重视大气污染防治，控制和整治有害气体排放量、碳排放量，改善自贡、内江区域大气环境质量。

6）积极引导公众广泛参与，打造宜居环境

积极引导公众参与到自贡-内江同城化中，发挥社会组织作用，这也是自贡-内江同城化的重要举措之一。公众的知情权与参与权对于政务的公开透明有着重要作用，提升公众的参与度是十分必要的，因此要对有关于自贡、内江两市同城化建设相关的政策、规划和管理程序进行公开，广泛征求意见建议。此外，要把自贡-内江区域打造成一个宜居的环境，还需要培育适合城市发展的文化土壤，包括城市文明、教育发展、社会法制体系等，这些都能减少城市人口发展可能带来的社会阶层摩擦增大、经济交易成本增加等问题，确保自贡-内江同城化和谐发展。

第 9 章　自贡-内江同城化发展战略与路径选择

9.1　自贡-内江同城化发展战略与战略目标

9.1.1　自贡-内江同城化发展战略

采用“双核”整合发展模式，以内自宜发展带建设为切入点，促进两市市区与威远、资中、隆昌、富顺、荣县的一体化发展。依托成渝高速、乐自内高速、内威荣高速及成渝客专等综合运输通道，整合自贡、内江两市相关资源，科学规划同城化区域城镇建设与空间布局，提升两市在基础设施、产业布局等方面的科学性，优化结构、合理布局，使两市间的要素能够自由流动。从而增强创新服务功能，把自贡、内江建设成为连接成都、重庆的核心都市区，使其发挥推动川南经济区经济增长的重要引擎作用。

9.1.2　自贡-内江同城化发展战略目标

近期（2018～2023 年）：为完善城市功能，对于基础设施的建设要进一步加强。合理规划同城化区域城镇建设与空间布局，优化产业结构体系，各方合作协调使其形成市场开放度高、产业结构互补、资源共享、基础设施与公共服务体系一体的区域发展示范区，创新发展吸引先进制造业和现代服务业的集群。

远期（2024～2033 年）：把自贡-内江同城化区域建设成为川南腹地、连接成渝双核的核心都市区和川南经济区经济增长极的重要引擎，在交通同网、信息同享、市场同体、产业同步、科教同兴、旅游同治方面实现自贡、内江两市的统一规划，使其形成一个开放式和宜居式经济区。

9.2　自贡-内江同城化的空间拓展战略

9.2.1　自贡-内江同城化的空间要素耦合机理分析

随着同城化水平的不断提高，作为同城化发展载体的“空间”与其所形成的空间结构必然会产生变化。同城化的总体过程是受到各种因素影响的，如城市的郊区化、乡村城市化和外缘地区的卫星城市建设等过程，这一总体过程将使空间资源在质与量方面得以提高。空间同城化并不是仅字面意义上的物理空间同城化，它是指空间作为载体为实现同城化提供条件，而不是同城化必须以空间为一体。而从另一角度来看，城市产业结构、郊区化、城市的土地利用等都对同城化有重大影响，而空间结构中的人流、物流、信息流和能源的循环和空间态势在这些方面若实现了资源的配置，将有效推进同城化的发展。

区域空间的深层次发展与功能性布局将有效促进区域经济的发展，进而推动同城化进程。因此，在进行同城化的过程中既要实现区域空间的统筹协调，又要进行区域空间的重构。前者需要在产业及功能要素方面进行有序组织，后者需要尊重空间演变规律，寻求科学的空间扩张模式。

9.2.2　自贡-内江同城化的空间拓展路径

1. 自贡-内江同城化空间拓展基本思路

1）编制并实行同城化区域的统一规划

在城市发展的历史进程中我们可以看到，现在的城市结构模式已不是原先的任意自由发展模式了，而是一种政府介入的目的性人为干预活动模式。因此，为实现自贡、内江两市的同城化需要编制并实行统一的区域规划。

2）用弹性和创新的规划理念，统筹重构同城化区域的空间结构

引入弹性和创新的规划理念，是实现自贡、内江两市从低层次的功能耦合向高层次的要素流动和空间的融合发展的必要环节。政府的干预将有效协调不同机构的合作，加大创新，引入如新城、新市镇、新区域主义的创新规划理念，跳出传统统筹思维，将更好地发挥同城化区域空间结构的功能。

3）优化同城化区域的系统结构

充分考量传统空间、产业对区域的影响，进而对同城化区域的经济结构、产业结构和空间结构进行合理调整。这是能够使空间结构得到合理充分使用、城市集聚达到最大化的有效途径。同样地，要时刻谨记合理规划对城市发展的重要作用，要注重对城市发展能力、空间经济效益、生态和景观保护、空间场所精神培育等问题的解决，增强区域空间的可持续性发展。

4）调整空间布局，促进互动发展

同城化空间结构中的要素包括资源利用、资本投入、土地、劳动力等，只有将这些要素进行有效调控，才能使同城化区域空间内部实现优化发展。而合理的要素空间布局也能够更加有效地在城市规模、城市职能方面推动同城化区域的良性发展。可考虑在两城直线交界处共同规划建设自内新区，并以此为中心扩散带动周边地区发展，实现土地效益最大化。

2. 自贡-内江同城化空间拓展具体路径

1）依靠现有基础进行对向轴向布局发展

依托内宜高速、206 省道、内昆铁路，以及规划建设的自贡-内江城际铁路和本节建议规划建设的自贡-内江城际快速通道等，以两城原有城市和产业发展空间布局为基础，进行对向轴向布局发展。自贡以规划建设的东部新城为基础向北靠内江布局发展，内江以“四廊”中的沱江沿线城镇生态走廊、内自一体化经济走廊和南向开放经济走廊为基础向南靠自贡布局发展，为最终实现空间一体化打下基础。

2）共同构建发展产业园区

借力两市产业分工协作，在自贡三多寨镇和内江凌家镇交界处（沿内宜高速、206 省道和内昆铁路，规划建设的 308 省道和 427 省道的交会点），共建先进制造和生产性服务业产业园区，两市根据自身条件，结合相关空间使用需求，编制土地利用开发规划，共同圈定促进产业园区建设用地发展区域。

3）产业园区横向发展实现产城融合，最终建设成为自贡-内江新城

放远发展眼光来编制规划和制定定位。利用集聚在产业园区的劳动力等资源，通过产城融合的方式达到横向发展目的，进而达到由初期的自贡-内江线形相连转变到连绵的形态，这将实现由交通轴到空间面形态的变化，最终形成自贡-内江新城。

9.3　自贡-内江基础设施一体化发展战略

9.3.1　自贡-内江基础设施一体化作用机理分析

1. 基础设施要素内涵

基础设施是城市与区域联系的纽带，是国民经济各项事业的发展基础。交通、邮电、供水供电、商业服务、科研与技术服务、园林绿化、环境保护、文化教育、卫生事业等市政公用工程设施和公共生活服务设施等的基础设施的完善将有助于推动同城化发展。

然而区域间的协调不力会造成一定的重复建设和盲目竞争，导致资源不能有效配置，不利于同城化基础建设的发展。所以，基础设施的共建共享是实现同城化的关键，有利于结合城市自身利益实现与同城化区域的有机融合。

这种共建共享要从区域一体化的角度进行整体、全局的规划，在信息系统、水资源配置、能源及燃气等方面进行具体规划。在信息系统上，要实现城际和城乡互联互通及同网、同号和同费，提高信息共享程度；在水资源配置方面，要改善水资源配置布局，从区域经济发展的角度来拟订布局计划；在能源燃气方面，也要注重整体性布局，从而保证基础设施能有力支撑同城化的发展。

2. 自贡-内江基础设施一体化作用机制

1）基础设施是同城化发展的基础和保障

通过研究可以发现，城乡间交互作用明显、密集的都市之间大多都是沿着大城市核心之间的交通走廊进行延伸的，因此，周一星（1991）认为综合交通走廊对都市连绵区的形成是具有促进作用的。周干峙（1997）等探讨了交通辐射在城市群形成中的作用，认为每个城市都有自己的经济功能和影响范围，同时城市之间又共享交通的辐射效应，把它们紧密地集聚在一起，在相对的地域内构成一个多极分散的城市群体。世界银行《1994 年世界发展报告》指出，基础设施即便不能成为牵动经济活动的火车头，也是促进其发展的车轮。由此可见，基础设施对于同城化的发展起到了对各种网络要素进行保障和依托的作用，离开了基础设施的保障和依托，同城化的发展则会缺少统一的交通运输等基础设施网络，致使同城化发展运行不力。因此，要实现同城化发展，建设一个良好的一体化的基础设施是必不可少的。

2）基础设施是推进区域同城化的重要手段和动力

建设基础设施有利于促进各类生产要素的自由流动，使区域经济能够尽早实现一体化，进而降低同城化交易成本，促进区域分工。同时它也可作为一种中间产品投入同城化区域大的生产体系，提高居民消费的福利和生活质量。基础设施的完善有利于吸引劳动力和企业流入、扩大经济规模、促进产业置换和结构调整，发挥其积蓄的吸引力。因此，只有完善基础设施，才能有效促进资源流动，推动同城化发展。

3）基础设施是形成同城化区域统一市场的关键

基础设施作为企业投入生产的中间产品，为工业集聚和规模生产提供了实现的可能和条件，它能够有效促进专业化分工协作与生产要素、产品的自由流动，是企业选址考虑的关键因素，也是两城共建共享统一大市场，形成网状互联、优美城市群的重要保障。对基础设施进行合理布局、坚持适度超前、共享共建的原则，将能够搭建出坚实有力的现代化基础设施平台。

9.3.2 自贡-内江基础设施一体化发展战略路径

1. 推动交通基础设施建设，实现半小时交通网络

1）共同推进川滇黔渝接合部综合交通枢纽建设，提升沱江航道等级

川南经济区历来是沟通四省市的重要物资贸易中心，它处于川、滇、黔、渝三省一市的接壤地带。此地毗邻云贵高原，东连重庆，西接凉山，北邻乐山、资阳，南接长江干流渝宜段，且内江、重庆是四川通江达海的主要通道，位于川南经济区北部、成渝经济圈的“中点”。

自贡、内江两市是四川省《西部综合交通枢纽建设规划》确定的 12 个“次级

综合交通枢纽”之一，两市应把握自身的区位优势，依托交通运输部、四川省和川南经济区规划，结合两市实际情况，制定相应的发展战略。内江市作为成渝经济圈的“中点”、“成渝立交桥”和“云、贵、川、渝”重要物资集散地，要建成成渝经济区“综合交通枢纽”。自贡市作为川南城市群的中心城市，川南经济区城际铁路和蓉昆高铁的交会点，要发挥川南经济区自贡交通枢纽作用，加快建设自贡市客运、货运交通枢纽工程。

自贡、内江水运通道为沱江航道，而沱江是长江在四川境内的四大支流之一，北起成都平原金堂县，流经简阳市、资阳市、资中县、内江市、富顺县等，南至泸州市汇入长江，全长629千米，内江龙门镇经自贡到泸州河口航道共155千米，原有航道等级低（Ⅵ级航道）。对沱江航道进行改造升级，按Ⅳ级航道标准规划实施沱江内江至泸州段航道等级提升工程，实现沱江内江—自贡段全年通行300～500吨船舶，建成富顺李家湾大件综合码头，发挥长江一级支流水路作用，促进水运发展。

2）加快城际轨道交通和普通客货混跑铁路建设

（1）加快建设川南经济区城际铁路和推进蓉昆客运专线建设。加快推进川南城际铁路内自泸段、雅眉乐自隆铁路建设，以及内南高速公路、城北高速公路建设，改造内宜高速公路自贡至内江段为内自城市快速通道，规划建设自贡、自内新城、内江三城间的城际轨道交通。规划形成以轨道交通网和高快速路网为骨架、多层次交通枢纽紧密联系、多元交通方式一体化运作的综合交通运输体系，以交通先行加快自贡-内江同城化步伐。

（2）推进普通客货混跑线路建设。自贡作为川南四市的中心，应加快建设以自贡为区域铁路中心的“乐自泸铁路”——以内江、宜宾、泸州、乐山为环绕，线路从成昆铁路的燕岗站引出，向东经乐山港、井研县、荣县、自贡市区、富顺县，接入隆黄铁路泸州站，将成昆铁路、内昆铁路及隆黄铁路连接成路网。乐山、宜宾和泸州均为四川省水陆联运枢纽，铁路建设将实现港口、铁路、公路的高效衔接和“铁水”货运联运。

推进“连乐铁路”建设，它是成渝铁路、成昆铁路（成昆铁路复线）的重要连接线，线路连接威钢钒钛基地、汪洋循环经济园区、井研产业园、三江临港经济开发区等产业园区，将有力促进区域经济发展，成为四川省第二条“铁水”联运的铁路。乐自泸铁路、连乐铁路的修建，进一步巩固了西部主要交通枢纽的地位和作用，在发展区域经济等方面将起到重要的推动作用，具体体现在有效分流老成渝铁路部分货物运输，缓解运输难的问题，也加强了川西、攀西与川南城市间的经济及人员交流合作。

（3）完善高速公路建设。内江-自贡两市高速公路已基本连片成网，两市应配合《国家公路网规划（2013年—2030年）》《四川省高速公路网规划（2014—2030

年）》《四川省普通省道网布局规划（2014—2030 年）》，打通四川经云南、贵州至沿海的出川大通道。

规划隆昌与渝蓉高速（G5013）的连接线隆大高速（隆昌—大足）建设，使其成为“乐山—自贡—隆昌—重庆”和“内江—隆昌—重庆”的第二通道。

要完善区域内高速路网，对于“自贡绕城高速公路”“内江绕城高速公路”的建设要加快速度，规划研究“南溪至富顺至内江高速公路”，做好前期工作并制定合适的时间开工建设。

3）改善区域内现有普通国道、省道、县道的路况，推进城际快速通道建设

（1）改善区域内现有普通国道、省道、县道的路况。交通运输对于我国经济发展有着重要作用，交通运输业的发展有利于对产业结构进行调整，能进一步改善经济结构。俗话说“要想富，先修路”，随着我国经济的发展，人们越来越意识到交通运输的重要作用，但交通运输的状况却越来越紧张。因此，只有改善交通运输的状况，认识到它的改善和发展需要多部门的共同努力，才能够发挥出它本身的作用，提高城市发展水平。

为对各等级公路进行协调和统一布局，将以收费公路为主的高速公路网和以不收费公路为主的普通公路体系作为一个整体，进行统筹考虑。对于国家，交通运输部按照推进“综合交通、智慧交通、绿色交通、平安交通”四个交通建设的要求，同国家发展和改革委员会发布了《国家公路网规划（2013 年—2030 年）》；省级层面，四川省围绕“构建畅通高效的现代综合交通运输体系”的总体战略，相继发布《四川省高速公路网规划（2014—2030 年）》和《四川省普通省道网布局规划（2014—2030 年）》。自贡、内江区域内的普通国道由原来的 1 条增加到 3 条，如表 9-1 所示；两市区域内的普通省道由原来的 3 条增加到 8 条，如表 9-2 所示。两市应抓住机遇，对规划的普通国道和省道争取国家层面和省级层面的支持，加快建设进度，彻底改变两市交通基础设施状况，以“布局合理、能力充分、衔接顺畅、保障有力”的原则对交通运输基础设施网络进行构建。

表 9-1　自贡、内江国道规划（2014～2030 年）

国道编号	名称	起点	终点	途经川南经济区城市（县级及以上）	备注
G247	景泰—昭通	甘肃省景泰县	云南省昭通市	内江市（资中县、威远县）、自贡市（贡井区、自流井区、荣县）、宜宾市（叙州区、翠屏区）	资安路、资威路、207 省道贡威路、自贡 X079 县道等改造升级为国道
G321	广州—成都	广东省广州市	四川省成都市	泸州市（江阳区、龙马潭区、古蔺县、叙永县、纳溪区、泸县）、内江市（东兴区、隆昌市、资中县）	
G348	武汉—大理	湖北省武汉市	云南省大理市	内江市（隆昌市）、自贡市（沿滩区、自流井区、贡井区、富顺县、荣县）	305 省道升级改造为国道

表 9-2　自贡、内江省道规划（2014～2030 年）

省道编号	名称	起点	终点	途经川南经济区城市（县级及以上）
S210	江油—屏山	江油市厚坝镇	宜宾市屏山县	内江市（资中县）、自贡市（荣县）、宜宾市（叙州区、屏山县）
S212	球溪—高县	资中县球溪镇	宜宾市高县	内江市（资中县、威远县）、自贡市（荣县）、宜宾市（叙州区、翠屏区、高县）
S213	井研—泸州	井研县	泸州市	内江市（威远县）、自贡市（大安区、沿滩区、富顺县）、泸州市
S308	石子—宝兴	内江市东兴区石子镇	雅安市宝兴县	内江市（东兴区、市中区、威远县）、自贡市（荣县）
S309	渔箭—乐青地	隆昌市渔箭镇	越西县乐青地乡	内江市（隆昌市）、自贡市（大安区、贡井区、荣县）
S426	龙台—隆昌	安岳县龙台镇	隆昌市	内江市（东兴区、隆昌市）
S427	周礼—自贡	安岳县周礼镇	自贡市	内江市（东兴区、市中区）、自贡市（大安区）
S436	富顺—观斗	富顺县	珙县观斗苗族乡	自贡市（富顺县）、宜宾市（叙州区、珙县）

（2）推进自贡、内江城际快速通道建设。内江、自贡两市路网基本连片，主要包括高速公路、省道、县道和乡村公路等，两城区之间主要由高速公路 G85 渝昆高速（内自段）和 206 省道（内自段）连接。G85 渝昆高速（内自段）共设有 5 个高速出口（内江、白马、永安、大山铺、自贡），白马与大山铺均为两市城区周边，两城市之间仅有一个“永安”高速出口；206 省道路况一般，且高速公路需要收费，制约了沿线产业的发展和人员出行。

快速公路是能够缓解城市交通拥堵的重要措施，是介于普速公路和高速公路的汽车专用道路。它没有收费站，出口较多且方便行车。除此之外，快速公路还能够快速联系各功能组团或分区，扩大了城市的辐射吸引能力，推进城市空间结构的完善，提升城市区位优势。自贡已建有“富顺—自贡—荣县”快速通道，沿线产业正逐步形成，已体现出快速通道对沿线经济的促进作用。

依托 206 省道，进行改造升级，推进自贡、内江城际快速通道建设，这样可带动沿线经济和产业布局，为自贡、内江开通城际公交创造条件，实现内江-自贡城市的无缝对接，使其真正实现同城化。

2. 推进水利、能源、信息等基础设施联网建设

1）推进城市市政基础设施建设

基础设施是保证一个国家长期稳定发展的基础，它是能够为居民提供公共服务的物质工程设施，主要包括交通运输、机场、港口、桥梁、通信、水利、城市给排水、供气、供电设施等。基础设施能够保证国家或地区经济活动的正常进行，也是

企业、居民等主体经营工作的基础和城市主体正常运行的基础保证。

沿海地区经济的快速发展有力验证了基础设施是经济发展的坚实基础和必备条件，基础设施建设无疑是推动经济发展的能量池。

自贡、内江城市发展已具有一定规模，但城市基础设施建设的基础仍旧薄弱，要想实现经济的快速发展，一定要有敏锐的视角和抢抓的意识，前瞻谋划、主动作为，做好各部门的协调与合作，实现共同政策的对接，注重关键环节的实施，将基础设施的建设推进到新阶段。自贡、内江应建立联动机制，统一协调、规划基础设施联网建设，为同城化创造条件。

基础设施作为经济社会发展的基础和必备条件，抓好了可以为发展积蓄能量、增添后劲，而建设滞后则可能成为制约发展的瓶颈；经济起飞离不开基础设施建设的助推，沿海地区经济快速发展和某些区域开发的成功，一条共同的经验就是通过率先启动大规模的基础设施建设，为经济高速增长奠定坚实的基础。

2）推进水利基础设施建设

在大部分城市的发展进程中，水的问题日益严重，生活、工业用水等的需求量与日俱增，做好水利基础设施建设，提高用水效率和提高水资源的利用率将加强城市水务设施的建设，减缓缺水问题。

推进向家坝灌区工程建设。这一工程类似于在川南经济区内形成一个像“都江堰”一样的水利工程，它以长江为界，分为北总干渠灌区和南总干渠灌区，北总干渠灌区包括宜宾、自贡、内江、泸州四个地级市。金沙江向家坝灌区工程的实施，将彻底解决川南经济区内宜宾、泸州、自贡、内江四市缺水地区的生产生活用水问题，特别是自贡和内江这两个灌区内最缺水城市的生产生活用水问题。

在水资源综合利用方面，两市应统一规划、协调建设，自来水厂、供水管网、排水和污水处理按规划的标准、计划同时向边界延伸，最终实现联网。

安全饮用水关系到人民的生命健康，自贡作为全国严重缺水的城市之一，对水资源的需求显得尤为迫切，自贡、内江应建立区域水源一体化保护、治理及补偿机制，解决跨区域水源地的保护问题。

3）推进能源基础设施建设

人类的发展离不开对能源的使用，它是人类活动、国民经济发展的基础，也被称作能量资源或能源资源。能源的开发和利用及这两者技术的发展是全世界普遍关注的问题，它是世界生产技术和生活水平的重要标志。

不断增长的能源需求与发展较快的工业化、城镇化之间产生的问题，对构建稳定、经济、清洁、安全的能源供应体系形成了重大挑战。能源作为工业化、城镇化发展的重要物质基础，应提前布局，以适应经济的快速发展。

能源基础设施的完善将有助于自贡、内江两市空间位置的优化连接，加速两市间同城化的发展，使产业沿快速通道逐步布局。因此自贡、内江两市应提前统筹规划，加快推进自贡、内江两市跨区域电力、天然气等联网工程建设，地界接壤地通过协商，统一规划建设标准，统一安排建设计划。电力系统布局以提高供电可靠性、安全性、承载力为目标，加快骨干电网建设，形成区域内 500 千伏、220 千伏、110 千伏支撑性网架电源，完善 35 千伏及以下配电网络。油气布局以着力推进油气运输管线、油库等项目建设，完善管网系统，全面增强气、油供应能力和应急保障能力。

4）推进信息基础设施建设

信息基础设施应用广泛，在国家基础设施的建设中有重要作用，包括通信管网[由光纤公众电话交换网（public switched telephone network，PSTN）、同轴电缆、以太网线及其管道资源等组成]、无线基站、中继设备、各级机房及相关配套的电源、建筑等设施。

目前，我国经济亟待发挥信息基础设施的信息化覆盖面广、渗透性强、带动作用明显的优势。因此，应当结合“新常态”的需求，对我国速度换挡、结构优化、动力转换这几个关键点进行改善。要加强发挥传统要素优势，对于全球新一轮的科技产业革命要积极应对国际竞争压力，努力做到稳定增长、调整结构，更好地惠及民生，防范风险。从我国经济发展的需求侧与供给侧进行分析，对于前者需要从消费者的深度需求入手，不断促进互联网与经济社会的对接，联合创新数据驱动的生产和消费模式，不断刺激消费者需求。而对于后者，其出发点不仅要满足消费者需求，更是要从提高供给质量方面，推动信息化与实体经济对接，全面提高供给的质量和数量。

“十三五”时期明确了我国信息化发展将要迈入新局面，信息化将引领全面创新的新目标。这也是我国各大重要转变的关键时期，包括构筑国家竞争新优势、从网络大国迈向网络强国、成长为全球互联网引领者、信息技术从跟跑并跑到并跑领跑、加强信息化与经济社会深度融合，是新旧动能充分释放的协同进发期。要做到以上几点，实现我国信息化发展的转变，定要树立全球化眼光，积极主动认清形势，结合实际进行谋划，增强忧患意识，尽力在 5～10 年内取得重大突破，达成目标。

自贡、内江的同城化发展要注重信息基础设施的建设，认清形势，顺应潮流，在统一电话区号、实施一卡通、共建大数据平台一体化等方面逐步推进。为扩大高速无线局域网的覆盖范围，还应该推动通信网络的升级，要积极发展新一代通信网络设施，如新一代的移动通信，下一代的互联网、广播电视网络、卫星通信网络方面，推动电信网、互联网和广电网的“三网”融合，鼓励下一代互联网技术的研发与应用。加快推动“宽带中国”“宽带乡村”试点工程建设，实现宽带全域覆盖。对于物联网工程要积极推动，发挥其重要作用，形成其自身体系，加大创新，将其打造成为应用示范推动体系和公共服务的支撑体系，而在城市管理、生态监管等领域也要积极实施物联网的应用示范工程。为维护互联网安全，对于个人可实行互联网信息的实名验证，对于国家或政府要积极健全公共网络信息安全体系，完善信息安全预警机制，进而维护个人的网络安全与隐私。

9.3.3 自贡-内江基础设施一体化调控措施

1. 树立基础设施建设的区域观

地方政府应当认识到基础设施建设周期长、投资大的问题，要积极解决这些问题就要树立好整体性、一致性的全局观，协调各方利益，只有这样才能够不影响区域同城化的发展，发挥出各方的优势作用，促进各方的相互联系，合理安排同城化时间上、空间上的问题。

2. 统筹区域规划，推动基础设施共建共享

同城化的实现是一个整体化、全局性的问题，要进行总体规划也要分步实施、稳扎稳打，这样才能够实现同城化的综合协调发展。而其中重要的一环则是城市基础设施，与同城化的实施进程相似，它也要求在建设过程中形成有机整体，在建设、管理、运营方面实现一体化，但各方面之间也要充分发展。

3. 强化综合交通建设

交通是同城化规划过程中必不可少的一环，是人流、物流联系的桥梁与通道。从建设同城化进程的角度来看，即要对同城化区域内的城际和城市轨道交通、高速公路、国省道、城际快速通道、市政干道和城市公交联络线进行合理规划与建设，对于同城化各城市内的公交线路、站场、综合交通枢纽和公交客运枢纽要进行科学规划。进一步，可开通城际公交，扩大其覆盖面，形成一体化公交网，为两城居民提供更为便捷的城际交通服务。

4. 推进信息通信与市政建设

对于包括基础通信网、无线宽带网、数字电视网、电子政务网络等的信息基础设施的建设要引起重视，当今社会信息于各国之间都有着举足轻重的作用。要搭建区域公共信息平台，推动电话号码升位并网，统一区号，实现通信资费同城化。而在市政建设方面，对于给排水、污水垃圾处理、能源、电力等市政设施要进行一体化网络的建设，在同一堤防和排涝区内，同城化城市间要统一防洪防潮排涝标准，同时加强跨境防洪排涝水利基础设施的统一协调规划与建设。

9.4 自贡-内江产业一体化发展战略

9.4.1 自贡-内江产业一体化作用机理分析

1. 产业要素内涵

受利益驱使，分散的产业要素将会导致同城化城市间的各自为政，从而导致资

源浪费、内部竞争的问题，从总体上来说，这是实现同城化发展必须解决的一系列问题。产业是城市发展的核心动力所在，产业分工是部门、企业、企业内部的分工，产业间的协调则是指在产业结构、产业布局间的协调。所以，为实现自贡、内江两市的同城化，一定要处理好产业的分工与协调问题，实现产业的协调发展。

2. 自贡-内江产业一体化作用机制

1）产业结构互补是同城化推进的基础

城市间由于其资源要素的构成不同，其产业间也会存在各种差异，但对于同城化的建设，利用好这种差异将有助于在同城化城市间取长补短，形成较为完善的产业集聚，优化配置各城市间的资源，共同提升各城市间的竞争力。两城通过有效互动，可相互输出自身具有比较优势的产品、服务、技术及资本等，并且这种比较优势能够在产业上形成移动的"差"，从而促进城市间贸易的形成。这就增强了各城市间的联系，有利于形成互补的产业结构，避免重复建设、盲目竞争，能够推动各城市间的协调与合作，促进产业升级，提升同城化城市内的区域整体竞争力。

2）产业分工与协作是同城化推进的主要方向

同城化的发展离不开同城化城市间的相互协作，而各市之间的共同利益则是实现城市间协作、推动同城化发展的动力。反过来，城市间同城化程度的提升也能促进产业的分工与协作，二者相辅相成。因此，"同城化经济"是否协调是检验同城化可持续发展能力的重要标尺，要实现这一目标就要注重经济间的分工、互补与互动。具体来讲，就是要在产业方面实现协调发展，合理规划其产业结构，规范布局，避免各方因利益冲突而产生的恶性竞争。只有这样，各方明确产业分工与协作的方向，政府以此为抓手进行同城化指挥，才能更好地推动同城化发展。

3）产业结构高级化是推进同城化的重要手段

同城化进程中要实现城市产业结构高级化需要在两方面进行把握：一是把握两市产业结构的互补性，以此为基础在两市进行协调合作并形成比例协调、供求关系适当、符合市场需求的产业结构；二是实现产业结构高级化，要由一种平衡状态逐步上升到高级状态，也就是要提升第三产业占比，同时降低第二产业比重，实现第二产业由劳动力密集型产业为主向资本密集型产业为主的转变，进而向技术知识密集型产业为主进阶，工业内部逐渐由原材料、初级产品为中心向组装加工业，再向以高、精、尖工业为中心演进，由低附加值产业向具有高附加值的产业演进。

产业结构高级化作为一个产业结构升级的动态过程，将能够强化各城市的专业化水平，使其发挥各自的专业优势。以水平分工为主对于非均衡发展的同城化城市而言，拥有较高发展水平的城市将在服务业、技术密集型产业等高附加值产业突出发展，而发展较为滞后的城市则是以资本密集型、劳动密集型的产业为主，城市间以垂直分工为主。借由此种产业结构的动态演进，增强各城市间的经济联系，并且从广域角度完善产业结构，能够提供动力促进同城化区域的可持续发展。

9.4.2 自贡-内江产业一体化发展战略路径

自贡-内江产业一体化主要应在产业发展方向和产业布局上体现出来。对于前者，要充分在思考两市间产业经济基础、经济关联度、产业同构度、产业互补度、产业链跨行政区分布度、企业跨行政区合作度的基础上，整体考虑同城化区域的产业发展问题，最终拟定目标延伸产业链，形成产业集群；而对于后者，要尊重经济规律和市场机制的作用，以同城化区域为产业活动组织与布局的基本地域单元，重视宏观调控与引导，统筹考虑存量调整和增量配置，协调建设与布局，增强产业分工与协作，节省交易费用等成本，实现规模效应，以竞争促进合作的方式增强两市整体竞争力。在同城化的实施过程中也可以进行先行先试的方式，以拟定重点合作区与园区的方法，为产业分工与协作提供更好的平台。

1. 立足基础研究，衔接产业规划

自贡、内江两市的同城化进程也要充分考虑两市各自的资源条件、产业状况等基础方面，找到产业发展与布局中的优劣势，增强产业规划衔接，努力形成优势互补、协调发展的产业发展规划体系。

一是合理规划同城化总体产业布局，形成合理、优势突出的产业分工。

二是为了形成重大产业链条，就要围绕链条的延伸和互补进行规划，促进形成同城化区域的大的现代产业体系。

三是充分利用基础研究，在两城连绵地带规划建设具有强集聚辐射效应的产业协作园区，实现产城融合。

四是推动各重点产业的深度合作，增强自贡、内江各重点产业领域规划的衔接。

2. 促进区域协调发展，优化产业布局，强化产业分工与协作

自贡、内江两市在同城化的进程中应注意对产业布局的统一规划，要联合同城化发展中的重点战略区域进行开发，提升产业衔接与配套水平。遵循差异化发展的原则，把眼光放在产业协作方向和发展重点上，同时将产业布局协作与产业升级和产业集群结合起来，有重点、有针对性地将产业协作进行有效推进。

一是进行同城化城市接壤区域的产业园区的规划与建设，加强两市重点功能园区的联动发展。

二是提升推进两市产业分工速度。以两市同城化区域资源环境承载能力和工业布局现状为基础，结合成渝经济区建设上升为国家战略和主动承接东部产业转

移等新因素影响，自贡、内江彼此间应在各自传统优势产业领域（如自贡的机械装备制造、盐及盐化工、新材料，内江的机械汽配、食品饮料、电力能源、医药化工）和差异化产业领域（如航空与燃机、冶金建材）发展水平分工型产业；在发展与对方传统优势产业具有关联性或甚至有重复性的新兴产业时（如机械装备制造、新材料、汽车零配件等），应以垂直分工型产业为主进行调控，主动对接对方优势产业形成优势互补；在有共同意愿发展的高端成长型产业上（如页岩气、节能环保装备、生物医疗等），则可共同建设网络分工型产业发展模式，以共建产业园区为基础，整合资源，共同发展推动产业结构的高级化；对同有深厚文化历史渊源的旅游文化产业，则可进行优势产业资源融合，把恐龙文化、井盐文化、彩灯文化、大千文化、古镇文化有效衔接在一起，共同打造地区旅游文化和旅游路线。

三是在产业分工协作中，两城应以“园区-城镇”一体化发展作为优化产业空间布局的有效手段，实施“以带连点、以带兴面”空间开发模式，重点调整园区产业布局，构建优势互补、分工协作、功能完善的产业空间结构体系，形成推动川南经济区工业转型升级的重要支撑，实现“轴带引领、分片发展、整体提升”的区域产业发展战略。

四是增强产业配套一体化合作，延伸产业链条，使其形成若干联系紧密、相互配套、带动力强的产业集群，推进产业的调整与融合。

五是增强信息互通能力，形成便捷高效的信息网络体系，加速推动工业化与信息化的融合。

3. 以共建产业园区为基础协调推进重大项目建设，提升产业发展水平

自贡、内江两市应在充分尊重市场和市场需求的基础上，对同城化城市高层产业和重大项目建设的相关事宜制定相关的合作制度。依据双方资源要素的分布，共同协作建设一系列带动性强、辐射面广、效益好的重大项目，逐步有序地提升产业协作供给能力。特别地，对于一些牵涉同城化城市各地全局性发展的重大问题，要进行合理的布局，制订科学的项目计划，避免无序竞争和重复建设带来的资源浪费。

一是积极主动开展招商引资活动，逐步引入国际、国内重大建设项目进入合作区域和园区。

二是基于产业需求，规划建设有重要基础性作用的重大项目以整体提升产业协作环境。

三是为突破产业协作重大节点，要在重点区域和园区中合作建设一批重大产业协作项目。

4. 制定政策法规，营造良好发展环境

依照产业协作的政策法规需求与建立统一市场的产业协作发展方向，推动同

城化城市产业协作的相关政策、法规、条例的衔接。为实现自贡、内江两市物流、资金、人才和信息等要素自由流动的便利性，政府要增强沟通协调能力，提高办事效率，改善政府服务环境。

9.4.3 自贡-内江同城化产业发展调控措施

首先，要实现自贡-内江同城化发展，产业发展则应以政府与市场结合为主导力量来进行调控，并且推动两市产业合作的首要方法是政府打破行政区划，应建立跨区域的自贡-内江同城化协同发展统筹领导小组，强化对同城化区域经济社会一体化发展的顶层设计。自贡-内江同城化发展应借鉴珠三角城市群、北部湾城市群、京津冀城市群等示范典型的成功经验，赋予同城化协同发展统筹领导小组打破行政区域进行顶层设计权力（可以考虑提高其行政级别和经济管理权限），使其形成“规划共绘、设施共建、产业共树、资源共享、环境共治、优势共创”的体制环境。充分发挥领导小组统筹协调作用，以顶层设计、上下内外协调、城市联动实现两市互利共赢、错位发展。

其次，在自贡-内江同城化区域里可通过中小企业专门化的细化分工强化两市互补，因此要大力发展中小企业，使两市间形成此种互补效应。

最后，要重点发展中介组织等生产性服务业，促进两市供求与合作信息的传递，协助产品衔接，这样能够有效地降低信息传递成本，推动两市各产业间形成由市场主导的信用博弈局面。

9.5 自贡-内江公共服务一体化发展战略

9.5.1 自贡-内江公共服务一体化机理分析

1. 公共服务要素内涵

“同城化”发展是提升区域竞争力的重要途径。伴随区域竞争不断加剧的趋势，城市间只有明确自身的优势，开放合作，城市间优势互补，才能实现区域协同发展，而开放合作发展路径的高层次发展态势即实现区域间的“同城化”。在区域一体化的发展形势中，同城化是其最高发展形势，它既是使城市间实现共同利益最大化的有效途径，又能够提升城市整体竞争力。从同城化的本质来看，同城化发展是通过建立城市间合理的社会流动机制，实现城市间在经济、社会和制度层面深层次和广范围的协作与融合，而区域之间深层次和广范围的融合，需要区域之间跨界公共服务为支撑。

2. 自贡–内江公共服务一体化作用机制

自贡与内江之间公共服务一体化发展存在一定的基础。由于自然禀赋的不同，加之发展路径的差异，自贡和内江两个城市形成了不同的城市优势及短板。如表 9-3 所示，自贡市和内江市在基础设施建设、教育发展、医疗卫生等公共服务方面存在一定的差距。一方面，两市间公共服务的差距，致使两市在经济活动和流动要素上互相具有较大的吸引，形成了两市间要素流动的驱动力量。另一方面，自贡与内江各具优势，自贡在社会文化建设、医疗卫生、科技创新方面具有一定优势，而内江在产业调整、社会保障、教育投入方面力度较大。内江与自贡之间城市公共服务优势的差异，存在一定的互补性。整合两个城市的优势资源，能够产生协同效应，获得“1+1>2”的效果。

表 9-3　自贡–内江经济社会发展比较

年份	地区	第三产业就业人员比重	参加社会保障比例	人均各类社保收入/元	人均教育费用/元	人均拥有公共图书馆书册/（册/万人）	人均拥有医疗人员/（人/万人）	人均卫生机构床位数/（张/万人）	研发人员/人	人均研发费用/(元/万人)
2011	自贡	30.57%	53.93%	1281.26	430.18	1287.07	53.45	35.94	1658	132.20
	内江	35.58%	42.67%	1101.38	417.37	1229.76	45.51	32.26	1210	132.71
2012	自贡	33.14%	55.89%	1198.17	675.93	1348.55	58.19	43.54	971	168.45
	内江	37.22%	44.80%	919.60	691.56	1141.58	50.24	40.21	637	156.77
2013	自贡	31.97%	57.69%	1007.89	691.08	1428.57	62.47	46.25	849	179.09
	内江	34.76%	46.40%	889.41	725.04	1227.74	53.96	43.11	731	199.18
2014	自贡	33.8%	59.41%	1144.85	703.14	1490.91	65.36	49.79	1063	203.71
	内江	39.3%	48.38%	1322.77	760.18	1314.55	60.73	46.54	664	109.50

城市之间要达到“同城化”的发展态势的基础是达到城市间优质资源的有效配置。城市间公共服务一体化问题是资源配置问题的延伸，城市之间公共服务一体化程度反映了地方政府资源配置情况。要实现资源的有效配置，需要使资源进行自由流动，而目前的行政区划管理模式却不利于跨区域的资源流动。行政区划的区域管理模式能够让区域行政管理部门有重点和特色地规划区域的发展方向，制定和实施因地制宜的行政管理政策，促进地方社会经济的发展。在经济发展方面，自贡市盐业化工和零配件加工有较强的产业基础，因此在产业结构升级过程中，进一步巩固和提升传统优势产业，对于盐及盐化工龙头企业要发挥引导作用，把握盐业体制改革，看准时机，把握市场；同时，在引进航空与燃机、新能源汽车等高端产业的过程中也要着力引进零部件配套企业。自贡市充分利用自身资源，加快彩灯产业集群发展，推进彩灯文化产业园建设，并加快实施自贡世界地质公

园旅游综合服务工程，谋划恐龙王国主题公园建设。对于社会发展，自贡市应依据优势资源、基础条件等培育特色产业，加快新区建设和旧城改造，找准重点打造一批工商贸强镇、文化旅游名镇。内江市利用自身地理位置优势及历史发展沿袭，在发展过程中着力巩固其“川中枢纽、川南咽喉”的重要地位，并进一步打造成“一带一路一区”重要交通枢纽，在交通、电信、能源等基础设施建设方面，水平相对较高，为内江市的社会经济发展提供了较好的支撑。

虽然行政区划的地方管理模式在因地制宜地管理地方区域事务方面具有优势，但是在行政区划的管理模式下，各区域具有相对独立的管理地方事务的权力，即地方政府对区域资源具有相对独立的控制权和支配权，地方政府利用本地区的资源为区域内成员提供公共服务、履行政府职能。在此背景之下，首先，存在区域经济社会发展需要与政府提供服务不匹配，政府所需具备服务功能与其可配置资源不匹配的情况。由于区域之间自然禀赋不一、资源分配不均衡，加之各区域发展水平、发展路径的不同，就存在地方政府所能控制和支配的资源无法满足地方发展需要的情况，或是地方政府具有的相对优势体现在了其提供的某些公共服务上。这在一定程度上造成了资源配置的低效和地方政府公共服务提供的不完全。例如，表 9-3 数据显示，在科研力量和医疗服务方面，自贡具有相对优势，而在教育投入方面内江具有相对优势。同城化发展即消除阻碍区域之间资源流动障碍、整合不同区域的优势、提高政府提供公共服务的质量和效率。其次，自贡、内江两市相连，中心城区相距很近，在四川境内是仅有的距离如此之短且相毗邻的两个地级市，且此种距离比许多我国大城市内的市区距离还短。比如，重庆市的渝中区与近郊北碚区的距离 32 千米，市区与远郊双桥区距离 72 千米，而内江到自贡中心直线距离仅 36 千米，内江市凌家镇与自贡市三多寨镇的距离仅 3 千米。两个城市之间有较深的历史渊源，自贡、内江山水相连，两个城市在文化上一脉相承，有非常接近的民风民俗，两个城市之间人员流动密度极高，并且随着区域一体化发展趋势的越发高涨，自贡与内江的互动也变得更加频繁。如今，城市间的横向联系不断紧密，城市间依存度也不断提高，原来很多局限在行政区内部的公共问题开始在此种过程中跨越行政边界，而这种跨越式需要相应公共服务的支持。但从目前来看，当下的行政区划公里模式满足不了这一问题的治理需求，致使很多跨界公共服务得不到有效供给。

因此，打破行政壁垒，解决同城化问题中的公共服务一体化问题，让资源能在自贡与内江城市之间自由流动是同城化发展中的关键问题。借由双城公共服务一体化，实现交通同环、电力同网、金融同城、信息共享。详细来说就是通过各种交通方式的延伸、衔接，积极推动两市连接地区在供电、供水、供气等市政基础设施方面的共建共享，引导和推动自贡、内江两市市政公用服务企业积极参与连接两个城市的市政公用事业的投资和运营。对于社会性公共服务，为实现两市居民的共同社会归属感，两市可在教育入学、劳动就业、社会保障、医疗卫生等方面试行取消户籍制度，打破区域限制；对于教育事业，为实现教育事业的联动发展，要积极推动两市教育资源的整合，优化教育结构；对于劳动就业，两市应构建一体化劳动就业供需信息平台，探索统一的劳动市场监督体系；对于社会保障，要建立有效的转接机制，促进劳动力高效配置、自由流动；对于医疗卫生，应开展跨地区医疗活动，推动社会医疗改革，提升区域整体医疗水平。

9.5.2　自贡–内江同城化公共服务一体化发展战略路径

1. 户籍同城化

户籍制度是我国社会生活中的一项基本制度，户籍作为资源和利益分配的重要凭据，对社会资源的分配产生了一定影响。不管是在人们的衣食住行、入学就业还是福利保障等方面，全国各地都采用了户口标准。因此，在同城化的过程中，户籍管理同城化已成为同城化的首要内容，相伴而生的户籍管理壁垒则成为这一过程中亟待消除的首要障碍。要消除这一障碍，就要建立统一的户口登记制度、放宽户籍迁移条件、完善居住证制度、简化户籍办理手续及解决户籍人口出入境、车辆管理同城等问题。如户口迁移，对于迁移人来说，需要开具准迁证和迁移证，申请从户口所在地到拟迁入地，获批后再持准迁证返回户口所在地办理迁出手续，然后再持迁移证回到迁入地办理迁入手续，申请人不得不数次往返两地。这会对双城经济社会发展要素的自由流动造成障碍，因此户籍管理的同城化是自贡–内江同城化中需要首要解决的问题。

2. 医疗卫生服务同城化

医疗卫生服务是以户籍为基础的，因此在现有户籍制度下，医疗资源不能很好地在自贡与内江之间流动，尚无法有效应对同城化趋势。医疗卫生服务的功能一体化是同城化背景下需要解决的重要问题。具体而言，同城化发展中异地就医人员会随之增多，第一，同城化发展将使两城出差、学习培训的人员增多、频率增加，从而带来由突发原因造成的异地就医人员增多。第二，同城化发展中，人力资源双城整合、综合利用，这使得双城异地就业人员增加，由异地就业造成异地就医情况的增多。第三，由于异地就业年轻人增多，随之而带来的是因照顾子女等原因而产生异地就医需求的老年人的增多。老年人通常会异地探亲或居住以照顾异地就业的年轻人，这种情况下老年人对异地医疗服务的需求量会增加，各种特征性医疗需求不断上升，如老年医疗护理。同时，异地就医的时间跨度较长，这部分异地就医人员是在职工作者，而非退休老人，而且这部分群体的规模最大，特征也最不稳定。虽然异地就医需求会随着同城化发展增加，但目前的医疗制度却为异地就医带来了许多不便。在这一方面现行制度缺乏明确的应对机制，比如，异地就医人员需在医疗行为终结后才能在固定报销时间内回参保地医疗保险机构报销，且在此之前主要自行垫付全部医疗费用。并且两市地区发展和卫生资源配置不平衡，以每万人口卫生机构床位数为例，2014 年末，自贡市达到 49.79 张，而内江市为 46.54 张；以每万人拥有的医疗人员数为例，自贡市达到 65.36 人，内江市为 60.73 人。自贡市的人均医疗资源较内江市更为丰富。再加上，就医人员的流动性加大的同时，医疗资源本不具备相应的流动性，这更加剧了医疗资源的不均衡和异地就医的困难。因此，同城化发展必须实现双城医疗服务功能的一体化。

3. 养老同城化

同城化的发展中城市产业一体化发展、交通更加便捷，自贡和内江两市居民跨区域就业的机会越来越多，就业地理半径也逐渐加大。并且随着同城化的不断深化，这种就业现象将越来越普遍，将形成长期、稳定的态势。但随着异地就业的发展过程中，劳动者养老保险关系是否能随着就业地区的不同而进行灵活的转移成为关系到老年人基本生活保障的重要问题。考察我国现有的养老保险关系转移接续办法，可以认为其在一定程度上应对了同城化的问题。2010 年 1 月 1 日起施行的《城镇企业职工基本养老保险关系转移接续暂行办法》（以下简称《办法》）在应对劳动力流动过程中的养老保险权益保护方面做出了三项规定：一是包括农民工在内的参加城镇企业职工基本养老保险的所有人员，其基本养老保险关系可在跨省就业时随同转移；其中个人账户存储额全部转移，社会统筹部分（20%）转移 12%；参保人员在各地的缴费年限合并计算，个人账户存储额累计计算，对农民工一视同仁。二是统一办理流程，参保人员离开就业地的，由原参保所在地社会保险经办机构开具参保缴费凭证；在新就业地参保，只需提出转续关系的书面申请，转入和转出地经办机构为其协调办理审核、确认和跨地区转移手续。三是由国家建立全国统一的社保机构信息库和基本养老保险参保缴费信息查询服务系统，发行全国通用的社会保障卡。在此基础上，2010 年通过的《中华人民共和国社会保险法》吸收了上述《办法》中确立的合理制度，明确城镇职工基本养老保险制度实现全国统筹。这对于冲破养老保险的地方利益格局和“壁垒”，应对同城化趋势中的劳动力流动过程中导致的养老保险权益维护问题无疑是具有重要意义的。

但现行转移接续办法成本较高，现有的养老保险关系转移接续办法也存在让两市同城化受阻的因素。这主要表现为管理成本过高，且存在大量不必要的管理成本。在养老保险经办机构的属地管理模式下，完成其转移接续的过程会极大提高管理成本，而这种增加的成本由于劳动力流动的不确定性，在很多情况下是不必要的。例如，劳动者从自贡流动到内江，其养老保险关系需要一次自贡到内江的接续转移；而一旦劳动者退休从内江又回到自贡养老，其养老保险关系又需要另一次从内江转回自贡的接续转移。同城化中养老保险关系的转移频率增加，由此产生的不必要管理成本也会增加。通过现行的养老保险制度可以发现类似问题发生的根源在于养老保险统筹层次过低，其体系仍存在基础缺失和多元分割的缺陷。并且由于目前养老保险计发办法是以当地社会平均工资作为标准之一，自贡、内江两市由于经济发展差异，社会保险事业发展也有一定差距。因此，劳动者的流动和迁移会造成其养老金水平的波动。一方面，这影响了退休职工的自由迁徙权利；另一方面，这可能会诱致福利迁徙的现象。显然，这违背了社会保险的公平性原则。现今的老年服务仍是以户籍为标准形成的养老保障体系，老年服务工作仍按照户籍行政区划进行。而这一养老保障体系是由应对收入风险的养老保险制度和应对服务风险的老年服务制度共同构成的，因此，两市间的老年服务机构只能针对当地户籍的老年人开展工作，外地的老年人则无法享受此种服务，其利益与需求无法得到保障。然而，在同城化的背景下，将出现大量老年人随其子女迁移到非户籍所在地生活的状况，由此造成老年服务供给与需求的结构性矛盾。

4. 教育同城化

目前，自贡、内江两市尚未实现教育领域的合作共享，特别是还未涉及深层教育合作与资源共享利益分配机制、合作途径、共享平台搭建、资源合理配置等问题，其合作共享的发展也存在相应问题。

第一，自贡、内江由于原有的教育基本条件和重视程度的不同，其教育发展也存在较大差距，而在两市中自贡的教育资源较为丰富。因此，要在两市内建立合理的利益分配制度，才能够利用其制度的硬性约束力平衡两市教育资源共享与成本收益，激发两市参与动力，使两市的同城化进程能够更加稳步的实现可持续性发展。目前，两市这种利益分配机制尚处于真空状态，因此，两市职能部门应以整合均衡利益关系作为首要问题之一来思考和解决。

第二，搭建教育资源共享平台，这能够实现区域间的优势互补，从而降低教育成本。这种共享操作平台，是在当今学习型社会中能够实现教育效率与质量的双赢举措。目前，自贡、内江两市的沟通存在一定障碍，人、物、财等的合作在共享平台端尚未实现，因此，自贡、内江同城化的另一重大问题则是要合理配置两市间、各级各类教育间、各学校间及城乡之间的教育资源。

5. 金融同城化

目前自贡与内江金融服务各成体系，这给金融资源流动造成一定的障碍，具体表现在以下几个方面。

首先，金融监管部门的部分政策限制了同城化的发展。一是账户管理政策。政策要求施工企业需在施工地银行设立临时账户，且各金融机构对异地企业开户审查严格，对自贡、内江两市的异地经营带来诸多不便。二是关于经常项目付汇，客户跨区办理时需到外汇管理局进行异地付汇备案，这增加了客户办理业务的工作量，也影响银行跨区域营销中有付汇业务需求的国际业务客户。三是跨区房地产开发的贷款因金融机构的经营辖区范围而受限制。

其次，继续加强支付清算系统的市际横向网络建设。一是两地票据入账时间有差异。二是由于两市金融机构系统的建设水平存在差异，对同城化金融服务平台的业务推广造成了一定影响。三是由于财税库银横向联网电子缴税系统（electronic taxpaying system，ETS）尚未实行自贡、内江两市的信息对接，两市财政资金入库的速度受到影响，增加了企业纳税成本。

再次，两市行政服务配套不足。一是较难把握跨区房地产评估的合理与真实程度。对于控制抵押贷款风险来说，拥有一个合理、准确的房地产评估是十分重要的。但是由于两地地产价格存在差异，且随着银行业务范围的扩展，对于单个银行来说，仅凭自身力量去掌控房地产抵押物评估的合理性及真实性的难度较大。二是跨区办理抵押登记未能实行，造成异地贷款业务开展难度变大。两地多数未开展异地抵押登记导致办理人需回抵押物所在地再次进行办理，且由于各地办理要求不同，增加了办理的烦琐性。三是两地政府信息未能共享。比如，自贡和内江两市内的工商管理机读信息查询未能实现信息共享。

最后，金融机构划分管理的行政区划会影响同城化发展的进展程度。一是银行内管理系统对两地严格区分。例如，交通银行自贡分行审批发放的贷款只能通过自贡区域分支机构开立的账户进行还款，系统不接受非自贡分行开立的还款账户。二是难以把握异地贷款的风险，金融机构发放异地贷款持审慎态度。异地贷款企业资金结算账户多在当地银行开立，借款地账户以还款付息为主，日常经营运作的资金结算流量较少，因此对于异地贷款企业的资金运作及现金流量情况无法实现有效监控，难以掌控贷款风险。因此，金融机构对异地贷款抱持审慎态度，这就影响了处于自贡与内江边界地区的企业的融资。三是部分银行的结算系统是按照区域进行收费的，这就导致了自贡、内江两市汇兑费用难以实行同城化免费。

金融同城化实质就是在两个城市之间实现金融一体化，逐渐取消两个城市间金融资源流动的障碍，实现金融业务和产品在两个城市间的同城待遇，从而使两市间的金融资产能够拥有较高流动性和相互替代性。在前者基础上，逐步拓展一体化内容至外围区域，打造两市成为区域性金融中心，这有利于突破单一城市内资源配置的界限，促进各生产要素在两市内的流动，实现资源最优配置。

9.5.3　自贡-内江同城化中公共服务一体化调控措施

1. 户籍同城化政策措施

自贡-内江同城化发展过程中，要促进两市户籍服务管理工作同城化的发展，可以采用网上迁移方式，这能够让申请人享受到“一站式”服务。例如，自贡、内江两市的户籍人口办理跨市户口迁移，可建立网上迁移户口管理系统来进行办理。操作步骤：申请迁入人员首先如实填写《入户申请表》，并向拟迁入地户口登记机关递交相关证明材料。拟迁入地户口登记机关收到以上材料后，经核实，证明材料齐全、真实有效，通过公安网报市公安机关户政部门审批通过的，拟迁入地户口登记机关工作人员在规定的工作日内将准迁信息发送至申请人户口所在地户口登记机关，并通知申请人及时办理户口迁出和迁入手续。这样简化办理程序能够缩短户籍迁移时间，为两市市民在跨市迁移户口的办理上提供便利化服务。

由于户籍管理同城化包含了就业、医疗、养老、教育、住房、交通、旅游等与户籍密切相关的诸多内容，户籍流动的便利性就会为户籍流动者带来“统一社会保障、扩大教育交流合作、共享基本医疗卫生服务、放宽异地购房和住房公积金贷款限制、实施旅游待遇同城化”等福利。

2. 医疗卫生服务同城化政策措施

首先，双城医疗服务功能的一体化，其根本对策是打破以户籍为基础的医疗救助制度，建立由当地医疗救助基金先行垫付，然后再由参保人所在地区的医疗救助基金进行支付的制度。如成都、广州两市已启动类似试点工作，两地的信息系统能够实现相应的参保人异地住院就业直接记账结算，成功转变了原先由参保人垫付费用回参保地报销的结算方式。

其次，建立同城结算体系。自贡和内江可以联网信息平台，建立同城结算体系。自贡市和内江市城镇职工和城镇居民参保人员可直接持社会保障卡在自贡市与内江市就医购药实现实时结算，无须办理其他手续，也不影响享受原有医保待遇。社保卡“同城化”结算是自贡、内江两市基本医疗保险服务“同城化”初步形成的重要标志，这给经常往返两地的参保人员带来较大便利。

再次，由于老龄化社会的到来，当老年人迁移增多时，异地就医费用的报销和医保关系的转移等则成了更加突出的问题。而在老年人群体中有相当一部分是原来并未缴纳医疗保险费用的，其费用的支付只能用目前在职职工所缴纳的保险金进行支付，而当老年人发生居住地迁移时，则会对当地的医疗保险金造成一定压力，不利于区域间的公平。面对这种局面，要求这些常住外地的异地就医人员为当地的医疗保险基金做出贡献，缴纳一定的医疗保险费用是完全合理的。因此，对于老年人口流动造成的同城化背景下的异地就医问题，应从根本上建立老年人缴费制度，即老年人于居住地参加该地居民医疗保险，同时承担缴费责任。

最后，又由于医疗保险制度是实行当期平衡，而非养老保险基金的收支平衡机制，劳动者转移工作地点后，只需缴纳或补缴医疗保险费，无须指定其他医疗保险转移接续办法，就可以享受当地医疗保险待遇。因此，对于异地就业的劳动者，其应当根据其劳动合同所在地，而非户籍所在地参加医疗保险，异地就医问题就可以顺利解决。综合考虑，应推动医疗保险实现两市统筹是应对同城化问题的必由之路。医疗保险两市统筹要求是在两市范围内统一征集、统一调剂使用，并统一计算基数和报销比例，特别应当在异地就医政策、规范标准、监管方式、结算方式、信息系统等方面实现省内统筹，建立两市统一、协调的异地就医制度。

3. 养老同城化政策措施

首先，完善两市统筹。在计发养老金时，切实遵循社会保险的原则，综合考虑缴费期间的工资水平计发养老金。要想较好地应对同城化背景下的养老保险问题，则需要完善两市统筹制度，包括统一费率，基金的统收统支，经办机构的垂直管理，地方养老保险经办机构负责征收养老保险费、登记和管理参保信息，两市养老金经办机构负责统一结算个人的养老金待遇等。

其次，为维护社会公平，在改革养老金计发办法的过程中，将退休地社会平均工资纳入计发基数，能够进一步保证退休人员享受社会经济发展的成果。因此，完全忽略该因素显然是不现实的。但是，地区发展水平的差异又无法在短时间内迅速拉平，为了使养老金计发办法更加科学、公平，并且适应当前两市经济发展不同步，以及防止非正常的福利迁移现象，在计发办法方面应当做出以下三方面调整：第一，对于异地流动的退休人员，应当按照原工作所在地和当前居住地分别计算两个养老金发放标准，如果按后者计算的养老金水平提升过大，则可以按照两个养老金标准的平均数来作为最后的计发标准；第二，鉴于同城化趋势主要是在两市范围之内，因此在两市经济发展差距不大的情况下，可将"当地社会平均工资标准"明确为两市社会平均工资标准，从而能够解决自贡、内江两市因劳动力流动而导致的养老金水平差距问题；第三，该问题的根本解决策略是缩小地区间经济发展差距，缩小各地地区间社会平均工资差异。

最后，打破老年服务的户籍壁垒。针对此问题，一方面，在一般性老年服务中，结合其自身由中央财政纵向转移支付的特点，应当依照公共服务均等化的要求，即"政府为社会公众提供基本的、在不同阶段具有不同标准的、最终大致均等的公共物品和公共服务"，努力消除户籍壁垒，使同等水平的老年服务不仅能够惠及本地居民更能惠及外来迁入者。另一方面，对于补充性养老服务，由于该部分主要依靠市级出资，而市级政府的税收主要来源于辖区内劳动者。因此，对于补充性地区福利，现阶段可以考虑对非本地老年居民收取适当的费用，但随着地方财力的不断增强及地区间财政能力的均等化，地区性补充福利最终也应过渡为全部免费，由市级政府负责提供。

4. 教育同城化政策措施

首先，树立教育资源共建共享的政策理念。观念问题是实现教育资源共建共享目标的最大障碍，要明确实现自贡、内江教育资源的共享共建不是简单的教育规模合并与重组，而是要树立共享观念，革新教育理念，改革教育模式，形成先进共享理念与鲜明政策导向。政策导向先行对于打破原有我国在教育领域“条块分割”的行政管理体制，将各自为政、封闭化运作的模式转变为两市优化配置的教育资源具有重要作用。同时，两市应当对于教育资源共享制订近期、中期、远期教育合作与共享规划，落实经费支持的承诺，签订相关政策文件，并提供相应制度支持及法律保障。

其次，要完善教育资源共享机制。两市相应部门应依据实际制定完善的管理制度，避免发展过程中造成的利益诉求分裂，颁布相应法规，科学统筹，努力实现教育资源共享顶层设计的优化配置，最终建立利益平衡机制。并且在一定的均衡利益下，分配各方利益比例，这既能激发资源雄厚者的参与动力，又能带动资源薄弱者追求其最大利益。

最后，需要搭建自贡、内江教育资源交流合作与共享平台。在自贡-内江同城化进程中，至关重要的一点是要搭建教育交流与共享平台。一是在基础设施方面，实现包括大型图书馆、体育运动馆、文化馆、试验实习基地等设施的共建共享；二是在教师资源方面，建立不同规模的人力资源库，鼓励教师自由流动，实现两市间资源优势互补，实现互相聘用及交流；三是在学生资源方面，对于幼儿及基础教育要鼓励就近入学；四是在教学内容方面，建立教学资源库，实现学生自主学习的共享；五是在教学信息化方面，共建信息化标准，整合实习信息资源；六是在教育网络方面，搭建网络教育课程，实现教育区域互联，实行自由选择政策，以及互认继续教育学分等策略。

5. 金融同城化政策措施

首先，制订两市金融同城化规划，明确未来发展方向。第一，建议两地中国人民银行中心支行和银行、证券、保险监管部门和两地金融办公室一同明确同城化目标，共同制定可实行措施确定同城规划，并分阶段逐步落实。第二，建立省级协调机制和金融服务同城联席会议制度，协调解决同城化过程中所出现的问题，并定期研究制定关乎同城化发展的系列政策措施。第三，建立两地金融机构交流平台。有关监管部门或银行应共同商讨同城化相关细节，适时召开同业联席会议，特别是要明确业务费率、营业时间的统一标准、特殊业务办理资格申请的平等性等问题，促进金融同城化顺利发展，减少恶性竞争，推动两地金融服务交流融合、共同繁荣、蓬勃发展。

其次，为提高行政效率，要加快信息平台建设，简化烦琐的行政环节，促进金融发展。第一，监管部门应适当加快对于金融机构开设分支机构的审批，要跟上企业发展速度，提升金融服务业水平。第二，提供对土地抵押、司法、工商等部门的支持，使两地统一对外行政事务规程，提升行政效率，简化办公环节。第三，提升信息平台建设速度，使两地的政策法规、工商信息等能够被银行和企业及时查询。第四，完善两地金融信息共享机制。中国人民银行中心支行的相关查询系统可以实现自贡、内江两市资源共享，对征信系统的贷款卡年审、空头支票、银行账户等信息统一办法，突破异地限制，实现同城查询。

最后，提升支付清算系统的建设速度，为两市金融服务同城化打下坚实基础。第一，首先对于各金融机构本身来说要实现本系统内部的两市同城化。两市金融机构应向上级部门积极反映同城化需求，提升系统改造建设速度，取消内部行政区域管理对同城化的限制。第二，中国人民银行中心支行应加快 ETS 在自贡与内江两市内的互通，使得资金流和税费扣缴信息同步，简化纳税手续，并且使财政资金能够及时入库，促进两地企业经济一体化进程的稳步推进。

9.6 自贡-内江生态环境一体化建设发展战略

9.6.1 自贡-内江生态环境一体化建设作用机理分析

1. 生态环境及同城化生态环境共护共治内涵

生态环境是区域经济社会发展的重要资源和财富，一方面与一定的地理环境和生态系统相连，表现出区域性、地方性的特征，另一方面又通过生态系统和地理联系传递，具有整体性和共同性，良好的生态环境能够为同城化发展提供保障和持续动力。以往，为追求短期经济高速增长对生态环境采取“杀鸡取卵，竭泽而渔”的行为，多是呈现出“先污染，后治理”的局面，同时，对于区域内的城市生态环境共同治理同样存在零和博弈过程，导致了地区经济、社会和生态的不可持续发展。因此同城化应从可持续发展的角度出发，生态环境同城化的关键应是着眼全局进行生态环境的共同保护和共同治理。

同城化生态环境的共护共治，就是在生态环境建设中，把同城化区域作为一个整体，调动各种力量积极参与，以实施可持续发展战略和促进经济增长方式转变为中心，以科技为先导，以法律法规为保障，遵循自然和经济规律，坚持生态环境保护与经济发展相结合，坚持工程措施与生物措施相结合，坚持治理与防护相结合，最终实现生态环境的共同保护、共同整治和共同受益，促进同城化区域及整个都市区经济、社会、生态的持续、协调和健康发展。其主要表现在以下两个方面。

一是在生态建设方面，应引入绿色低碳的理念，优化用地布局，美化人居环境，提高建设标准，打造低碳生态城市，同时应共同致力于区域内小流域生态环境的治理，共同保护水源地、湿地、森林公园等生态敏感区，建设可持续发展的生态环境。

二是在环境保护方面，同城化城市均应有防患于未然的意识，从源头出发，严把项目的审批关，鼓励企业进行清洁生产，推广循环经济，对于同城化城市结合区域的建设尤其应做好项目及产业园区的环评工作，防止大气污染、水污染、噪声污染和固体废弃物污染的蔓延，为同城化区域创造良好的生态环境，支撑经济、社会的协调发展。

2. 自贡-内江生态环境一体化建设作用机制

1）发挥良好的生态环境在同城化发展中的保障作用

生态环境在人类生活中是基础的、必不可少的，它是人类经济社会发展的基础。同城化的发展只有依托于良好的生态环境才能够优化促进经济发展，间接提高人口生存质量，保障地区经济社会的可持续性发展。

2）良好的生态环境为同城化发展提供持续动力

良好的生态环境是构建政治、经济、文化的物质基础与平台，只有实现人类与自然的和谐共处，才能创造出利于经济社会发展的生态环境条件，良好的生态环境能够增强区域发展能力，为城市发展提供动力。同时，良好的生态环境不仅直接以自身资源为地区产生财富，还能够间接为人类提供审美景观，创造同城化特色景观与文化，展现区域独特魅力。

9.6.2　自贡-内江生态环境一体化建设发展战略路径

1. 编制实行自贡、内江两市同城化生态环境保护规划

统筹环境功能区域布局与环境资源的利用，将自贡、内江两市作为整体进行编制和计划，共同谋划解决区域性环境问题。结合考虑同城化区域内的环境容量和资源承载力，调整与优化配置产业结构布局，实现经济环境的可持续性发展。

2. 建立健全生态环境的共治共保制度、法规体系

针对敏感区域带，如水系、水源地、防护林等要在两市共同规划保护的基础上制定一定法律法规来履行生态环境共治共保的权利与义务。特别是对于违反相关规定的，要依据法律法规进行相应处罚。

3. 建立完善区域生态环境信息共享机制

自贡-内江同城化城市应互通大气、水、固体废弃物环境信息和大项目审批信息，共同搭建区域联防联治政策和技术平台以提高联防联治效能。应分别以现有

环境空气监测网和跨界水环境断面监测为平台，逐步推进大气监测资源和水监测资源共享。加强环境科研技术交流，对跨界流域、区域进行联合科学研究，增强同城化环境技术资源互补，提升环境综合决策分析的能力。

4. 推进生态基础设施建设，实现生态同建，环境同治

自贡、内江毗邻，主要区域均属沱江流域，内江市整体处于自贡市上游，内江的环境问题将直接影响自贡的城市发展。两市要加强资源节约与环境保护能力，应该以水资源利用和水环境治理为突破口，实现基础设施资源的共建共享，改善区域环境质量，实现区域可持续性发展，建设资源型和环境友好型社会。

首先，两市应加强对山脉、河流干道的治理与维护，协调建设区域生态廊道与绿地，建设沿内宜高速、内自快速通道等交通干道和沿沱江水系、沱江干流釜溪河水系等的防护林系，形成连通区域内各结构性生态控制区的生态通道。

其次，两市应协调发展，共建城市的“绿色基础设施”。城市中的“绿色基础设施”包括城市中空气质量、水质、微气候及管理能量资源等功能的自然及人工系统和元素。因此，自贡、内江两市应当协同规划所有具有渗水性地表和能够支持植物生长的土壤的场地，如林地、开放空间、草地与公园及河流廊道等，提高绿化覆盖率，打破城郊界限，扩大城市生态范围；合理布局绿地以减少汽车尾气、烟尘等环境污染；考虑生物多样性，为生物的栖息和迁移通道预留足够空间。

最后，两市应协同工业的污染治理，加强对已有工业的污染治理，使其达标排放，同时对于新建、改建、扩建的项目，为实现资源与能源的综合利用要依照生态产业的要求进行建设，选择合理的生产模式，将有害物质的排放降到最低。对于园区规划，要融合区域国土规划、城乡建设规划、生态环境规划和社会经济规划，共同促进城乡、工农、环境保护和经济建设的结合；为企业提供各种具体产品和工艺的生态评价、生态设计、生态工程与生态管理的方法。

自贡、内江两市的同城化发展应以注重保护生态环境为基础，协调适应环境的承载能力，将两市建设为生态城市，实现人与自然和谐发展。

5. 增强区域合作，共同促进环保产业发展

对于污染防治、资源综合利用、生态保护和治理技术、环境服务等领域要进行重点探索，依据循环经济和清洁生产，建立同城化环保产业体系与市场，使其发挥在节能减排、生态保护和服务社会中的作用。

9.6.3 自贡-内江同城化生态环境一体化建设调控措施

在自贡-内江同城化发展的初始阶段，就需要对生态环境保护进行积极调控。保护自贡、内江生态环境是空间发展过程中的一大重要课题。对于自贡、内江两

市的同城化发展，应运用区域和行业综合方式对生态环境进行调控。

（1）建立法律法规保障体系。开展自贡、内江两市同城化区域生态绿道系统规划，加强法规管理，经批准后，纳入两市总体规划，严格实行并建立“绿线”管理制度。

（2）健全行政机构协调管理机制，以此建立信息共享与联系平台。为确保生态绿道系统得以落实，要积极协调园林部门、建设部门等各部门的多方合作。

（3）创新生态绿道系统建设技术保障。进行绿地植物资源普查，提出分析报告，划定重点区域以建立动态监测档案。扩大城市园林绿化专用生产绿地面积，如筹建园林苗圃和花圃。

（4）强化经济保障。坚持以政府投入为主，设立生态环境建设基金。从城市建设投资中每年提取一定比例资金用作生态环境建设与城市发展同步的生态环境建设费。

（5）要加强对于流域水环境综合治理和重点生态工程建设，同时加强污水治理系统的建设。合理布局、科学规划污水处理厂选址，充分考虑配套建设中的中水回用系统，提升新城污水处理和环境治理水平。充实和完善各水库、沱江及各支流的治理规划，共同整治和开发沱江及沱江两岸，开发建设沱江及支流城市风情景观带，保护好沱江及支流流域内森林和水源地生态环境。

第10章　本 篇 小 结

近年来，“同城化”作为一种能够从城市经济整合与城市群培育等多角度提升城市竞争力和打造区域经济新增长极的战略选择，它的重要性随着各种办法和机制的完善日益凸显。自贡与内江在地域空间的邻近、历史文化渊源的深厚、经济基础与产业结构的互补性、社会生活的紧密联系、未来区域社会经济发展的需要等方面，具有了构建自贡-内江同城化的基础和条件。因此，应着力发展空间整合上双城对接，组织管理上近期联合管理、远期理事会管理，功能定位上“双核”整合发展的同城化发展模式，积极推动一体化在基础设施、产业、公共服务和生态环境方面的建设，实现要素的自由流动，形成市场一体化发展的局面，最终努力将自贡-内江同城化区域打造成为川南腹地连接成都-重庆双核的、具有更大竞争力和辐射力的核心都市区，成为川南经济区经济增长极的重要引擎和实现四川经济次级突破的重要增长极。

第三篇　川南四市应急管理联合协作机制研究

第 11 章　川南四市应急管理联合协作机制研究概述

11.1　研究意义

应急管理是指政府及其他公共机构在突发事件的事前预防、事发应对、事中处置和善后恢复过程中，通过建立必要的应对机制，采取一系列必要措施，应用科学、技术、规划与管理等手段，保障公众生命、健康和财产安全，促进社会和谐健康发展的有关活动。自 20 世纪 70 年代中后期以来，随着地震、水旱灾害的加剧，我国学术界在单项灾害、区域综合灾害及灾害理论、减灾对策、灾害保险等方面都取得了一批重要研究成果。2003 年以前，我国的应急管理的研究主要集中在灾害管理研究方面。但是，2003 年抗击“非典”的过程中暴露了我国应急管理工作中存在的薄弱环节，事前准备不充分、信息渠道不畅通、应急管理体制、机制、法制不健全这一系列问题促使政府下定决心全面加强和推进应急管理工作。2004 年，国务院办公厅发布《国务院有关部门和单位制定和修订突发公共事件应急预案框架指南》，使重大事故应急预案的编写有章可循。2006 年 1 月 8 日《国家突发公共事件总体应急预案》发布并实施，2007 年颁布实施《中华人民共和国突发事件应对法》（以下简称《突发事件应对法》），以及多部相关法律法规，基本建立了以宪法为依据、以《突发事件应对法》为核心、以相关法律法规为配套的应急管理法律体系。2008 年南方雪灾、拉萨“3・14”打砸抢烧暴力事件和“5・12”汶川地震等突发公共事件接踵而至，不仅造成了大量的人员伤亡、财产损失和严重的社会失序，也对政府的危机管理提出了严峻的挑战，促使我国应急管理体系建设进入新的历史时期。党的十八届三中全会上明确提出“创新有效预防和化解社会矛盾体制”“健全公共安全体系”“设立国家安全委员会，完善国家安全体制和国家安全战略，确保国家安全”①的战略方针，对应急管理体系建设给予了高度的重视。

2006 年 1 月，《四川省国民经济和社会发展第十一个五年规划纲要（草案）》出台，首次提出“五大经济区+四类主体功能区”的区域发展新格局。2014 年 6 月实施的《成渝经济区南部城市群发展规划（2014—2020 年）》明确提出“到 2020 年，实现全面建成小康社会目标，基本建成同城化发展的多中心城市群”

① 引自 2013 年 11 月 16 日《人民日报》中的文章：《中共中央关于全面深化改革若干重大问题的决定》。

的发展目标。将“协作共赢，一体发展”作为发展原则之一，通过城市群一体化发展，打造四川省经济新兴增长极和成渝经济区重要经济增长极。随后，四川省委、省政府建立了省领导联系川南经济区工作制度，成立了省川南经济区发展协调小组，加强了省级层面对川南经济区建设的组织领导和统筹协调。与此同时，自贡市、内江市、宜宾市和泸州市共同制定了《川南经济区联席会议章程》，设立了区域合作的决策和组织执行机构——川南经济区联席会，签订了《川南经济区合作发展协议》，将通过加强规划政策衔接、推进基础设施一体化建设、联动推进产业优化升级、构建统一市场体系、推进公共服务对接共享、加强生态环境共建共治、合力提升对外开放水平、开展改革创新合作、完善区域合作机制等方式推动城市群一体化发展，自此，川南经济区进入了一体化发展的快车道。2016 年 9 月，《川南经济区“十三五”发展规划》明确川南经济区包括自贡、泸州、内江、宜宾 4 个市，28 个县（区），区域面积 35 268 平方千米，占全省的 7.26%，常住人口超过 1500 万人，占全省的 18.6%。2015 年川南经济区实现地区生产总值 5221 亿元，占全省的 17.37%，自贡、泸州、内江、宜宾四市经济总量均超过 1000 亿元，超过 100 亿元的县（区）达到 26 个。

随着川南四市一体化加快发展，一方面，其正面临着区域性人口、资源、环境、基础设施等方面潜在的各种矛盾日益激化和凸显局面；另一方面，随着经济区规模不断扩大和城市间人流、物流、资金流、信息流的数量和频率的提升，经济区系统中各子系统的数量和功能也在逐渐增加，各子系统之间的依赖性也在不断增强，造成风险源增多，使得系统对外界的干扰和刺激非常敏感，任何由外部环境或者内部矛盾引发的小小骚动，都可能导致整个经济区系统产生混沌运动，使得危机在区域内的某个城市首先爆发，由于危机的扩大效应和连锁效应，往往会使危机的影响范围和危害程度加大，进而诱发经济区公共危机的爆发。川南经济区是全国自然灾害较严重的区域之一，曾经发生过突发性公共事件，潜在的威胁公共安全的因素较多，川南经济区虽在应急管理工作上做出了很多努力，但由于经验较少、应急管理的复杂性和研究成果匮乏等诸多原因，川南经济区应急管理仍然存在一些不足，比较突出的是各地区在不同程度上存在危机意识比较淡薄、社会参与程度较低、信息公开不完善、应急资源不足、应急管理队伍建设尚需加强等诸多问题，这给川南经济区应急管理的预警机制、快速反应机制、恢复重建机制、应急管理信息公开机制、应急资金保障机制、应急教育培训和应急演练机制的完善带来了困难和挑战，并因此严重影响了川南经济区应急管理能力的提高。与此同时，由于交通、通信等基础设施条件的大力改善，区域内人口流动性增强，跨行政区划的突发公共事件增多，川南四市应急管理联合协作机制的发展滞后于一体化发展进程的矛盾日益凸显。因此，对川南四市应急管理体系，特别是应急管理联合协作机制进行系统化研究具有十分重要的意义。

本篇是基于川南经济区应急管理机制的发展状况，对完善川南经济区应急管理联合协作机制的构建提出可行性建议，这不但丰富了川南经济区应急管理机制的理论体系，同时也为我国其他经济区应急管理机制的构建提供了有益的理论借鉴。

本篇有利于川南经济区针对现存问题，进一步健全完善应急管理机制。本书通过对川南经济区突发事件的状况梳理和川南经济区应急管理机制方面存在的问题进行总结，提出了完善和健全川南经济区应急管理机制的对策，这对于川南四市政府正确认识经济区应急管理机制存在的问题和切实做出相关的应急管理机制完善措施具有重要的现实指导作用。

11.2 研究思路

本篇将管理科学、公共安全科学、决策科学和复杂性科学等多学科、多领域的相关理论交叉融合，在对川南经济区公共危机内涵、状况及形成机理深入分析的基础上，构建川南经济区公共危机应急管理决策模型，并提出川南经济区应急管理联合协作机制构建路径和策略。本篇共分为如下 6 章。

第 11 章为川南四市应急管理联合协作机制研究概述，包括研究意义、思路与方法。

第 12 章为应急管理联合协作机制相关理论，主要阐述联合协作基本理论、突发事件基本理论、应急管理相关理论，以及国内外关于应急管理协作机制的研究。

第 13 章为川南四市应急管理机制状况及问题分析，包括川南四市突发公共事件状况、川南四市应急管理机制状况和存在的主要问题。

第 14 章为西方发达国家应急管理机制的经验借鉴，从应急管理机构设置、法律体系设置、信息系统设置、救援系统和管理能力设置等方面阐述美国应急管理机制的经验借鉴，从应急管理机构设置、法律体系设置、教育与宣传体系设置、防灾科研体系设置等方面阐述日本应急管理机制的经验借鉴，从应急管理管理意识、机构设置、法律体系等方面阐述德国应急管理机制的经验借鉴。

第 15 章为川南四市应急管理联合协作机制构建路径，阐述应急管理联合协作机制总体战略、联动框架、组织保障、预案体系、信息共享、资源共享、技术平台等。

第 16 章为川南四市应急管理联合协作机制构建策略，包括设置应急管理联合协作机构、建立应急管理联合协作运行机制、建立应急管理联合协作辅助机制。

具体研究方案和技术路线如图11-1所示。

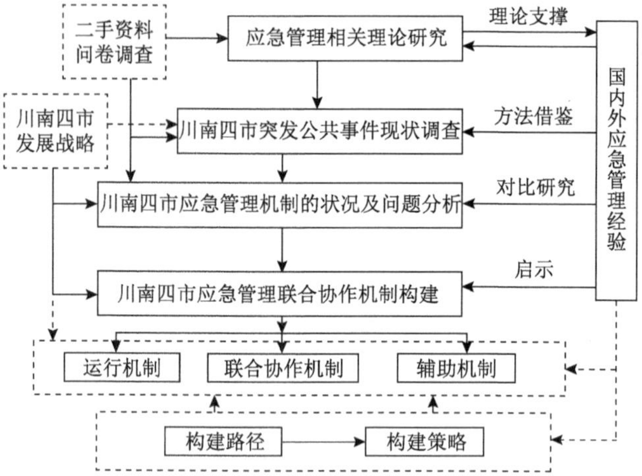

图 11-1 项目研究的技术路线

11.3 研 究 方 法

11.3.1 文献分析法

通过对现有应急管理理论、应急决策理论、协同理论及经济区应急管理联合协作机制的相关研究文献进行整理、分析和综述，了解国内外在该领域的研究成果及其存在的问题，为本篇的研究提供线索和思路。

11.3.2 专家小组法

利用专家小组法，采用结构化访谈与半结构化访谈的方式，验证本篇提出的川南经济区应急管理联合协作机制分析思路的有效性，构建川南经济区应急管理联合协作机制的分析框架。

11.3.3 定量与定性相结合法

本篇对于川南经济区不同类型突发公共事件的发生情况、危害程度、对比分析等采用定量分析的方法，而对于应急管理联合协作机制的相关理论、川南经济区应急管理机制的状况、应急管理联合协作机制的构建路径和构建策略则采用定性分析方法。

11.3.4 跨学科交叉研究法

针对川南经济区应急管理联合协作机制的复杂性特征，本篇采用将应急管理理论、灾害学理论、公共安全理论、经济区理论、复杂性科学理论、协同学理论和博弈论等诸多学科知识和相关理论融合的方法，以保证研究方法的科学性和适用性。具体方法如下。

（1）用系统分析、灾害学理论、复杂性科学理论和公共安全理论，对川南经济区突发公共事件的状况、特征、诱因等进行分析。

（2）运用不完全信息动态博弈理论对川南经济区应急管理联合协作的动力机制、成本分担机制和资源共享机制等进行分析。

（3）运用协同学理论，对川南经济区应急管理联合协作机制构建路径和策略等进行分析。

11.3.5　案例研究法

通过对川南四市典型的突发公共事件及其处置过程的分析，发现其存在的问题，总结提炼各类突发公共事件的特点及其处置过程的一般性规律。

第 12 章　应急管理联合协作机制相关理论

12.1　联合协作基本理论

“协同”一词在《汉语大词典》中是互相配合、齐心协力的意思。20 世纪 70 年代末，德国斯图加特大学教授哈肯（哈肯，2001）从系统演化视角出发分析了自然界系统中存在的有序和无序两种状态，子系统之间的协同作用就是这种有序的状态，也就是后来所说的“自组织”过程，他认为各个研究领域都存在协同作用，标志着“协同学”学科的正式确立。其实，早在 1965 年美国战略管理学家安索夫（Ansoff）就在企业管理领域对协同作用进行了研究，认为企业内部各个业务单元之间合作的整体收益，会大于各业务单元独立活动收益之和。日本战略专家伊丹敬之（Itami，1991）在对资源分类（实体资源和隐形资源）的基础上进一步分解了安索夫所界定的协同作用，认为依靠实体资源来提高效率不是协同作用的来源，协同作用应该来自组织独特的隐形资源所产生的效应，是指组织某个局部的隐形资源可同时用于其他领域的过程。安索夫和伊丹敬之教授研究的共同之处在于均认为“组织通过各业务单元协同实现整体收益大于各业务单元或各个领域单独收益之和”属于组织内部协同；而许多学者是从组织外部出发去研究这种协同效应的，他们认为从企业群整体业务表现研究协同效应要比从各自独立的业务单元去研究协同效应更有意义，企业集聚会导致企业之间规模效益的产生，即企业之间某项业务的合作会降低成本，提高盈利能力，实现协同（Buzzell and Gale，1987；Bartlett and Ghoshal，2001）。

除了企业内部协同与外部协同之外，协同理论同样可运用于产业层面及区域层面等宏观研究，如“协同政府”“协同治理”“协同创新”等一系列提法的出现。从本质上看，协同理论认为，系统内各序参量之间的竞争和协同作用是使系统产生新结构的直接根源，不稳定性原理、序参量原理和役使原理是协同理论的三个暗含原理。换而言之，协同理论认为系统是不稳定的，系统的变化和发展的主要原因并不在于系统之外的措施，而在于系统内部的子系统或系统要素之间通过非线性的相互作用所产生的协同效应和有序流动的变化结构，系统的有序结构不是由构成系统的各种变量平均作用的结果，而是由系统内部为数不多的几个增加较慢的变量决定的，所有子系统都受这几个变量的支配。

12.2　突发事件基本理论

12.2.1　突发事件的相关概念

1. 突发事件的概念与内涵

突发事件这一概念和内涵在不同的国家和地区所表示的含义既有相同之处也有所差别。欧洲习惯将突发事件理解为公共紧急状态，美国则把突发事件称为紧急事件，而中国认为突发事件指突然发生的紧急事件。突发事件一般被理解为无法预知、突然发生，并常常造成严重损害和巨大痛苦的事件，它包含两层含义：一是突发性，事前无法意识到，发生极其突然；二是事件造成的破坏程度极高且处理难度非常大。

突发事件有狭义和广义之分。狭义上的突发事件是指在一定范围内突然发生、危及公众生命财产、社会秩序和公共安全，乃至影响到国家利益和全球稳定，需要政府立即采取应对措施加以处理的公共事件。广义上的突发事件是指一切突然发生的危害人民生命财产安全、直接给社会造成严重后果和影响的事件。《突发事件应对法》对突发事件的定义为“突然发生，造成或者可能造成严重社会危害，需要采取应急处置措施予以应对的自然灾害、事故灾难、公共卫生事件和社会安全事件”。

2. 其他相关概念

对国内外关于突发事件研究成果进行梳理可知，明晰与辨别其他几个相似概念是非常必要的。

一是紧急事件与突发事件。紧急事件是指突然发生的、具有不确定性、需要响应主体立即做出反应并得到有效控制的危害性事件。突发事件比紧急事件的内涵和外延更窄，即突发事件一般属于紧急事件；突发事件比紧急事件造成的负面影响更严重、涉及的范围更广、规模更大；突发事件强调事件发生的突然性，紧急事件则强调主体应对事件的紧迫性。

二是危机事件与突发事件。危机是对社会系统的基本结构或者基础价值和规范的一系列威胁，在时间的压力和高度不确定的环境下需要做出重要的决定。危机事件多由人为因素造成，突发事件既有人为因素也有自然因素造成；危机事件的负面影响既可以是显性的也可以是隐性的，突发事件的负面影响是显性的；危机事件强调即将到来的某种可能性后果，突发事件则强调即时性。

三是灾难事件与突发事件。灾难是指不可预测的意外事件所造成的不幸与灾祸，是由外在因素决定的，与人的意志抉择无关，即灾难事件具有不可预测与不可抗拒的内涵。突发事件比灾难事件的外延更广。

四是风险事件与突发事件。风险事件主要指面临的风险，也指即将到来的危险。突发事件与风险事件都具有不确定性，但是风险事件更强调未来时间内发生危险的可能性，而突发事件则强调当前已经发生了的危险事件。

12.2.2 突发事件的界定

1. 突发事件的特征

从突发事件的概念与内涵上看，无论是狭义上的突发事件还是广义上的突发事件，都具备其自身的固有特点；从其他相似概念与突发事件的联系与区别上看，突发事件也具有自身的特征，如突发性、危害性等。突发事件的基本特征主要包括以下几个方面。

1）突发性和不确定性

突发事件的发生不可预料，很难预知和把控突发事件的发生时间地点、影响范围与发展过程。突发事件的突发性往往会造成事件爆发时信息的高度缺失或信息不对称，难以充分传递事件信息，进而无法明确所要采取的控制措施和救援资源，造成采取措施的不及时等问题，因此具有不确定性特征。

2）破坏性与危机性

突发事件会给社会带来一定的危害，会对人们的日常生活造成不同程度的影响。如果突发事件处理不当，会对政治、经济、社会造成极大的影响和危害，且这样的危害会在短时间内蔓延，衍生出更多的次生危害。随着突发事件的不断升级，还有可能演化为社会公共危机，因此，突发事件具有破坏性与危机性的基本特征。

3）复杂性与多范畴性

突发事件的形成原因与造成的后果都具有复杂性。突发事件形成的原因很复杂，既有自然因素造成的、也有人为因素造成的，还有自然因素与人为因素共同造成的。突发事件的影响范围较广、蔓延速度较快、涉及人员较多，造成的后果也具有复杂性。突发事件往往是由一个地区快速扩展到多个地区，也往往是由一个灾害引发其他多种灾害，因此，突发事件的应急管理需要多个部门机构甚至是多个区域共同配合行动，具有多范畴性特征。

4）时空性与演化性

随着科学技术的发展、信息传播速度的加快、社会流动性的加大，空间、时间距离呈现缩短趋势，特别是通信技术的发展，使突发事件出现了共时性趋势。突发事件的演化性是指突发事件的强度与烈度具有演化性，很小的一个突发事件可以演化为影响巨大的社会事件。当一个地区爆发突发事件时，会引起很多地区甚至全球同步关注和参与。

2. 突发事件的分类

对突发事件进行分类，可以更加深入地分析突发事件的各种表现形式，有利于把握各类突发事件的本质特征，可以制定差异化的突发事件预防措施和应对措施，建立完善应对突发事件的应急管理机制。根据突发事件本身的性质、原因、过程及机理等可划分出以下五种类型突发事件。

1）自然灾害

自然灾害主要包括地质灾害（如地震、泥石流）、气候灾害（如洪涝、干旱、台风）、火灾灾害、森林灾害等。由于我国幅员辽阔、自然地理环境复杂、是自然灾害发生频率较高的国家之一。自然灾害无论大小，都会给人们的生产、生活及社会发展带来破坏和危害，也会给人们的生命安全和财产安全带来严峻挑战。

2）灾难性事故

灾难性事故主要是指重大的交通事故、安全事故（如煤矿坍塌、建筑施工事故）、环境污染等。常见的有重大交通运输事故（铁路、公路、航空、水路等），如“7 · 23”甬温线特别重大铁路交通事故、2016 年 11 月 29 日沙佩科恩斯足球队坠机事件等；企业的安全事故，如“8 · 12”天津滨海新区爆炸事故；城市用电用水等公共服务滞后带来的问题，如“11 · 22”青岛输油管道爆炸事件；核辐射、环境污染等事故，如 2011 年日本地震核泄漏事件。

3）公共卫生事故

公共卫生事故主要是指造成重大影响的传染病疫情、动物疫情、食物中毒和其他一些严重影响公共卫生的事件。其中，具有典型性的公共卫生事故类突发事件就是 2003 年的“非典”事件，以及后来的三聚氰胺事件等。由于面临严峻的食品安全形势，近年来，国家已经将食品安全战略上升为国家战略。

4）社会安全事故

社会安全事故主要是重大的具有破坏性的群体性突发事件、民族宗教事件、恐怖主义事件、涉外性质的突发事件等。

5）经济危机

经济危机包括经济安全、经济动荡、信贷危机、社会物资短缺等危机。经济危机往往影响的范围更广，带来的危害更大，常常会影响多个国家甚至波及全球，如 2008 年爆发的金融危机对包括中国在内的全球多数国家造成了影响。

3. 突发事件的分级

《突发事件应对法》对突发事件的等级具有明确的划分，“按照社会危害程度、影响范围等因素，自然灾害、事故灾难、公共卫生事件分为特别重大、重大、较大和一般四级”。突发事件的分级涉及很多方面，按照突发事件的发展态势、紧急程度、影响深度和损失后果主要分为一级、二级、三级和四级，分别用红色、橙色、黄色和蓝色来表示，且需要有不同层次的最高行政主体来应对不同级别的突发事件。如表 12-1 所示，不同级别的突发事件对应不同的响应主体，特别重大（一级）突发事件需要国务院来应对，重大（二级）突发事件则需省政府来应对，较大（三级）突发事件需地级市政府来应对，一般（四级）对应县级市政府来应对。

表 12-1　突发事件的分级与响应主体

级别	颜色标示	响应主体
特别重大（一级）	红色	国务院
重大（二级）	橙色	省政府
较大（三级）	黄色	地级市政府
一般（四级）	蓝色	县级市政府

注：根据国家统计局官方网站（http://www.stats.gov.cn/）内容整理而得

4. 突发事件的危害

由突发事件的基本特征可知，突发事件一旦爆发往往具有极大的危害性，一方面表现为突发事件的烈度和强度极大，如地震等自然灾害的暴发就具有典型代表性；另一方面突发事件往往会带来一系列的衍生危害，如雪灾引起的交通安全事故等。我国是一个幅员辽阔、地域宽广的国家，各个地区往往会发生不同类型的突发事件，也有可能一个突发事件会牵涉多个行政单位，因此，在我国，突发事件造成的危害往往被扩大。突发事件带来的最直接危害就是经济损失，表 12-2 为 2011～2015 年我国主要突发事件引起的经济损失统计数据，据此可知，突发事件给我国带来的经济损失是巨大的；虽然作为主要突发事件的自然灾害带来的经济损失呈下降趋势，但其造成的经济损失总量依然巨大。然而，除了经济损失之外，更多的突发事件对整个社会尤其是人们的生命安全造成了极大的危害，其负面影响已不仅是经济损失那么简单。

表 12-2　2011～2015 年我国主要突发事件引起的经济损失

主要突发事件	2015 年	2014 年	2013 年	2012 年	2011 年
自然灾害/亿元	2 704.1	3 373.8	5 808.4	4 185.5	3 096.4
交通事故/万元	103 692	107 543	103 897	117 490	107 873
地震事故/万元	1 791 918	3 326 078	9 953 631	828 757	6 020 873

注：根据国家统计局官方网站（http://www.stats.gov.cn/）数据整理而得

12.2.3　突发事件的演化周期

关于突发事件演化周期的研究可分为阶段型、扩散型、因果型、情境型等类型，其中大多集中在依据时间序列和特定生命周期进行阶段型划分的演化周期分析。根据划分阶段数量的差异，国内外关于突发事件演化周期的研究成果可分为三阶段演化周期、四阶段演化周期、五阶段演化周期、七阶段演化周期。依据突发事件演化周期中各个阶段的主要表现形式及能够划分各个阶段的节点事件或标志性事件，可将突发事件演化周期划分为危机潜伏期、事件爆发期、危机蔓延期和事件恢复期四个阶段，具体如下。

1. 危机潜伏期

危机潜伏期是突发事件爆发之前的阶段，是引发突发事件的各种危机或风险的累积阶段，且是突发事件发生的概率不断提高的阶段。从覆盖时间范围来看，该阶段没有明确的起点，以突发事件爆发时间点为终点，时间跨度较长。因此，危机潜伏期的特点为时间跨度较长，风险积聚和危机积累具有隐蔽性，或多或少会表现出某些征兆但并不明显。

2. 事件爆发期

事件爆发期是指突发事件爆发的这段时间，引起关注的主要原因是事件发生的突然性与破坏性。这一阶段的标志是突发事件的爆发，主要表现为由不为人知或不被人注意到引起关注的过程，是潜在危机由量变实现质变的外在表现。事件爆发期的起点为突发事件的发生时间点，终点并不明确。该阶段的特点为时间跨度不长，突然而猛烈，社会和个体开始承受事件所带来的损害。

3. 危机蔓延期

危机蔓延期是突发事件爆发之后，引发次生、衍生事件的阶段。这一阶段，突发事件产生的危机不断扩散、蔓延，事态不断升级、损害程度不断加剧。从时间上看，危机蔓延期是突发事件爆发期的延续，是危害程度逐步释放的阶段；从空间上看，危机蔓延期是突发事件带来危机扩散、风险升级的阶段，极有可能由小范围突发事件演化为社会公共危机事件。危机蔓延期的时间或长或短，具有危机极易扩散，损害程度加剧，可能会引发次生、衍生事件等特点。

4. 事件恢复期

事件恢复期是突发事件逐步得到控制，造成的损失逐步降低，社会秩序恢复，人们生活回归正常的阶段。这一阶段的时间长短不一，其主要取决于两个方面：其一，突发事件的破坏程度，突发事件的破坏程度越高，事件恢复期往往越长；其二，政府等有关部门对突发事件的处置力度与控制效果，处置力度越大、控制效果越好，突发事件得到控制的速度就会越快，事件恢复期往往越短。因此，事件恢复期或长或短，该阶段的最大特点为影响程度降低、秩序逐步恢复、损失逐步减少。

12.3 应急管理相关理论

12.3.1 应急管理的相关概念

1. 应急管理的概念与内涵

应急管理是一个与突发事件密切相关的概念，对于应急管理的概念和内涵，国内外学者围绕突发事件的科学干预和有效控制进行了大同小异的界定。应急管理应该是一个涉及事件发生前后（事前、事中、事后）全过程的全方位管理；应急管理不仅要强调全过程，从事件的起源到善后的处理整个过程，并且以最低代价实现最优效果为目标，强调高效率与高效果。国内学者关于应急管理内涵的解读更加详细，如计雷（2006）认为应急管理高效率与高效果目标的实现，是以对突发事件的全过程、全方位综合分析为前提的，只有这样才能够更加合理地调动所需资源，实现快速、高效的管理；褚晓潇（2010）强调高效的应急管理需时刻保持警惕性，在观察突发事件发展变化的过程中采取针对性的应对策略，实现高效的动态管理，且需要运用多学科、复杂的知识资源进行针对性管理，达到以最低代价实现最优效果的目标；闪淳昌和薛澜（2012）则认为应急管理是一个复杂的、开放的系统工程，它是针对各类突发事件从灾前准备、突发处置到善后处理的全方位、全过程的管理。

综上可知，应急管理是针对突发事件，以最小化危害为目的，涵盖突发事件整个生命周期（四个阶段）的系统管理过程。

2. 其他相关概念

对国内外关于应急管理研究成果的梳理可知，与突发事件的相关概念界定类似，明晰与辨别其他几个相似概念也是非常必要的。

一是危机管理与应急管理，应急管理与危机管理的共同之处是针对发生概率较小、较特殊的情况而言的，不同之处是危机管理主要针对突发事件爆发之前的阶段，主要任务是预防与阻止紧急事件的突然发生，属于应急管理的一部分。

二是风险管理与应急管理，不同的事件本身就具有不同的风险，风险管理是针对事件风险而进行的管理，涉及预防风险的发生及避免风险的扩散与恶化。风险管理是针对发生概率相对中等的事件，从这方面来看，风险管理也属于应急管理的一部分；应急管理相对侧重于重大突发事件，而风险管理涉及的突发事件不一定是重大突发事件，即没有规模要求。

12.3.2 应急管理的主要内容

应急管理的核心是应急管理机制，应急管理机制不仅可以将应急管理的内容以流程形式加以呈现，更能够系统展示应急管理的重要模块及相互之间的关系。应急管理机制的主要内容包括应急管理运行机制与应急管理辅助机制两大部分。

1. 应急管理运行机制

应急管理运行机制又包含应急管理预警机制、应急管理快速反应机制和应急管理恢复重建机制。其中应急管理预警机制重点在于对从个人、部门、单位到整个社会危机意识的培养，时刻保持警惕；应急管理快速反应机制则包括迅速报告、先期处理及应急响应等；应急管理恢复重建机制包括损失的估算与帮扶、受害个体的心理辅导及未来建设的规划等。

2. 应急管理辅助机制

应急管理辅助机制包括三个机制：应急管理信息公开机制、应急资金保障机制与应急管理教育、培训、演练机制。最大限度地减少信息不对称，保障信息的充分流通；应急资金的专项专用，杜绝专款他用或专款不足等现象；加强应急意识的培养及应急措施的学习，能够为应急管理运行机制提供强力支撑，提高应急管理的效率与效果。

12.3.3　应急管理的基本方法

应急管理强调科学性与准确性，应急管理的基本方法采取定量方法与定性方法相结合，主要包括博弈分析、决策优化、定量评价、案例分析几种基本方法。

1. 博弈分析

突发事件应急管理的一个主要难点是应急管理在某个时刻后的后续任务是随着前一阶段的任务完成效果和所处环境变化而变化的，也就是说突发事件的管理者和决策者要面对阶段性处置结果和突发事件的发展趋势是一个动态过程，因此，动态博弈分析是突发事件应急管理的基本方法之一。

2. 决策优化

突发事件应急预案具有多目标的特点，可采取改进的多属性群决策方法对应急方案进行评估，通过熵值法对属性赋权，采用理想点法整合每位专家的意见信息，求解多个应急预案的群体排序。

3. 定量评价

定量评价方法集中于应急管理能力及应急效果的评价，包括事前的评价标准及指标体系制定、事后的应急管理效果评价（造成的损失评价、应急管理的效果评价等），此外，也有少数研究开始尝试对应急管理协作机制进行评价，如协同度等。

4. 案例分析

案例分析是应急管理常用的基本方法，并且常与上述定量评价方法结合使用，应急管理案例分析对象集中于特定突发事件（如“5・12”汶川地震）、突发事件种类（如自然灾害）、特定区域（如京津冀）等。

12.4　国内外关于应急管理协作机制的研究

12.4.1　国外关于应急管理协作机制的研究

应急管理协作机制的研究成果集中于美国、日本、澳大利亚等应急管理先进国家，也正是其对于应急管理的重视及应急管理实践的推动，成就了理论上丰富的成果。国外关于应急管理协作机制的研究以分析应急管理过程中的各方关系为主线，深入探讨了应急管理过程中各个主体的职责与协作，以各级政府之间关系协作、应急管理主要参与者关系协作、跨界或跨区域应急管理协作三个方面为主。

其一，各级政府之间关系协作的研究成果是从纵向外部协作视角出发对应急管理协作机制进行的探讨，诸多学者就美国联邦、州和地方政府之间职责、合作关系与协作网络进行了划分，并形成了多样化的应急管理模式与途径，如规制模式、动员模式、协作模式与逆协作模式。

其二，应急管理主要参与者关系协作是从横向外部协作视角出发对应急管理协作机制进行探讨的。社会组织（如相关协会等）、志愿者、社区、普通大众等是应急管理的重要参与者，应急管理机制的建设需要实现多主体协作，提高包括社会组织、志愿者、社区、普通大众等多元主体的应急管理意识，增强其长时间参与和处理危机与灾难的基本能力（Boin，2009）。

其三，跨界或跨区域应急管理协作的研究成果最为丰富。部分学者从特定区域出发分析了应急管理协作机制，如欧盟中政府及国际组织间政治行动协调合作能力的提高（Stern and Sundelius，2002），欧盟的超国家治理体系，建立区域集体行动制度体系（Boin and Rhinard，2008）；也有学者研究了跨界应急管理过程中的影响因素，如政策的制定者对应急事件的认知界定了其决策过程的性质（Hermann and Dayton，2009）等。

12.4.2　国内关于应急管理协作机制的研究

国内关于应急管理协作机制的研究起步比国外晚，经历了由借鉴与学习国外应急管理协作机制到针对中国突发事件典型特征构建中国特色的应急管理协作机制的过程。与国外研究细分领域相似的是，国内关于应急管理协作机制的探讨也集中于协作机制内容的设计，其中近几年区域协作机制的研究成果显著增多。国内有代表性的研究成果归结起来，有以下三个方面：应急管理协作机制发展与演变研究、应急管理协作机制评价研究、应急管理协作机制内容研究。

1. 应急管理协作机制发展与演变研究

钟开斌（2014）认为中国应急管理协作机制的演变轨迹可划分为四个阶段：由个别非常设机构进行辅助性协调、由大量议事协调机构牵头协调、由政府应急管理机构和部门间联席会议制度牵头协调、地区部门和军地之间进行自主式协作，且应急协作机制未来发展走向是从强制性协调到自愿性协调、自主式协调转变。

2. 应急管理协作机制评价研究

应急管理协作机制涉及多元主体，对其进行定量评价的难度较高，且中国应急管理协作机制发展较晚，还未完全进入评价阶段，因此，这方面的研究成果较少。例如，江新和朱沛文（2015）基于网络层次分析法和序参量法进行水电站大坝群安全应急管理协同度测度，构建了包括 5 个子系统、11 个序参量和 33 个二级指标的指标体系，并针对预防、准备、响应和恢复 4 个环节进行了协同度测度，发现响应和准备两个环节各子系统的协同度最高，系统总体的协同度较低。

3. 应急管理协作机制内容研究

从研究视角来看，该类研究可分为协同治理和知识共享两个视角，协同治理视角的研究成果要多于知识共享视角，协同治理视角的研究如于丽英和蒋宗彩（2014）运用协同熵构建的城市公共群危机协同治理网络，贾先文和李民（2016）分析了我国多省（自治区、直辖市）交界区公共危机跨界治理“自上而下”推动和“自下而上”干预模式，提出了危机救助合作框架构建、跨省多中心治理网络、一体化的运作流程三个跨界协同治理举措等。知识共享视角的研究，如李春娟和宋之杰（2011）认为优化应急组织的知识存量、建立应急知识协同网络和构建协同交互式应急知识管理系统是应对突发事件的关键；王兴鹏和吕淑然（2016）提出了包含跨区域应急知识协同网和知识协同平台与保障机制的跨区域应急协作体系。

虽然对于应急管理协作机制的研究视角有所不同，但是应急管理协作机制的研究重点无疑是对跨域或跨地区的应急管理机制的研究，且热点集中在针对特定区域各城市之间应急管理联合协作机制的研究。王伟（2014）在对中原经济区建设进程中存在的问题进行分析的基础上，提出了强化应急管理的综合协调机制、提升应急管理的专业化和科技化水平及建立健全应急管理绩效评价机制的相关建议；王丛虎（2016）认为跨区域应急管理应该建立多层级、全区域、全过程、立体化的合作机制，高层推进、制定法规、拓展主体、扩大合作范围、丰富合作内容、利用“互联网+”则应该是京津冀应急管理合作的发展策略；赵隽（2012）构建了基于大区制的重庆市应急管理协同机制，明确了该机制的具体特点与运行机理，并依据指标体系评价了重庆市应急管理能力；伍洪杏（2011）则提出了构建长株潭应急管理联动组织体系、建设长株潭应急管理联动运行平台、构建长株潭应急管理分级响应机制的长株潭城市群应急联动机制；黄传英（2014）倡导从提高应急合作意识、制定应急预案、成立综合协调机构、整合资源等方面构建北部湾经济区跨区域应急合作机制；丘志乔（2010）则重点对《粤港应急管理合作协议》中规定的合作协调机制进行了评析，指出了需要完善之处。

综上所述，应急管理协作机制是国内外应急管理研究的热点与重点，并且跨区域联合协作机制已成为未来的重要研究议题，国家战略规定的经济区成为应急管理协作机制研究的主要对象。因此，以川南经济区为着眼点，研究川南四市的应急管理联合协作机制，既符合研究前沿、具有理论价值，又对川南经济发展与社会协同发展具有现实指导意义。

12.5　本章小结

本章重点对应急管理联合协作机制的相关理论进行了探讨。首先，简单介绍了应急管理联合协作机制的理论基础——协同理论；然后，概述了突发事件与应急管理的相关概念及基本内容；在此基础上，重点对国内外应急管理协作机制的研究成果进行了评述，应急管理协作机制是国内外应急管理研究的热点与重点，并且跨区域联合协作机制已成为未来的重要研究议题，国家战略规定的经济区成为应急管理协作机制研究的主要对象。这都为川南四市的应急管理联合协作机制研究奠定了重要的理论基础。

第13章　川南四市应急管理机制状况及问题分析

13.1　川南四市突发公共事件状况

13.1.1　自然灾害型突发事件

宜宾市、泸州市共下辖5区12县，2016年末常住人口合计881.64万人。两市自然条件接近，同处于四川南部川、滇、黔、渝三省一市接合部，为金沙江、长江、岷江、沱江汇流区域，属四川盆地南缘与云贵高原的过渡地带，以河谷、中低山地和丘陵地貌为主，属于自然灾害多发、自然灾害种类多的地区。因此，以宜宾市、泸州市为样本进行自然灾害型突发事件调查。两市2009～2016年自然灾害型突发事件发生情况见表13-1。

表13-1　宜宾市、泸州市自然灾害型突发事件统计表（2009～2016年）

年份	宜宾市			泸州市			备注
	受灾人数/万人次	受灾面积/万公顷	经济损失/亿元	受灾人数/万人次	受灾面积/万公顷	经济损失/亿元	
2009	180.00	7.10	10.01	—	—	—	—
2010	243.57	10.87	4.37	—	—	—	—
2011	269.30	17.30	9.60	428.50	31.94	20.85	—
2012	212.55	12.00	19.73	274.94	13.22	50.21	—
2013	61.32	2.75	9.75	238.29	9.72	10.89	—
2014	27.64	0.81	1.20	69.68	2.22	3.98	—
2015	—	—	—	37.13	2.28	8.15	—
2016	—	—	—	68.88	2.57	5.98	1～9月数据

资料来源：《宜宾统计年鉴》（2010～2017年）、《泸州统计年鉴》（2010～2017年）、《四川统计年鉴》（2010～2017年）

如表13-1所示，2009～2014年，宜宾市自然灾害型突发事件的受灾人数、受灾面积和经济损失呈总体下降趋势，这虽然有天气等自然因素的影响，但也表明自然灾害应急管理体系不断完善，应急管理能力不断提升。2011～2016年，泸州市自然灾害型突发事件的受灾人数、受灾面积和经济损失也呈总体下降趋势。在

2012 年，受极端天气的影响，两市遭受自然灾害而带来的经济损失较高。

2012 年，宜宾市先后遭受“6 · 30”“7 · 15”“7 · 22”“8 · 31”“9 · 10”[①]等暴雨洪涝、干旱、地震、风雹、农作物病虫害、森林火灾等多种自然灾害，其主要特点：一是干旱持续时间较长，从 2011 年冬季一直持续到 2012 年初夏，对农作物播种影响大；二是汛期雨水集中、雨量大，金沙江、岷江和长江干流遭遇了 1991 年以来最大洪峰，造成中心城区部分街道进水，灾害造成的损失大；三是沿江河的群众和农作物被洪水淹没，山区的群众和农作物遭暴雨袭击和严重的地质灾害；四是水稻扬花正值包浆期遭受洪水淹没，因干旱改种的玉米、高粱遭受洪水浸泡，严重影响产量；五是雨水持续到 10 月初，影响晚秋作物适时播种；六是严重持续的暴雨洪涝灾害，导致蔬菜供应减少，蔬菜价格上升，给群众的生活带来了困难；七是由暴雨洪涝灾害造成的地质灾害严重，群众住房等损失惨重。

2012 年，泸州市全年发布自然灾害预警 41 次，其中橙色预警 10 次，红色预警 4 次，发生较大以上自然灾害 7 起，以低温寡照、暴雨洪涝、农业病虫害等为主。从低温寡照天气来看，全年集中发生 3 次：一是 2011 年 12 月至 2012 年 2 月，特别是 1 月出现连续 30 天无日照的现象，为气象记录史上罕见，其中叙永县 1 月最长连续降雨日 18 天，破历史同期纪录；二是 2012 年 5 月 21 日至 6 月 12 日，期间降雨日数为 21 天；三是 2012 年 9 月 11 日至 10 月 17 日，全市秋绵雨天气持续 1 个多月。从暴雨洪涝灾害来看，入汛以后，泸州市先后发生“5 · 13”“6 · 19”“6 · 30”“7 · 5”“7 · 16”“7 · 21”“8 · 29”“9 · 10”多次连续暴雨洪涝灾害，尤其是 2012 年 7 月 21 日 17 时至 22 日 11 时，强降雨和上游下泄洪水使泸州市遭遇自 1948 年以来特大洪水。全市 2012 年因暴雨洪涝灾害 199.4 万人次受灾，因灾死亡 9 人，失踪 1 人，转移安置灾民 25.05 万人；损坏房屋 6.66 万间，倒塌 2.35 万间，农作物受灾面积 9.38 万公顷，损失现粮 0.62 万吨；损毁公路 0.35 万千米、桥梁 70 座；电力损毁变电站 165 台、电路 873 条，造成 47.87 万用户一度停电；42 个通信基站损毁，一度中断通信的乡镇有 25 个；水利损毁水库 43 座、堤防 221.18 千米，造成 6.84 万人临时饮水困难。直接经济损失 48.05 亿元，占当年自然灾害经济损失的 95.7%。

13.1.2 事故灾难型突发事件

川南四市事故灾难型突发事件主要包括工矿商贸企业安全事故、交通事故和火灾事故，2010～2015 年宜宾市、泸州市、自贡市、内江市事故灾难型突发事件如表 13-2～表 13-5 所示。

① “6 · 30”“7 · 15”“7 · 22”“8 · 31”“9 · 10”均为以时间（当年的月份和日期）表示的自然灾害事件名称代码。

表 13-2　2010～2015 年宜宾市事故灾难型突发事件统计表

年份	企业安全事故			交通事故			火灾事故			合计		
	发生数/起	死亡人数/人	经济损失/万元	发生数/起	死亡人数/人	经济损失/万元	发生数/起	死亡人数/人	经济损失/万元	发生数/起	死亡人数/人	经济损失/万元
2010	42	100	65.51	1095	104	241.19	470	0	739.30	1607	204	1046.00
2011	78	86	570.50	1067	104	597.16	475	2	187.30	1620	192	1354.96
2012	46	70	−4.60[1)]	898	104	376.90	120	0	691.70	1064	174	1064.00
2013	−167[2)]	60	136.40	889	103	506.60	618	3	373.00	1340	166	1016.00
2014	−416	46	154.10	763	102	459.50	559	3	308.10	906	151	921.70
2015	−535	11	—	584	101	236.20	660	12	723.00	709	124	—

资料来源：《宜宾统计年鉴》（2011～2015 年）、《四川统计年鉴》（2011～2016 年）、《宜宾市国民经济和社会发展统计公报》（2010～2015 年）

1）统计误差所致

2）从 2013 年开始四川省交通事故发生数、火灾发生数统计口径改变，宜宾市仍按原口径统计导致数据异常

表 13-3　2010～2015 年泸州市事故灾难型突发事件统计表

年份	企业安全事故			交通事故			火灾事故			合计		
	发生数/起	死亡人数/人	经济损失/万元	发生数/起	死亡人数/人	经济损失/万元	发生数/起	死亡人数/人	经济损失/万元	发生数/起	死亡人数/人	经济损失/万元
2010	58	66	1339.80	400	136	76.62	69	2	324.60	527	204	1741.02
2011	31	59	1040.80	349	133	72.32	119	1	533.90	499	193	1647.02
2012	68	50	1690.10	285	131	86.20	84	0	298.70	437	181	2075.00
2013	−660[1)]	74	5801.40	305	145	252.60	79	0	198.00	−276	219	6252.00
2014	−712	32	2574.90	330	152	177.50	772	6	374.00	390	190	3126.40
2015	113	66	1663.00	333	149	193.60	713	5	870.10	1159	220	2726.70

资料来源：《泸州统计年鉴》（2011～2014 年）、《四川统计年鉴》（2011～2016 年）、《泸州市国民经济和社会发展统计公报》（2010～2015 年）

1）从 2013 年开始四川省交通事故发生数、火灾发生数统计口径改变，泸州市仍按原口径统计导致数据异常

表 13-4　2010～2015 年自贡市事故灾难型突发事件统计表

年份	企业安全事故			交通事故			火灾事故			合计		
	发生数/起	死亡人数/人	经济损失/万元	发生数/起	死亡人数/人	经济损失/万元	发生数/起	死亡人数/人	经济损失/万元	发生数/起	死亡人数/人	经济损失/万元
2010	30	32	680.10	379	87	47.71	119	9	195.20	528	128	923.01
2011	25	38	697.07	455	83	49.16	110	0	237.90	590	121	984.13

续表

年份	企业安全事故			交通事故			火灾事故			合计		
	发生数/起	死亡人数/人	经济损失/万元	发生数/起	死亡人数/人	经济损失/万元	发生数/起	死亡人数/人	经济损失/万元	发生数/起	死亡人数/人	经济损失/万元
2012	19	26	459.13	430	81	54.90	264	0	148.50	713	107	662.53
2013	−115 1)	20	1477.45	416	81	49.60	354	6	190.10	655	107	1717.15
2014	−142	3	93.80	377	81	44.40	309	14	759.90	544	98	898.10
2015	−196	14	733.10	374	64	37.40	227	0	134.00	405	78	904.50

资料来源：《自贡统计年鉴》（2011～2015 年）、《四川统计年鉴》（2011～2016 年）、四川省人民政府网站（http://www.sc.gov.cn）

1）从 2013 年开始四川省交通事故发生数、火灾发生数统计口径改变，自贡市仍按原口径统计导致数据异常

表 13-5　2010～2015 年内江市事故灾难型突发事件统计表

年份	企业安全事故			交通事故			火灾事故			合计		
	发生数/起	死亡人数/人	经济损失/万元	发生数/起	死亡人数/人	经济损失/万元	发生数/起	死亡人数/人	经济损失/万元	发生数/起	死亡人数/人	经济损失/万元
2010	41	50	1345.04	442	45	33.09	78	3	36.20	561	98	1414.33
2011	28	26	1444.88	361	44	47.63	159	0	1188.80	548	70	2681.31
2012	−3 1)	15	1017.87	310	47	51.70	384	2	231.30	691	64	1300.87
2013	13	14	1166.00	313	43	41.90	604	3	1112.60	930 2)	60	2320.50
2014	10	14	1164.00	309	48	60.30	843	7	1284.40	1162	69	2508.70
2015	8	10	637.00	277	48	76.10	791	8	524.40	1076	66	1237.50

资料来源：《内江统计年鉴》（2011～2014 年）、《四川统计年鉴》（2011～2016 年）、内江市政府网站（http://www.neijiang.gov.cn/）

1）企业安全事故、交通事故、火灾事故发生数统计口径不一致所致

2）从 2013 年四川省交通事故发生数、火灾发生数统计口径改变，2013～2015 年合计数做相应调整

如表 13-2 所示，宜宾市 2010～2015 年事故灾难型突发事件合计死亡人数逐年降低，合计发生数和经济损失也呈总体下降趋势，但火灾事故的发生数、死亡人数和经济损失起伏波动较大，说明火灾事故隐患排查、整改和事故预警、处置尚有一定改进空间。

如表 13-3 所示，泸州市 2010～2015 年事故灾难型突发事件合计发生数呈现波动状态（2013 年、2014 年数据异常为统计指标口径调整所致），合计死亡人数和经济损失起伏波动较大，且保持较高水平，企业安全事故、交通事故、火灾事故的隐患排查、整改和事故预警、处置等方面尚需加强。

如表 13-4 所示，自贡市 2010～2015 年事故灾难型突发事件合计死亡人数不断降低，合计发生数和经济损失起伏波动较大，且保持较高水平，企业安全事故、交通事故、火灾事故的隐患排查、整改和事故预警、处置等方面尚需加强。

如表 13-5 所示，内江市 2010～2015 年事故灾难型突发事件合计发生数总体上不断增加（2012 年数据异常为统计指标口径调整所致），合计死亡人数呈总体下降趋势，但经济损失起伏波动较大，且保持较高水平，特别是 2014 年、2015 年火灾事故死亡人数比 2010～2013 年水平翻倍，表明消防形势十分严峻。火灾事故的隐患排查、整改和事故预警、应急处置等方面需大力加强。

（1）事故灾难型突发事件典型案例——珙县“8·30”交通安全事故。

2014 年 8 月 30 日上午 7 时 12 分，珙县区域内宜威路 63 千米＋400 米处发生一起 6 人死亡的较大道路交通安全事故。一辆车牌号为云 C21298 货车失控与川 Q27556 号货车追尾,致使川 Q27556 号货车侧滑与对向行驶的川 QK6968 号小型面包车相撞。事故造成货车云 C21298 驾驶员 1 人遇难、2 人受伤，川 Q27556 驾驶员 1 人受伤，小型面包车上 5 人遇难（驾驶员 1 人和另外 4 人）、2 人受伤，车辆均严重受损。

事故发生后，中共宜宾市委、市政府高度重视，立即指派市相关领导和有关部门赶赴现场处置。珙县第一时间启动应急预案，中共珙县县委、县政府主要领导和分管领导率公安、交警、应急、消防等相关部门和救援力量火速赶赴现场开展事故救援处置工作。现场成立了“8·30”较大道路交通事故应急救援指挥部，开展处置工作。5 名受伤人员分别送市、县医院进行有效救治。对遇难者，成立“一对一”善后处置工作组，做实做细善后工作，仅用 5 天时间，6 名遇难者均已火化或安葬。珙县主动对外发布新闻信息，正面引导舆情，社会舆论、网络舆情正常，社会生产生活秩序正常；举一反三，深入集中开展为期 4 个月的道路安全隐患排查整治；深刻吸取教训，9～12 月集中开展为期 4 个月的道路安全隐患排查整治。

主要启示：第一，领导重视是保证。在这次事故应急处置中，市、县领导始终高度重视，市相关领导和珙县主要领导率队及时赶到现场处置，部署和调配救援力量，协调安排部门有效衔接，迅速确定最佳救援方案。第二，响应迅速是关键。这次事故能得到妥善处理，关键在于迅速响应，及时处置。在接到事故报告后，市、县政府立即启动应急预案，交警部门在第一时间赶到现场处置，医疗卫生、安全监察、公安、消防、交通等部门反应快速、各司其职、措施有力，为这次事故的妥善、快速处置做出了很大努力。第三，多方协同是保障。在这次事故处置中，公安交警和消防部门在现场救援、秩序维护等各个环节都发挥了“主力军”作用，为救治、协调、处理等赢得了时间；交通运输、公路、医院等相关部门和单位按照各自职责，紧密配合、有效履职、全力支援，形成合力，保障了各项处置工作迅速有效开展。

（2）事故灾难型突发事件典型案例——泸州市摩尔商场“12·26”天然气爆燃事故。

2013 年 12 月 23 日 13 时 52 分许，泸州华润兴泸燃气有限公司呼叫中心接到群众关于江阳区摩尔商场大门外人行道有天然气泄漏的报告。当日，该公司安排运行管理部江阳区巡检站进行现场核查，确定了该处的确存在天然气泄漏现象。25～26 日，泸州华润兴泸燃气有限公司工人在维修摩尔商场大门外中压管道时，错将中压管道与摩尔商场废弃天然气管道碰接。送气过程中，天然气从中压管道通过废弃天然气管道进入商场，在负一楼熟食操作间大量泄漏，并在商场内负一楼顶部扩散形成爆炸性混合气体，达到爆炸极限，遇电器设备用电火源引发爆燃，进而造成大面积燃烧。事故导致 4 人死亡、38 人受伤（其中 33 人轻伤），过火面积约 20 000 平方米，直接经济损失约 4743 万元。

接到事故报告后，泸州市政府和江阳区政府第一时间启动安全生产应急救援Ⅱ级响应。市委书记蒋辅义，市委副书记、市长刘强及其他市领导第一时间率公安、消防、安全监察、卫生、住房和城乡建设等部门和江阳区政府相关负责人赶赴现场开展救援工作。泸州市政府立即成立现场指挥部，设立灭火救援组、人员搜救组、医疗救治组、秩序维护组、后勤保障组、善后工作组、安全维稳组、舆论引导组等 8 个工作组。调集消防官兵 317 名、矿山化学救护队员 13 名、警力 726 名、武警官兵 210 名、消防车 33 台、救援装备 58 台，全力开展灭火救援、人员搜救、现场交通管制、秩序维护、群众疏散和重要设施保护等工作；调集医疗机构 7 家、救护车 35 台、医务人员 225 人次投入伤员抢救、转运和医疗救治工作，邀请四川大学华西医院的脑外、胸外、重症加强护理病房（intensive care unit，ICU）的 3 名专家到泸州指导伤员救治工作。并迅速启动安全生产事故维稳工作应急处置预案，立即成立市级维稳工作应急指挥中心，积极做好伤亡人员家属安抚和维护社会稳定工作。27 日 14 时许，事故现场因爆炸引发的火灾被全面扑灭。因救援工作及时、科学、有效，紧邻摩尔商场的原市邮电大楼、市图书馆和市商业银行等，均未受到损坏。事故现场清理、房屋安全鉴定、死伤者善后和死者赔付等工作及时、快速、有效进行，当地社会稳定、秩序井然。

事故发生后，四川省委、省政府高度重视，四川省委书记王东明做出重要指示："全力做好人员搜救和灭火工作，全力做好伤员救治及善后工作，尽快调查事故原因，同时对全省安全生产工作部署的落实情况进行再检查，及时消除隐患。"四川省副省长、省政府安全生产委员会主任刘捷于 12 月 27 日率省公安厅、省安全生产监督管理局、省商务厅等部门相关负责人及时赶赴泸州指导救援工作。国家安全生产监督管理总局和省安全生产监督管理局、省消防总队、省公安厅刑事侦查总队的相关负责人第一时间赶赴泸州指导救援和事故调查工作。

依据《中华人民共和国安全生产法》、《生产安全事故报告和调查处理条例》（国务院令第 493 号）和《四川省生产安全事故报告和调查处理规定》（四川省人民政府令第 225 号）等有关法律法规规定及四川省政府领导的要求，泸州市政府依法成立了以副市长张文军为组长，市安全生产监督管理局、市监察局、市公安局、市国有资产监督管理委员会、市住房和城乡建设局、市商务局、市总工会、市质量技术监督局和江阳区人民政府等有关负责同志参加的泸州市江阳区摩尔商场“12·26”较大天然气爆燃事故调查组。调查组下设技术组、刑事侦查组、管理组、综合组。同时，邀请了市人民检察院派员参加，并经国家安全生产监督管理总局推荐聘请了国内燃气、消防、管道、刑侦方面的专家参与了事故调查工作。

同时，着手进行相应的专项工作：一是立即对事故责任单位进行安全生产大整治；二是切实将安全生产工作责任和要求落实到一线操作层面；三是扎实组织开展城镇燃气安全专项整治；四是深入开展“反省、落实、保安全”活动；五是持续开展安全生产综合督查。[①]

13.1.3　公共卫生型突发事件

根据现有资料，公共卫生型突发事件调查以自贡市和宜宾市作为样本，具体情况见表 13-6。

表 13-6　自贡市、宜宾市公共卫生型突发事件统计表

地区	2003 年	2004 年	2005 年	2006 年	2007 年	2008 年	2009 年	2010 年	2011 年	2012 年	2013 年	2014 年
自贡市	20	21	38	5	6	4	4	1	4	0	3	0
宜宾市	—	—	—	8	3	11	7	0	0	2	1	3

资料来源：根据《宜宾统计年鉴》（2006～2015 年）、《自贡统计年鉴》（2006～2015 年）数据整理

如表 13-6 所示，自 2003 年抗击“非典”以后，各个城市与全国同步，开始重视公共卫生型突发事件的应对，逐步建立并不断完善公共卫生突发事件应急体系，加强配员和设施配置，积极开展应急演练。自 2010 年以后，公共卫生型突发事件发生数大幅下降，并保持较低水平。

13.1.4　社会安全型突发事件

由于川南四市中，宜宾面积最大，人口和区（县）数量最多，属于多民族、多宗教并存地区，社会安全型突发事件更具代表性，因此，社会安全型突发事件以宜宾市为样本进行个案调查。宜宾市 2010～2014 年社会安全型突发事件情况如下。

2010 年，宜宾市完善了 8 个专项应急预案和 2 个部门预案。排查出不稳定因

① 内容根据 《市安全监管局通报江阳区“12· 26”事故情况和传达市委（扩大）会议精神并安排部署 1 月份工作》（http://yjj.luzhou.gov.cn/xwzx/ajyw/content_235932，2020 年 8 月 13 日）；四川日报《泸州“12·26”爆燃事故原因初步查明》（https://epaper.scdaily.cn/shtml/scrb/20140104/50941.shtml，2020 年 8 月 13 日）等资料整理。

素 570 余起，妥善处置群体性事件 8 起、突发性事件 7 起，收集转递有价信息达 50 多万条，化解治安纠纷和矛盾 2400 多件次，有效地维护了社会稳定和社会和谐，为改革和经济发展提供了保障。

2011 年，宜宾市共立刑事案件 18 161 起，破案 5592 起；受理治安案件 18 192 起，查处 12 928 起；妥善处置群体性事件 6 起，收集转递有价信息达 50 多万条，化解治安纠纷和矛盾 2400 多件次。

2012 年，宜宾市共发生群体性事件 4 起，参与总人数 280 人。其中 10～50 人的 1 起，51～100 人的 2 起，101～500 人的 1 起。群体性事件同比减少 2 起，下降 3%。全年共立案刑事案件 21 710 起，破案 6776 起，破案率 31.2%。立案数同比上升 19.5%，破案率同比上升 0.23 个百分点。共发现受理治安案件 23 850 起，查处 16 448 起，查处率 69%，发现受理治安案件数同比上升 31%。

2013 年，宜宾市共发生群体性事件 2 起，参与总人数 270 人。共立刑事案件 21 332 起，同比下降 1.74%，破案 7046 起，同比上升 3.98%，破案率 33.03%，上升 1.83 个百分点；其中，立八类主要犯罪案件 1030 起，同比下降 21%，破案 803 起，破案率同比上升 2.8 个百分点。

2014 年，宜宾市共处置各类闹事苗头、不稳定因素 222 起。共立刑事案件 19 680 起，同比下降 7.7%，破案 6442 起。其中，立八类主要犯罪案件 1069 起，同比上升 3.79%，破案 818 起；立杀人案件 47 起，破案 46 起。宜宾市社会安全型突发事件呈现出新的特点：第一，全市社会总体平安稳定，但各类违法犯罪行为仍时有发生，少数恶性事件影响很坏。第二，社会安全事件的问题和因素中，房地产投资、非法集资、征地拆迁、国有企业改制、劳资纠纷等问题占较大比例，其联动性呈不断增强趋势。第三，全国性的反恐防暴形势较为严峻，极少数人通过极端方式表达对社会的仇视和不满，如“5・12”公交车放火案，给社会造成了一定恐慌。

社会安全型突发事件典型案例——“5・12”公交车放火事件。

2014 年 5 月 12 日 16 时 57 分左右，宜宾市翠屏区一辆公交车行驶至城区南门桥时发生燃烧，致下班放学高峰时段主干道交通中断，事件造成 1 人当场死亡、77 人受伤。在中共宜宾市委、市政府的领导下，市、区相关部门成功及时处置并侦破案件，迅速平息事态。

事件发生后，公安、应急、卫生、安全监察、交通等部门闻警而动，全力开展相关工作。第一，迅速抢救受伤人员，77 名受伤人员（其中，学生 27 人，老师 1 人）在 17 时 18 分前全部被救援并就近送往医院治疗；第二，全力疏导交通，18 时前完成现场证据固定和现场清理，18 时 25 分南门桥全线恢复交通；第三，全力开展事件调查，经过大量调查取证，迅速锁定公交车当场唯一死者系放火犯罪嫌疑人；第四，积极引导舆情，宜宾市政府于 13 日凌晨 1 时召开新闻发布会，通报事件基本情况和嫌疑人情况，并根据案件侦破进展情况，于 13 日 17 时 30 分再次召开新闻发布会宣布破案，公安、新闻部门在网上及时发布权威信息，有效地、正确地引导舆论，平息事态；第五，及时协调国内知名烧伤专家到宜宾开展诊治，有关部门积极做好赔付、心理咨询、善后处理和伤者安抚，及时解决伤者在医疗救治及生活上的困难。①

“5 · 12”公交车放火案是中华人民共和国成立以来，发生在宜宾公共交通工具上的一起受伤人数最多的个人极端暴力犯罪案件，经过沉着应对，20 分钟内抢救转移全部伤员，60 分钟内完成现场勘察清理，90 分钟左右恢复交通，4 小时内明确死者身份，7 小时内查明犯罪嫌疑人，24 小时左右宣布破案。

13.2　川南四市应急管理机制状况

13.2.1　应急管理制度体系状况

自 2003 年“非典”事件以后，川南四市分两个阶段加强了应急管理制度体系建设。一是 2003～2006 年，应急管理的基本制度体系初步建立，各地制定了应急管理机构的职责、工作流程、工作方法、议事规则，以及突发事件应急预案管理办法、突发事件应急预案等制度；二是 2011～2013 年，在对原有制度修改完善的基础上，新增了各领域、各层次的突发事件应急预案，基本形成了总体应急预案、专项应急预案和部门应急预案三个层次的应急预案体系，以及市级、区（县）级和乡（镇）级应急预案制度体系，并延伸到部分重点企事业单位，形成了“横向到边、纵向到底”的应急预案体系。同时，加强了应急管理工作绩效考核，细化了对县（区）、单位和个人的绩效考核管理，制定了相应的管理制度。

13.2.2　应急管理运行机制状况

突发公共事件的应急管理体系是一个庞大的系统，比一般的组织结构要复杂。要使其高效、灵活地运转起来，需要很多具体的机制作为支撑保障。因此，在构建应急组织机构和预案体系的同时，相应的应急管理运行机制建设也要同步开展。川南四市构建的突发事件应急管理运行机制分为预测和预警、应急响应、后期处置三个方面。

1. 预测和预警

相应的专业应急机构要对突发事件做到早发现、早报告、早处置，这是及时

① 《宜宾市召开“5 · 12”公交车燃烧事件新闻发布会》：http://www.sc.gov.cn/10462/10464/10465/10595/2014/5/13/10301565.shtml，2020 年 8 月 13 日。

做好应急准备、有效处置突发事件、减少人员伤亡和财产损失的前提。突发事件所在地的政府机关、企事业单位、社会组织和公众一旦掌握突发事件征兆或发生突发事件的情况，要及时向当地应急管理办公室报告突发事件信息。各专业应急机构根据预警信息，对报警事件的风险系数、影响范围和程度等做出及时有效的分析和预判，给出一般处置或启动相应应急预案的建议，并按照职责权限向上级应急主管单位报告，并向市应急委员会、应急管理办公室提出预警建议。预警信息也要根据规定和流程及时告知公众。

2. 应急响应

突发事件所在基层政府（县、区或乡镇）是第一应急响应责任单位，在突发事件发生后，要在事发短时间内启动以本辖区为主体的先期应急处置机制。规定时间内有关工作人员需赶赴现场，开展警戒工作，疏散周边群众、现场维护、实施救治等基础处置工作。第一时间赶赴现场的有关单位应收集现场的动态信息，初步判定所发生的突发事件的性质，如果属于应报告的突发事件要在事发规定时间内向对应的专业应急机构或事件主管单位、市应急委员会或应急管理办公室报告。相应专业应急机构办公室或事件主管单位针对县（区）、乡镇级应急单位报告的属于重大或特别重大级别的突发事件，尽快做出综合分析，按照分级响应权限通知相关单位，并立即组织专业人员前往事发现场。需向省、国家应急单位报送的突发事件应按规定立即报送。同时，启动应急处置指挥系统，应急管理办公室根据专项应急预案，及时成立现场指挥部。此外现场综合协调组、治安救助组、工程抢险组、医疗救助组、信息报送组、调查评估组等系列相关组织也要准备好，并在规定时限内进入事件现场进行处置。

3. 后期处置

现场应急工作宣告结束后，根据突发事件的性质及工作需要，相应专业应急机构或事件主管单位、市应急委员会或应急管理办公室要会同有关政府职能部门开展重建家园、恢复生产活动，同时对现场进行污染物处理、卫生防疫、公众法律援助、心理辅导、物资供应和补偿等善后处置工作。同时成立调查评估组，对事发原因、处置经过、损失、责任单位奖惩、援助需求等做出综合调查评估，并及时将调查评估报告报市应急委员会或应急管理办公室。

同时，各地也要加强应急管理运行流程建设，制定完善突发事件信息处理流程图、突发事件工作流程图、应急指挥流程图等，使应急管理工作的开展井然有序。

13.2.3　应急管理辅助机制状况

近年来，随着应急管理工作开展的不断深入，川南四市应急管理辅助机制建设也日趋完善。应急管理辅助机制包括信息公开机制、资源保障机制、培训演练机制三个部分，并细分为信息保障、通信保障、救援和抢险装备保障、人员保障、交通保障、医疗卫生保障、治安保障、物资保障、资金保障、社会动员保障、紧急避难场所保障、技术储备保障、专家咨询保障等多个方面。

1. 信息公开机制

在突发事件发生时，政府对突发事件信息的适当公开是非常重要的，不仅能起到安定民心，避免引起公众恐慌的作用，而且有利于公众对政府处置突发事件的整个过程进行监督，强化政府的责任心。目前，川南四市政府就以政府的门户网站为主要媒介开始公布各类突发事件的情况，包括预报、发生和处置等方面的信息。公开了有关气象灾害、地震地质灾害、水污染灾害等的预警和防范措施，公开了工商贸各类安全事故、道路交通安全、消防等基本情况及其防范措施，公开了食品药品安全预警信息、各类传染病疫情的情况和防控措施等，基本上做到了将各类突发事件的预警、发生和处置情况及时、客观、全面地向社会统一发布，不仅消除了公众的思想恐慌、安定了民心，而且维护了政府的形象。

2. 资源保障机制

突发事件的应急管理关系公众的生命和财产安全，关系国民经济的发展和社会的稳定，是构建社会主义和谐社会和全面建成小康社会的重要组成部分，属于社会公共产品和公共服务的一部分，因此政府是负责应急管理的主力。政府应当努力通过健全和完善财政制度，调整财政支出结构和方向，支持突发事件的应急管理，保证应急资源的充足。

一是应急资金保障。川南四市都制定了财政应急保障预案，将应急资金纳入地方预算，从制度上提供有力保障。二是应急救援队伍保障。川南四市立足于自身特点和突发公共事件的规律，建立起了消防、公安、环保、医疗卫生、矿山救护等专业救护队伍，并以制度形式明确它们的职责、工作范围、工作流程、装备配备、日常训练等内容。三是应急储备物资保障。川南四市都制定了物资储备应急预案，并将应急储备物资体系建设纳入了本地国民经济和社会发展规划中，已初步建成了市、县（区）、乡（镇）三级物资储备体系。四是应急避难场所保障。川南四市都通过整合民政、体育、文化、交通、人民防空等部门的资源，采取多种方式加强应急避难场所建设，应急避难场所数量不断增加，面积不断扩大，功能更加完善。

3. 培训演练机制

近年来，面对层出不穷、难以估计的各种突发公共事件，川南四市政府下发政令，要求各县（区）、乡镇、重点企事业单位都要制订应急演练计划，结合当地实际情况和工作责任，组织开展突发事件应急演练。原则上市政府每年都要举行 2～3

次综合性演练，并进行应急演练评估、总结，将演练完成情况纳入演练各参与主体的年度目标考核中。几年来，川南四市各级政府针对不同的县（区）、乡镇和部门开展了多次不同性质、不同内容、不同层次、不同范围的突发事件应急演练。

13.2.4　应急管理联合协作机制现状

川南四市地理条件相近、社会文化相似、行政区划边界相接，突发公共事件的性质和特点大体一致，长期以来，在应对突发公共事件的过程中，川南四市都有联合协作的历史传统，主要体现在应急管理的经验交流和相互学习、抢险救援的相互支持、培训演练的相互参与、突发事件信息的相互沟通等方面。《川南经济区“十三五”发展规划》明确提出“建设和完善信息安全监管体系，提高信息安全应急处置能力”“加强应急管理合作，搭建统一的应急管理平台。强化食品药品监管能力建设，建设区域性食品药品检验检测中心，推进地区间检验检测资源共用共享，协同保障食品药品安全。完善安全生产领域、解决重大群体性事件、处理重大疫情、防治重大灾害等方面的协同应对机制，提高社会管理联动处置水平”“建立川南防灾减灾信息互通平台，整体提升自然灾害综合预警能力”“建立健全长江流域（川南段）水文气象观测技术支撑系统，增强水文气象灾害预测预警能力，最大程度减少因降雨、洪水等自然灾害带来的损失”“建立川南区域环境保护联席会议制度，构建四市联动、城乡统筹的环境治理预警机制、应急机制、跟踪机制、协商机制和仲裁机制”等建设目标。2016年，自贡市在率先出台的《〈川南经济区“十三五”发展规划〉自贡市实施方案》中提出，要加强应急管理合作。宜宾市、内江市也分别在《宜宾市贯彻落实川南经济区“十三五”发展规划实施方案》《内江市贯彻实施〈四川省五大经济区“十三五”发展规划〉责任分工方案》中都明确提出加强应急管理协同（合作）。

13.3　川南四市应急管理机制存在的主要问题

13.3.1　危机意识尚需加强

川南四市政府和社会大众的危机意识虽不断加强，但“居安思危”的观念淡薄，各级政府部分工作人员和公众对于突发事件的严重性及产生的深远影响认识还不够深刻。

首先是部分政府工作人员的应急管理意识不强。公务员绩效考核体系主要是以结果为导向，客观上包含发展和稳定两个方面，比较而言对个人职业影响较大的是发展方面，这导致了部分工作人员在日常工作中更加注重经济增长、城市建设、招商引资等反映发展业绩的指标达成，而对应急管理工作关注度不够高。从政治过程的角度来讲，应急管理是低显著性政治问题，只有当突发事件发生以后，它才会进入公共议程，政府官员和公众很快会忘记它所带来的教训，因而会不断地重复同样的错误。这就导致个别工作人员还存在认识上的误区，认为应急管理就是事后管理，存在“重救轻防”的倾向，认为应急管理就是传统的抢险救灾，只有当突发公共事件发生后，应急管理才会发挥相应的作用，对突发事件的预测和预警工作缺乏足够重视，导致了个别人员对应急预案编制、修订、完善，以及日常演练、监测等工作的忽视。作为地方公务员，一直受到“为官一任，造福一方”传统思想的影响，对本行政区划内的突发公共事件应急管理高度重视，而忽视这些突发公共事件对行政区划外地区的消极影响。

其次是社会大众的危机意识不强。由于历史、现实和理念方面的原因，政府在应急管理监测、预警、处置、善后等环节处于绝对主导地位。绝对主导地位导致了政府在应急工作中的绝对责任，绝对责任使得不少公众认为应急管理是政府部门的事，而与自己的日常工作、生活无关，导致社会大众的应急防范意识、应急自救知识、互救知识、应急能力、应急参与度都十分欠缺和薄弱。甚至有个别人群不知突发公共事件为何物，对居住地、工作地附近的应急避难场所有哪些，应急救援工具的使用方法、应急逃生自救方法等应急知识都一无所知，更有甚者在日常工作和生活中无意识地做出一些违背应急管理要求的行为，如惜财不惜命，一般总认为灾害离自己很远，把家庭资金投在防灾保命上似乎有点不值得，将应急救援工具挪作他用、汽车乱停乱放占用消防通道、运营车辆违章超载等。出现这种现象的根本原因在于应急管理机制建设中出现的认知误区，过于强调政府的应急建设，而忽视对全民的应急教育、培训和演练，这种认识误区导致全民的应急意识、应急能力等比较薄弱，对突发事件的敏感性很差，结果突发事件发生时，人们还不知道原因何在。

13.3.2　预警信息质量不高

对突发事件信息的收集、分析、预测是应急预警机制得以顺利运行的基础，更是做出预测和预警的依据，只有在对突发事件信息进行全面、及时、确切的收集、分析和预测的基础上，才能制定出正确的应急对策。完善统一的应急预警信息系统的建立，能够将突发事件的综合应急信息及时完整地传递给各相关部门，有利于各市政府及相关部门不失时机地做出正确决策来降低突发事件造成的损失。当前，川南四市突发事件种类繁多，但是对于突发事件信息的收集、分析、预测和预警等工作却不够集中，而是分散于各相关部门，如地震局、水务局、卫生局、气象局、粮食局、食品药品监督管理局等，不同部门掌握信息的来源渠道不一致，不同的部门对同一事件的认知把握也不完全一样，特别是遇到不同部门传递上报的信息存在矛盾时，接报的上级部门需要花费较长时间进行核实、分析。同时，基层部门在信息取舍标准上把握不够精准，有些应当报告的信息没有及时报告，拖延了救援和处置的时机，某些不需要报告的信息却报了上去，浪费了较多的行政资源。基层应急管理工作在突发事件信息报送时效性和准确性方面仍然存在一些问题，突出表现为对突发事件信息进行有选择的“过滤”、迟报或有意识的“漏报”等现象。

目前，川南四市缺乏一个统一共享的突发公共事件预警信息系统，在应对跨行政区划、综合型的重大突发公共事件时，问题可能会变得更加突出。

13.3.3 应急管理队伍建设不够完善

应急管理队伍包括日常管理人员和救援队伍，是应急管理机制建设的重要内容，是应急管理工作有序、有效开展的组织保障。就日常管理人员而言，川南四市相继建立了政府应急管理办公室或应急管理委员会等常设机构，但是受编制、人才引进困难等因素的限制，人员数量有限，专职人员中受过系统教育培训，具有高学历、高职称的专门人才比较匮乏；更多承担应急管理工作的人员由公安、消防、交通、气象、地震、医疗卫生等职能部门的领导组成，这些人员在所属部门中具有其他的职责要求，应急管理只是他们众多工作中的部分内容，同时，人员交流和调整，不可避免造成了该部分应急管理人员的稳定性不高，流动性过大，新承担工作的人员需要一定的时间了解应急管理的工作要求、掌握应急管理的工作方法和技巧，从而影响应急管理日常工作的正常开展。从救援队伍的角度而言，川南四市的专职应急队伍已经建立，如防汛抗旱、消防、气象灾害、地质灾害应急、医疗卫生、矿山救护等专职应急队伍已经普遍建立，但是人员素质和专业化程度与更好应对更加复杂的综合性突发公共事件的要求相比，还有不小的提升空间。

要有效应对各种突发公共事件，更需要建立健全基层应急管理队伍。基层应急管理人员是突发公共事件的第一监测预警者、第一应急救援者和第一善后处置者，他们具有距离突发公共事件地点最近、十分了解当地情况、与当地群众具有更加紧密的人际联系等优势，是专业应急管理、抢险救援队伍的有力补充，在应对突发事件时具有不可替代的作用。川南四市县（区）级政府虽然都配备了专职应急管理人员，但综合应急救援队伍还未充分建立健全，并且乡镇、街道、社区、企业等基层组织和单位的应急管理人员和救援队伍建设更是不足，人员数量和专业素养远远不能满足需要，严重制约了应急管理日常工作的有效开展。特别是在交通不便的广大农村地区，救援队伍建设和对基层救援队伍高度依赖之间的矛盾更加突出。

"5·12"汶川地震、南方雪灾、"东方之星"旅游客船倾覆等重大突发公共事件的应对处置过程表明，应急救援志愿者是应急管理的一支重要力量。川南四市应急救援志愿者队伍建设严重滞后，其在应急管理中的积极作用没有得到有效发挥。一是应急救援志愿者数量较少，且年龄结构不合理，退休的年长者居多，中青年人员比重偏低；二是对应急救援者的管理分散于各个不同的部门，如青年志愿者的对口管理部门为中国共产主义青年团组织或学校，妇女志愿者的对口管理部门是中华全国妇女联合会，而医生、教师、建筑技术技能人员等志愿者的对口管理部门又是相应的行政主管部门，这就会造成应对重大突发公共事件时，各类志愿者队伍按照自己的理解各行其是，难以形成应急救援合力；三是应急救援志愿者缺乏系统性、专业性的培训和演练，应急救援专业技能不够高，从而导致他们在应急救援过程中只能从事一些简单的工作，使得志愿者参与应急管理的渠道较窄，方式较为单一。

13.3.4　跨区域联合协作层次不高

目前，川南四市应急管理联合协作更多体现在应急管理工作交流、理论研究、科技攻关、人才交流、平台建设等方面，当一个市发生特别重大和重大的复杂突发公共事件时，需要向更高层级政府汇报并得到同意后，其相邻的市才能够迅速参与联动救援。同时，监测预警、应急救援、灾后安置等过程中需要的地理信息、人口分布、经济基础、交通运输、气象水文、医疗卫生、公安警力、地震、地质灾害、防汛抗旱、重点污染物（重点企业）、森林火险、农林有害生物、危险隐患、预案体系、专家队伍、物资储备、特种装备、抢险救援队伍、应急避难场所等应急基础数据不能实时共享，只能在联合协作具体工作中，特别是重大突发公共事件的应急救援合作中临时交换。川南四市中，任何一个市都和其他两个以上的市接壤，相互之间有高速公路连通，水系相连，随着城际高速铁路和市级通用机场建成，交通条件将更加完善。如果川南四市建立统一的联动协同体系，当发生特别重大或者重大的突发事件时，就会极大地提高这个区域的应急联动水平和能力，为应对特大和重大突发事件提供雄厚的保障，所以，川南四市建立并不断健全完善突破行政区划限制的应急管理联合协作机制，形成区域一体化的应急管理平台是非常有必要的。

13.3.5　信息公开不够健全完善

目前，随着政务信息公开工作的不断推进，川南四市政府在应急管理信息公开发布方面也做出了一定的成绩，但总的来说，应急管理信息公开方面还是不够健全完善。

一是信息公开不够完整、及时。在应急管理信息公开的内容方面，对突发公共事件本身的描述、处置过程和结果介绍较多，各种会议、演练的新闻报道较多，而预警监测方面的内容较少，增强市民自救、他救能力的知识介绍偏少。同时，部分内容的更新速度较慢，有些最新信息的发布时间还是数月或一年以前的。在各市全年应急管理总体信息对外发布过程中，只有宜宾市政府在年鉴中以一个独立部分详细、系统、全面地发布信息，分述了自然灾害型、事故灾难型、公共卫生型和社会安全型突发事件的整体情况和典型案例，而其他市的相关信息散落在众多的政府信息之中，导致公众获取困难。二是信息公开渠道狭窄。川南四市在应急管理信息公开渠道和公开媒介方面，主要有各市人民政府网站、市级电视台和广播电台、日报、晚报等，但是大部分信息公开媒介对突发事件信息公开的时效性较强，转瞬即逝，不利于人们随时反复查阅和分析。因此，应拓宽应急管理信息的公开渠道，采用微信、短信、微博等新型媒体形式建立一个能保证社会大众随时查阅和分析应急管理信息的渠道。在信息公开的方式上，以单向公开为主，缺少双向沟通的信息公开，获得信息的公众对相关信息由于把握不准、认识不清而产生的质疑无法得到及时反馈。比如，公开应急预案，特别是各专项应急预案的重要目的之一就是让公众知晓在应对相应突发公共事件时该做什么、怎么做，以及不做什么，由于认知能力不尽相同，可能部分个体即使获得了相关信息，也无法准确把握在应对相应突发公共事件时该做什么、怎么做，以及不做什么。如果在各项预案形成过程的各个阶段公开相关信息，让公众充分讨论并认真吸取他们的建议，预案公开才能达到预期效果。

13.3.6　应急管理物质资源不足

川南四市应急管理物质资源的社会化、市场化、产业化程度不高，绝大部分资源主要是靠政府投资。近几年，川南四市的经济有了长足的发展，但是经济实力仍显不足。2016 年，川南四市人均地区生产总值为 36 422 元，不到全省排名第一的攀枝花市（人均地区生产总值 82 327 元）的一半，比全省平均水平（人均地区生产总值 39 835 元）低 3413 元，这导致了财政对应急管理物质资源的投入不足。一方面，在用的各种预警监测设施和应急救援装备数量有限，由于缺少资金进行更新改造和维护保养，存在部分在用设施装备老化、技术手段落后的现象。应急管理物质资源储备体系建设不够完善，基础设施和储备物资的品种、数量和技术等级都有待进一步提升，特别是偏远乡镇的应急物资储备点建设情况更为严重。另一方面，川南四市作为老工业城市，传统产业发展面临诸多瓶颈和困难，各市纷纷寻求产业转型和结构调整以促进经济更快更好发展，规划了新能源、生物制药、燃机与航空等高端制造业。这些新兴产业的发展，必然是产生突发公共事件的新诱因，可能导致新的危害，这对现有的应急管理物质资源，特别是预警监测设施和应急抢险装备提出了新的要求。针对这种新变化、川南四市已做出了相应的谋划，如内江市明确提出了“十三五”期间应急体系重点建设项目：政府应急指挥平台、应急救援训练基地、食品药品安全检测能力、应急基础数据库系统、新闻处置与网络舆情应急管理系统。

第 14 章　西方发达国家应急管理机制的经验借鉴

14.1　美国应急管理机制的经验借鉴

14.1.1　美国应急管理机构设置借鉴

美国已经构建了从中央政府到地方政府的多层级应急管理与响应机构，并建立了基于《州际应急管理互助协议》（*Emergency Management Assistance Compact*，*EMAC*）的扁平化网络治理机构，总体上形成了职责明确、协调一致的应急管理机构体系。

1. *多层级的应急管理与响应机构*

各级政府分别设立了不同的应急管理机构，从中央到地方依次设立国土安全部、应急管理结构、应急管理中心、应急服务机构等。作为最高的应急管理机构，国土安全部主要负责国家级别的突发事件，拥有涉及应急预防准备阶段、应急运行救济阶段、应急恢复重建阶段等全过程应急管理措施与方案；各地方政府常设的应急管理机构主要针对自己辖区范围内发生的突发事件，是各辖区突发事件的直接负责单位，负责制订所在区域的应急管理预案与规划等；而社区应急服务机构设施与专业人员相对简单，除了拥有必需的应急管理设备与工具外，主要依靠消防、公安等单位协助处理突发事件。

2. *扁平化的网络治理结构*

除了按照行政机构层级划分的应急管理机构外，美国各地方政府间应急管理的协同主要依据签订的 *EMAC* 来维护，其治理结构是扁平化的网络治理。主要特点是不由行政部门主导，而是由美国应急管理协会（National Emergency Management Association，NEMA）这一非营利组织进行管理，*EMAC* 委员会由协议州的 NEMA 局长或其代表构成，具体负责跨州应急事件的协调工作。*EMAC* 行政部门负责 *EMAC* 财务管理、行政运转工作；*EMAC* 咨询小组由联邦和各州应急工作的相关政府和职能部门的负责人等构成，负责人员培训、跨州救援指导、应急力量和物资的整合与调配等工作。*EMAC* 运作部门由 NEMA、国家协调委员会（National Coordination Committee，NCS）、先遣队（Advance Team，A-Team）、国家 *EMAC* 联络小组（National *EMAC* Liaison Group，NELF）和区域 *EMAC* 联络小组（Region *EMAC* Liaison Group，RELF）构成，见图 14-1。

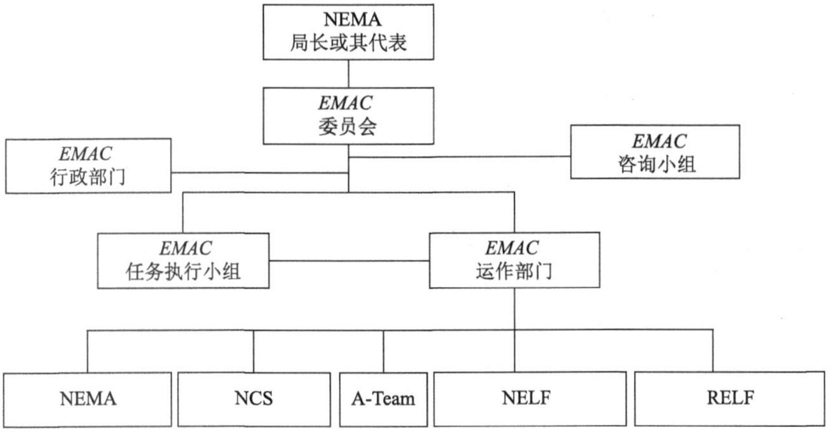

图 14-1　美国 *EMAC* 治理结构图

美国应急管理已经形成了扁平化的网络治理结构，使得跨州突发事件的应急管理协作机制更加完善，而我国尚未形成省际的应急管理治理结构，这也是我国跨区域应急管理的较大缺陷之一，不利于形成先进应急管理机制。与美国相似，我国是灾害多发国家之一，且幅员辽阔，更需要先进的区域应急管理治理结构，这是值得我们借鉴的地方。

14.1.2　美国应急管理法律体系借鉴

美国坚持法治的理念与传统，继而形成了完备的应急管理法律体系。1950 年，美国国会通过的《灾难救济法》是美国应急管理的制度性立法，授予总统非常高的紧急宣布权；20 世纪 60 年代，面对自然灾害频发的局面，制定了《全国洪水保险法》（1968 年），开创了将保险引入应急管理的先河，也使得救灾防护有了更可靠的保障，并提高了民众的危机意识；1988 年，国会通过了《斯坦福灾难救济与紧急援助法》，明确了紧急管理的制度化程序，如政府间救援工作的协同程序等。“9·11”事件发生后，美国国会通过了《国土安全法》。除此之外，还有《公共卫生安全与生物恐怖主义应急准备法》《综合环境应急、赔偿和责任法案》等。制定的行政命令包括第 12148 号、12656 号、12580 号行政命令及国土安全第 5 号总统令和国土安全第 8 号总统令。美国各地方政府也有相关的法规，形成了比较健全的应急管理法律体系。

美国健全的应急管理法律体系给我国构建完善的应急管理机制提供了有益的借鉴，如中央政府法律体系与地方政府法规体系的协调问题、应急管理协作中各个主体的责任划分及机会主义防范等。

14.1.3　美国应急管理信息系统借鉴

通过实施“e-FEMA”（e-Federal Emergency Management Agency）战略，美国建立了应急信息系统层次结构模型，能够根据突发事件的动态发展变化及时更新应急信息，并能够减少沟通的层级，降低应急信息失真的可能，实现应急信息的传递与共享。美国应急管理信息系统主要有三个：联邦应急管理信息系统、网络应急管理系统与灾害损失评估系统。其中联邦应急管理信息系统是一个决策支持系统，全权负责应急管理过程中的各项事务；网络应急管理系统，主要负责处理突发事件的调度与协调工作，也负责相关的文档数据处理与管理工作；灾害损失评估系统，则重点在于损失的预测性评估，进而采取针对性措施。

构建完善的应急管理信息系统，能够更加有效地实现区域协作中各城市间资源的有效利用，防止资源的浪费或应急过程中资源的不足，能够实现资源的合理调配。当然，应急管理信息系统的构建，一方面要顾及应急管理的全过程，另一方面要覆盖应急管理协作的主体，以便实现网络式的信息共享。

14.1.4　美国应急管理救援系统借鉴

美国应急管理救援体系中有许多值得我们借鉴的经验，美国应急管理救援体系具有以下特点：一是法律、责任与分工明确；二是信息网络发达，应急指挥迅速有力，信息反馈及时准确；三是搜索救援医疗队训练有素，一专多能、组织行动迅速、装备精良；四是民众自我救援意识强烈，临危不乱。应急管理救援体系是减少突发事件损失的关键，我国应急管理救援系统的构建，一是要提高应急管理救援队伍的整体素质，重要的是增强救援队伍成员之间的协同性，如应急救援队伍应由多样化才能的人员组成；二是要配备先进的救援设备，高科技的救援设备能够提高救援过程中的信息流动速度，进而能以最快速度、最高效率实现救援。

14.1.5　美国应急管理能力借鉴

美国应急管理能力体现在：统一管理、属地为主、分级响应和标准运行。统一管理是指突发事件发生后，一律由各级政府的应急管理部门统一调度指挥，而平时与应急准备相关的工作，如培训、宣传、演习和物资与技术保障等，也归政府的应急管理部门负责。统一管理主要体现了确保应急管理机构在突发事件处理中的领导与指挥地位，其他协助机构必须服从应急管理机构的调度与协调，此外，应急管理准备阶段的基础保障工作，也由应急管理机构这一专业部门负责。属地为主是指“哪发生，哪负责，哪指挥”的原则，辖区政府负责指挥上下级政府、同级政府及其他救灾主体的任务分配与协调工作。分级响应主要依据突发事件可能造成的损失与危害，采取不同的响应级别。标准运行则以高效为目的，强调整个应急管理过程的标准化，减少信息解读误差造成的损失。

美国应急管理能力较强的关键在于标准化的运行程序，这也是影响跨区域应急管理协作的重要因素。标准化运行将会提高应急管理过程中的反应和行动速度，且能够建立协作主体之间更快捷、简便的交流符号，提升应急管理效率。

14.2　日本应急管理机制的经验借鉴

14.2.1　日本应急管理机构设置借鉴

日本采取三级制（中央-都道府县-市町村）。非灾害状态下，三级政府召开防灾会议；灾害状态下，成立临时机构灾害对策本部来组织应对灾害。

1. 三级政府的防灾会议

与美国的应急管理机构类似，日本应急管理机构设置同样是按照政府行政级别实施层级制，但其侧重以常规会议的形式，从中央政府到地方政府分别设置各级防灾会议。防灾会议更加侧重“防灾”，原因在于日本是自然灾害频发的国家，其应急管理的重点也就在于以预防自然灾害为主。其中，中央防灾会议、都道府县防灾会议及市町村防灾会议分别负责各级的应急预案制定工作，此外，都道府县还负责救灾时的协调及灾后的恢复工作，中央救灾会议则审议全国的防灾会议。

2. 各级灾害对策本部

防灾会议更多是定期召开的常规防灾工作会议，而灾害对策本部则是为应对突发事件而成立的临时机构，它是灾害指挥决策的核心机构。当然，与防灾工作会议类似的是，灾害对策本部也是按照政府行政等级划分不同的灾害对策本部，并依据突发事件可能的规模及影响程度，分别由不同的灾害对策本部负责。

日本应急管理机构既遵循了按照行政级别设立不同层级应急管理机构的常规原则，又按照“常规”与“非常规”两种状态分别设置防灾会议与灾害对策本部两类应急管理结构体系，能够更加全面地覆盖突发事件涉及的各个角落以预测可能带来的各种损失。我国应急管理中也有“现场指挥部”，但缺乏长期的协调及沟通，或者说是长期的工作默契尚未形成，有时会造成决策片面或者影响救灾速度的情况。因此，可借鉴日本的应急管理组织结构，并结合中国国情，提高应急管理临时指挥机构的协同能力。

14.2.2　日本应急管理法律体系借鉴

1961 年，日本正式出台了被称为“防灾宪法”的《日本灾害对策基本法》，其坚持“依法防灾，科学应急”的基本思想。这部法律囊括了日本应急管理工作尤其是防灾减灾工作相关的明确条文，如开始强调除国家政府外的其他主体在防灾工作中的责任与义务，明确规定了防灾主体的责任，以及随着灾害动态发展，各个主体责任的变化；并对防灾计划与应急预案的制定提供了具体标准与要求；此外，对于防灾会议，该部法律也有明确规定。《日本灾害对策基本法》经过两次大的修订：一是对于交通管制的相关规定；二是关于紧急救灾体系及救灾灵活性的相关修订。

日本应急管理法律体系使得日本的应急管理做到了“依法应急”，更重要的是关于防灾计划的分层次制订，是确保不同级别政府部门应对不同类型突发事件的基本依据。而我国各级政府在编制应急预案的过程中，由于缺乏协同意识、资金投入不足等原因，应急预案的整体可操作性和适用性不够强，且针对特定区域的应急预案或应急规划比较缺失，这也是妨碍区域应急管理协作机制构建的因素之一。

14.2.3　日本应急教育与宣传体系借鉴

日本非常重视应急教育与宣传体系，且主要体现在各种防灾活动中。其中应急教育工作主要包括两大方面：中小学应急教育和面向社会的应急教育。

1. 应急教育工作

日本中小学应急教育方面，日本各都道府县教育委员会都编写有《危机管理和应对手册》或《应急教育指导资料》等教材，同时，还有应对和预防各类人为犯罪伤害、火灾等方面的教育。且多数学校已经建立了防范监视系统，严格盘查出入人员，借助卫星定位系统，给每位小学生配备随时可以显示学生所在位置的联络装置，能够及时知道学生发生危险的地点。面向社会的应急教育主要针对当地居民，日本各级政府经常通过编印小册子及通过广播、电视、互联网等媒介为公众提供各种应急教育。

2. 防灾宣传活动

日本规定了诸多的灾难管理日或灾害管理志愿周等，如每年的 9 月 1 日为“灾难管理日”，1 月 17 日设为“灾难管理志愿者日”，1 月 15～21 日为“灾难志愿者管理周”，8 月 30 日至 9 月 5 日为“灾难管理周”。此外，每年举行两次“全国火灾预防运动”（3 月 1 日和 11 月 9 日）、“水防月”（5 月或 6 月）、“危险品安全周”（6 月第 2 周）和“雪崩防灾周”（12 月 1～7 日）等。日本政府和社会团体充分利用宣传时机，借助各种公共设施和宣传媒体进行科普宣传，并且形式多样（展览、媒体宣传、标语、讲演会、模拟体验等）。

应急管理协作机制是一个多主体的协同应急机制，其包含的主体不仅有政府及相关组织机构，也包括公众、媒体、社区等，因此，应急管理协作机制不仅强调专业化，更强调社会化。日本应急教育与宣传体系告诉我们，要高度重视应急教育和宣传，动员一切可以动员的力量，让每一个国民都有应急处理意识，时刻做好应急管理的准备，只有通过训练掌握应对突发事件的必备能力，才能实现突发事件应急管理协作的高效率，将突发事件损失降到最低。

14.2.4　日本防灾科研体系借鉴

日本防灾科研体系能够实现无延迟的快速信息传递，其各项科研技术走在世界前列。日本防灾科研体系主要体现在两个方面：其一，紧急事件报警系统。包括覆盖了家用电视机与家用手机的危机报警系统，能够使国民大众第一时间获得灾害信息，提前做出预判，采取紧急行动。其二，应急通信信息网络。实现了各应急救灾主体之间及救灾主体与被救对象之间的信息互通，提高了协同应灾能力，减少了盲目救灾，提高了应急效率。

值得我们借鉴的是，在大数据时代，提高应急管理科研水平，将先进的技术运用于应急管理协作之中，将会促进知识的流动，实现信息的共享，提高信息传播的速度，使信息网络成为应急指挥系统高效运行的“神经中枢”，提高应急管理能力和效率，降低突发事件带来的风险和损失。

14.3　德国应急管理机制的经验借鉴

14.3.1　德国应急管理意识借鉴

德国应急管理机制实现了专业化应急与社会化应急的高度融合，这也得益于德国社会民众卓越的应急管理意识。德国应急管理社会化的实现主要依靠庞大的志愿者体系及专业化的应急培训。

1. 庞大的应急管理志愿者体系

其一，德国应急救援的志愿者组织众多，广泛分布于消防、医疗、通信、海事、救援、辅助及管理等部门；其二，德国应急救援的志愿者数量巨大，如截至2016 年，德国红十字会约有 40 万人，德国工人救援协会有 1.7 万人，德国水上救生协会约有志愿者 4.7 万人，参加志愿消防队的约为 120 万人。这得益于德国良好的公民文化氛围与法律的相关规定，青年人参加 6 年志愿者培训和服务可以免除服兵役，这将大大激励德国青年大众加入志愿者队伍，形成良性循环。

2. 独具特色的应急管理培训体系

联邦民众保护与灾害救助局与联邦技术救援署都承担着应急管理的培训工作，其中联邦民众保护与灾害救助局主要依靠应急规划及民事保护学院，专门从事应急管理的培训工作。应急规划及民事保护学院主要对在应急管理中负有领导、指挥、规划、执行、评估及培训职能的人员进行培训，可称之为专门机构对专业人员的培训，基本涵盖了所有应急机构的管理人员。而联邦技术救援署培训的重点是应急过程中负有技术救助职能的人员，培训灾害现场应急指挥人员与专业救援人员。而两者的共同之处就是培训的专业化程度高，培训课程的专业性突出，由各个领域的专业团队讲授专业化的知识。

我国公众的应急管理意识普遍较低，应急管理能力也较弱。究其根源，缺乏普遍的应急管理培训体系是造成应急管理意识薄弱的原因之一。虽然我国政府针对应急管理有专门的培训政策和规定，但是，包括应急管理人员在内的广大公民并未重视培训的重要性，如校园中组织的应急演练或模拟活动等，并没有得到广大同学的高度重视和认真对待。加之多方面原因，政府部门对于难以量化评价的应急管理协作机制表现得不够积极。如何针对应急管理建立协作机制，进行针对性的培训和宣传，是当下应急管理的重点和难点。

14.3.2 德国应急管理机构设置借鉴

与美国、日本相比，德国的应急管理机构设置在强调联邦政府与地方政府作用的同时，应急管理机构的设置更加专业化，应急管理机构下设更多的职能部门，实现了应急管理工作的细分，这也能够保证应急管理工作的标准化。

1. 联邦民众保护与灾害救助局

2004 年 5 月，德国联邦内政部在危机管理与公民保护司下增设联邦民众保护与灾害救助局，是联邦政府与各州政府的灾情信息中心。其下设四个职能部门，分别负责应急管理的相关基本事务（如提供灾情信息、发布预警预报、制定预防信息系统及善后心理辅导等）、突发事件预防及其关键基础工作（对外宣传与交流、法律援助与志愿管理）、突发事件中公民健康保护工作（特别是生化、辐射和核污染等）、应急管理的培训及社会调查工作。

2. 联邦技术救援署

1950 年建立的联邦技术救援署，工作对象是社会化的救援力量，对其提供救援的技术指导与意识培养，包括危机意识的强化、应急基本技能的学习、社会化救援的辅导等。该组织运作包含四个层面的标准化模式：地方模块（地方救援装备的标准化）、地区模块（县市地区调配的标准化）、跨州模块（州政府救援调配的标准化）、总部模块（全国救援调配的标准化）。

3. 其他组织机构

除上述组织机构外，联邦政府与地方政府还有很多救援组织，联邦政府与州政府涉及军队、警察及消防等救援组织，县市政府则有其他的应急力量，可见，德国的应急管理机构与其他政府机构高度协作，共同完成突发事件任务。

我国应急管理协作机制的运行要实现更多组织机构的协同，不仅要发挥各级政府在应急管理协同中的主体作用，更要统筹各层次政府机构及各辖区的公益性组织，加强沟通与交流，通力合作，建立应急管理协作机制，从而真正实现应急管理的多主体协同，提高应急管理能力。

14.3.3　德国应急管理法律体系借鉴

德国形成了以基本法为基础、单行法律为支撑的应急管理法律体系。

1. 基本法

基本法规定了德国的四种紧急状态：防御紧急状态（即战争状态）、紧急状态（防御状态前的临战状态）、内部紧急状态（内部叛乱、动乱等）及民事紧急状态（包括自然灾难和特别重大的不幸事故）。此外，基本法规定了两种不同情境下应急管理的主体差别，联邦政府主要负责战争状态下的民事保护，而州政府负责和平时期各种灾难的救助工作。德国没有一部单行的紧急状态法，但根据基本法制定了一系列单行法律，如《联邦保障法》《交通保障法》《铁路保障法》《电信保障法》《能源保障法》《食品预防法》《灾难救助法》等。德国单行法律主要是预防战争期间可能出现的保障供给问题，详细规定了具体的义务与责任。对于和平时期的突发事件处理，主要是联邦政府对州政府的间接救援，为其提供保障与支撑。

2. 民事保护法

民事保护法最初也是针对德国随时遇到的战争而制定的，目的主要是确保战争期间，居民及企业单位等不受战争影响，减少战争可能带来的严重后果。随着冷战的结束，民事保护法律体系也发生了变化。1997 年修订颁布的《民事保护法》更加强调以民众自我保护为基础的应急管理体系，也体现了德国应急管理的基本理念；2002 年 12 月，各州政府内政部长和参议员常设会议通过了《公民保护新策略》，要求联邦政府与各州政府在应对危机时更好地进行协调；2009 年 4 月，联邦议会对《联邦民事保护和灾难救援法》进行修订，新增了联邦对州的灾难救援进行协调与支持等内容。

3. 州级的相关法律

德国各州都有着完备的关于民事保护和灾难救助的法律设置，如《黑森州救护法》《黑森州公共秩序和安全法》《黑森州消防法》《巴伐利亚州灾难防护法》。

德国应急管理法律体系根据外部环境的变化不断进行调整，且对各级政府之间应急管理的协调问题进行了相关法律规定，这是我国应急管理机制中需要借鉴和完善之处。我国应急管理协作机制，不仅需要同级政府之间的协作，也需要上下级政府之间的协作，在上级政府指导下同级政府之间的协作，以及政府指导下的社会公益组织之间的协作，对此，需要更加明确的法律条文保证运行。

第15章　川南四市应急管理联合协作机制构建路径

川南四市构成川南经济区，当前尚未真正形成融合互动发展新格局，一体化发展水平较低是该经济区发展的“短板”，川南四市政府间的应急管理也表现出“合作规则”碎片化、“利益机制”模糊化。区域应急管理体系更是一种“行政区划导向”的制度安排，这种“条块分治”“利益梗阻”的机制是应对跨界危机的根本性矛盾。区域应急成本分担差异化和自我化现象也比较突出，各方囿于局部利益考虑，往往都寄希望于“搭便车”，正是这种复杂的利益纠葛造成了危机决策的深层次矛盾，就构成了集体行动的困境。然而，对于正处在转型升级、快速发展和矛盾凸显期的川南经济区而言，在经济、社会发展方面既存在后发优势，也存在自然灾害隐患多、“城镇化工业化”过程中遇到的突发事件频繁等问题，怎么把它管控好，把这些突发安全问题的冲击和损害降到最低的限度，提升川南城市群的综合承灾能力，是川南四市应急管理必须面对和解决的问题。正确的改革与发展方向及恰当的路径选择，无疑是实现应急管理“同频共振”的前提和基础。

15.1　应急管理联合协作机制总体战略

借鉴西方发达国家的应急管理机制及泛珠三角区域内地九省（区）、粤港、粤澳应急管理合作机制在内的各区域应急管理的好经验、好做法，本书认为建立川南四市应急管理联合协作机制的路径是先“联”后“动”的应急管理联动机制的有序整合路径，即先以法律法规和政策制度等形式明确各主体的“应急契约”规则，然后各方按照既定程序开展应急管理“联合行动”。这里的“联”指的是各主体在协同应急过程中需要共同遵循的一系列预设规则，包括各种政策、法规和制度，以及与之配套的组织保证、资源保障等；而“动”则是指各主体所开展的各项应急管理活动，这些活动包括了突发事件预防与应急准备、监测与预警、应急处置与救援、事后恢复与灾后重建等应急管理全过程。

川南四市应急管理联合协作机制应着力创新工作模式、加强顶层设计、完善法规预案、健全运行机制、强化组织指导，从协同发展的战略视阈全面推动川南经济区应急管理协作机制建设。在川南经济区一体化发展过程中，迫切需要优化构建多层次、网络状的跨界应急管理区域协作体系，逐步完善联动机制、深化合作内容、强化制度保障，将协作契约制度化、协调机构网络化、协作流程整体化，加强毗邻地区应急体系建设规划的衔接，努力形成覆盖全面、合作深入、联系密切、处置高效的跨区域应急管理联动格局。

然而川南四市应急管理水平发展不均衡，区域应急管理协作体系缺乏系统性。扭转和优化现有应急管理整体局面，可以从川南经济区应急管理总任务分解及区域任务整合的角度出发，从联动框架、组织保障、预案体系、信息共享、资源共享及技术平台六个方面探究川南四市跨区域应急管理联合协作机制的路径，具体见图 15-1。

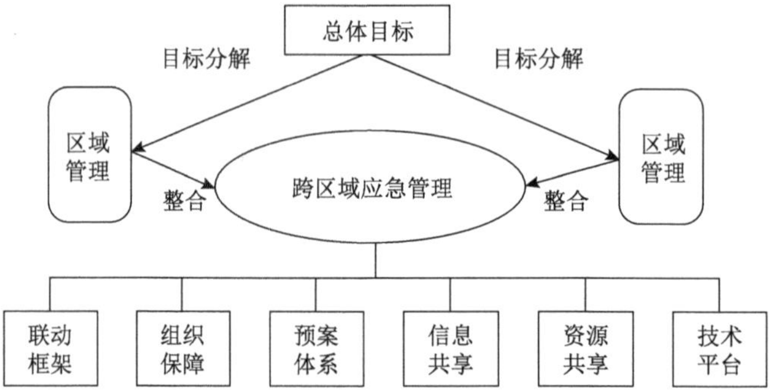

图 15-1　跨区域应急管理联合协作机制的路径

15.2　联动框架：联合协作应急管理制度化协作契约

规则先行是应急联动的核心基石。重视战略谋划，强化川南四市应急合作的顶层设计，从战略的高度，转变观念，打破行政区域利益的樊篱，牢固树立川南经济区一体化的观念，立足于跨区域应对突发事件的实际需要，按照自愿参与、平等互助的原则，努力形成跨区域应急管理联动格局。各地应急联动需结合川南四市流域、道路、地形、风险隐患、突发事件等具体应急情况，建立若干常设的跨界应急管理区域中心。在整体联动框架下，加强区域之间应急管理合作广度和深度，实现应急资源优势互补、快速联动和协同应对的整体联动格局。在联动框架构建内容上，除进一步强化信息通报、联合救援和资源共享外，要更加重视灾害预警和联合预防，并向应急资源共建、人才培养、应急产业发展等方面逐步拓展。

15.2.1　颁布“川南经济区综合应急联动框架”条例

综合框架应明确重大突发事件应急活动的总体参与方式、职责权限和运行模式，从总体上规定“谁来做，做什么，怎么做”的问题，界定各有关主体在联合开展应急管理活动时的职责和权限，优化布局跨界应急管理区域中心，建立健全跨界危机利益共享机制和利益补偿机制，将跨区域应急联动中的协调机构网络化和协作流程整体化、常态化等核心内容予以契约规则化。

川南经济区首先应根据区域自然灾害、公共事件、公共安全应急管理的现状，基于地域协作、流域协作、区域协作的基本逻辑，整合区域内应急资源的配置，优化布局跨界区域应急管理中心，将其作为区域灾害中各相关主体协作时的组织者和协调者。其次，建立健全跨界危机利益共享机制。利益共享是各政府主体在平等、协商、协作及互利基础上，实现治理利益的分享，通过优势资源互补、人才技术交流、经济产业合作，实现区域利益共享、跨界危机利益共享，这不仅能有效避免区域危机治理的资源浪费和重复设置，也为协调区域发展、提升区域竞争力提供了不竭动力。最后，建立健全跨界危机利益补偿机制。当跨界危机协作治理出现利益失衡时，各危机治理主体要基于利益共同体视角，实现治理成本的有效分担，主动对利益受损者给予合理的利益补偿，以保障政府间协作的持续开展和维持长久稳定的协作关系。政府危机治理主体达成对利益分配的趋向共识是利益共享补偿机制建立的关键，利益合作博弈是驱动政府间协作的核心，也是跨界危机治理成功与否的决定性因素。

15.2.2　签订“川南四市区域应急协作联合契约”规范

各级各类应急合作机制都需要签署应急管理合作协议，全方位提出合作的总体框架、基本要求和工作思路，彻底明确合作原则、合作内容、联动方式和各方责任等，并以联合契约为线将“碎片化”的应急管理“串联”起来，达到“1+1 > 2”的效果。川南四市应急管理合作协议应在“川南经济区综合应急联动框架”总体要求下细化合作规则，明确川南四市加强区域应急合作的具体实现途径，规范自身与其他部门的权责边界、资源共享机制和信息互通渠道，逐步构建起“条块结合”“区位协同”“利益共享”“成本共担”的应急合作工作的良好局面。

川南经济区首先应综合考虑区域内实情与各地方政府的利益，制定指导本区域应急处置的规章制度，权责清晰界定，有效降低政策执行的随意性，实现协作关系的法治化。其次，要建立网络状的跨界应急管理协作制度体系，构建常态化的协调机制和运行机制，为跨区域协作创造良好的制度环境和契约保障机制。最后，要共同协商制定具有普遍约束力的行为规范和违规处罚机制，避免“利益联盟”的瓦解和地方政府“各行其是”，进而约束各区域政府的行为，促进合作的规范化与顺利进行。

15.2.3 实现应急管理标准化

川南四市一方面需要统筹考虑行政责任与社会责任系统、快速反应与资源支持系统、工程防御与技术保障系统、紧急避难与救助救援系统的构建，并实现构建的系统在川南经济区无缝对接，破除体制机制障碍，实现系统的跨区域运行。另一方面，川南四市应根据应急管理框架指南优化本区域应急救援体系，从组织体制、运作机制、法规基础、保障系统等方面实现应急管理标准化，以标准的流程和程序实现应急救援体系的全面接轨，确保联合协作应急管理制度化协作契约得到全面贯彻落实。

15.2.4 建立川南四市应急管理联席会议制度

加强川南四市之间的协调配合，形成合力，提升区域间的协同运作和应急联动能力，需要建立一个具有足够权力且能有效动员、指挥、协调、调度各方面资源应对危机的跨区域中枢指挥系统，形成联防联控的危机处理体系。因此，完善一个以应急管理办公室协调若干个议事协调机构和联席会议的综合应急体系是十分必要的，而且可以考虑建立常态化的区域应急联动联席会议制度作为区域应急联动的长效机制，并对议事协调机构和联席会议制度进行“分类分层”管理。联席会议需定期召开，研究决定合作事项并推动落实，主要围绕区域间信息共享、资源共享、相互配合、队伍建设、联合演练等机制问题进行定期磋商并达成共识。同时，在跨区域公共危机治理过程中，应及时把经验性举措总结上升为区域间应急联动的合作章程，规定相关区域在应对跨区域公共危机中的职责及相应的联动办法，使公共危机下的信息沟通、应急处置、资源调拨与分配、危机责任追究、受害方利益补偿、应急演习的组织与实施等以规范性制度文件形式固定下来，形成约束各方行为的契约，督促各区域积极应对跨区域公共危机。

15.3 组织保障：联合协作应急管理网络化协调机构

组织保障是应急联动的核心基石，建立科学高效、秩序与协同并重的应急管理机构，是有效应对突发事件的重要保障。当前川南四市应急管理协调机构（应急管理办公室或应急委员会）普遍存在“信息报告有余，协调联动不足”的状况，在应急联动协调方面尚缺乏权威性和凝聚力。川南四市需要健全完善各级各类应急管理领导机构、办事机构和工作机构，构建机构清晰、职责明确、人员精干的网络化组织体系。与此同时，川南四市应急管理联合协作，需要在一个核心枢纽机构的指挥协调下，使各机构和部门纵向能对接、横向能联动，也就是注重本市应急管理系统与其他市应急管理系统的无缝对接，实现本地、本部门应急管理系统与其他部门应急管理系统的联动。川南四市应急管理基本思路是建立和完善一个应急管理中心（川南经济区应急管理中心）协调若干个应急分中心、议事协调机构和联席会议的综合应急行政体制。这种模块化的行政管理体制有充分的弹性，有利于应急管理行政体制的逐步完善和及时调整。川南经济区跨区域应急管理联合网络化协调机构见图 15-2。

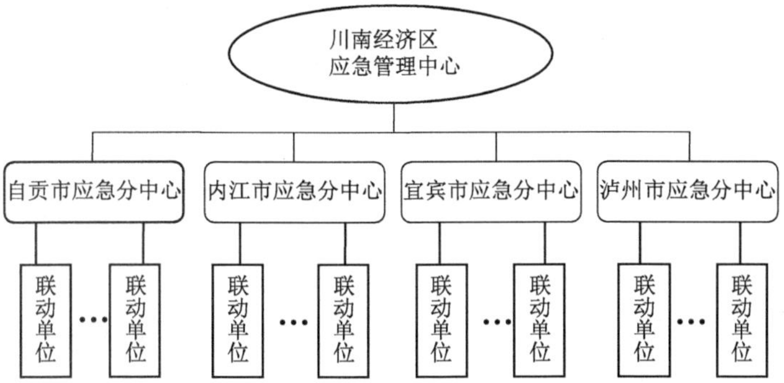

图 15-2　跨区域应急管理联合网络化协调机构

目前我国政府应急管理组织有三种结构并存，分别是政府应急管理纵横结合组织结构、政府应急管理矩阵式组织结构、政府应急管理事业部组织结构。这三种组织结构都有其各自的优缺点，但也有它们普遍的缺陷，即只重视政府自身来应对公共危机，没有把其他危机应对主体囊括到政府应急管理体系的架构内。不过，当前以议事协调机构为主体、依托专业部门的应急管理反应机制还是比较成熟的。充分发挥议事协调机构的作用，有助于实现行政成本最小化和行政效率最大化目标，因此，要加强和巩固议事协调机构在危机中的统一指挥和应急处置职能，要在政府层面上解决议事协调机构在事前的协调能力不足问题，以确保议事协调机构的权威性和指挥权。显然，对于改进政府内外结合的多维网络应急管理组织结构更是迫切。

从实践来看，综合协调机构在大规模、跨区域重大突发事件的应急管理联合行动中发挥着越来越重要的作用，其综合协调功能也在实践中呈现出不断强化的趋势。当前川南四市政府应急管理综合协调机构（应急管理办公室或应急委员会）的主要职能多集中于应急值守、信息报送、预案指导等方面，在协调各方力量联合开展应急活动方面的话语权尚有待进一步提高。针对上述问题，可以考虑提高地方政府应急管理办公室的行政级别，赋予其更为充分的指导、组织和协调职能，提升其在应急管理联动中的话语权和权威性。在应急联动方面，重点加强各级政府应急管理办公室在顶层设计、资源调配、综合协调、信息汇总与沟通平台等方面的职责。同时，川南四市各级政府应急管理办公室还应注重加强对应急联动相关机构的实际指导，可考虑通过派员参加相关部门应急管理机构的理事会、指导委员会等多种形式，切实强化应急管理办公室在跨界应急联合行动中的指导和协调作用。最终使区域应急管理办公室真正成为各级政府开展应急管理联合活动的神经中枢，从机构上为应急联动提供牢固的组织保障。

15.4　预案体系：联合协作应急管理编制联动应急预案

应急管理最重要的任务就是不断地做好准备。国家建立统一领导、综合协调、分类管理、分级负责、属地管理为主的应急管理体制，突发事件应对工作实行预防为主、预防与应急相结合的原则。习近平强调："要善于运用底线思维的方法，凡事从坏处准备，努力争取最好的结果，做到有备无患、遇事不慌，牢牢把握主动权。"①

川南四市各级政府在编制和修订政府应急预案中，要将毗邻地区应急联动纳入预案内容。合作机制要针对共同面对的公共安全风险制订应急预案编制计划，加快相关预案的编制和修订工作，实化细化具体措施，并作为对区域间应急管理合作有约束力的制度性文件，确保在发生跨区域突发事件时，合作各方及时联合应对。川南各地方政府要将应急预案编制落实工作纳入监管范围，将应急预案的有关内容纳入督促检查事项，着力推动预案完全落实。川南四市要将各项应急规则、协作契约落实到各级应急预案中，通过预案对各主体进行职责细化和行动规范，使其成为各主体联合参与重大突发事件应急活动的指南和准则。

川南四市应急管理协作机制要以编制联动应急预案为抓手，专门针对预防、保护、减除、响应和恢复五个阶段，编制"川南经济区跨区域操作预案"，包含编制道路交通、矿山事故、地震、气象灾害、突发环境事件、森林火灾、旅游、食品安全事故、粮食安全等专项应急联动预案，对关键任务与职责及所需人力、物力和资源等进行详细的描述和界定，用以指导应急管理各阶段跨区域工作。"川南经济区跨区域操作预案"需进一步明确突发事件应对过程中指挥协调、信息通报、队伍和装备调用等各个环节的具体要求和各有关方面的具体职责，将联动内容细化，联动方式规范化、契约化。

曾经将应急预案当作一个工具、一种方法、一种手段，推动了突发事件应急法制建设、机构与队伍建设、应急平台与技术的发展，推动了全社会对应急，尤其是应急准备意识与文化重要性的认识。到今天，乃至未来，相信加强应急预案

① 引自《这两年，习近平带火的12个热词》：http://politics.people.com.cn/n/2015/0206/c99014-26519924-2.html，2015年2月6日。

建设仍然具有这种作用。川南四市应急预案体系要坚持灵活性，从宏观到微观的具体化，从整体规划到具体的操作手册，从预案到方案的实例化；要坚持现实性，立足现有，加强邻里互助、企地合作、区域协作；要坚持稳定性，不因某个事件特别而调整应急预案体系结构；要坚持一致性，依靠制度、规程、指南、细则等规范性文件进行控制；要坚持连续性，全面集成业务连续性管理各项计划。川南四市必须明确联动应急预案应当基于协同、合作的思想，而不是指挥与控制的思想，形成一致的应急救援框架与运作共识，定期开展区域应急预案绩效评估，促进事故预防工作，降低危险程度，提高救援能力。

应急预案需要应急演练来检验和修正，应急演练是应急管理的重要环节，在应急管理工作中有着十分重要的作用。通过开展应急演练，可以实现评估应急准备状态，发现并及时修改应急预案、执行程序等相关工作的缺陷和不足；评估突发公共事件应急能力，识别资源需求，厘清相关机构、组织和人员的职责，改善不同机构、组织和人员之间的协调问题；检验应急响应人员对应急预案、执行程序的了解程度和实际操作技能，评估应急培训效果，分析培训需求。同时，作为一种培训手段，通过调整演练难度，可以进一步提高应急响应人员的业务素质和能力；促进公众、媒体对应急预案的理解，争取他们对应急工作的支持。

川南四市可以组织开展不同形式的联合应急演练，理顺指挥关系，建立起顺畅的沟通渠道，特别要注重加强地方政府与部队和驻地企事业单位之间的互联互通，注重关键信息的共享和优势力量的互补，通过演练磨合机制锻炼队伍、完善预案。推动川南四市应急预案与应急管理制度的衔接与融合，从体系框架和核心要素两个层面优化和改进应急预案。川南四市需合理统筹安排各类应急演练活动，制订川南经济区应急演练规划，统筹安排规划 3～5 年内各类演练项目，各演练项目针对不同主题和目标，周期内覆盖全部应急职能和要素，形成持续改进机制，合理调整演练规划与演练项目。坚持先单项后综合、先桌面后实战的循序进阶式实施方式。

15.5　信息共享：联合协作应急管理加强应急平台互联互通

信息是应急联动的生命线，信息共享是各方力量联合参与应急活动的驱动力。信息的收集、传递、分析、反馈是应急处置的重要前提，直接影响应急处置的判断和决策。在属地化应急管理体制下，信息传递是按行政层级进行的，流向路径单一，封闭性较强。对于跨区域公共危机来说，随着事件的发展演变会出现许多新的情况与信息，受体制的限制，单一部门在有限的时间内无法获得充足的、有用的和真实的应急信息，从而无法为正确决策提供所需的信息基础。破解信息障碍有赖于区域间的相互合作基础，建立起区域信息共享机制，共享范围包括前期危机监测预警、现场处置、善后恢复等环节；共享内容包括区域内的自然状况特征、风险因素和脆弱性及应急资源储备状况等情报信息。相关区域之间以书面的形式实施承诺，做到对危机信息源的持续跟踪监测，及时分析整理所获取的危机信息、数据、资料，实现联动区域、部门同步共享。

15.5.1　完善信息沟通和共享渠道

加强应急信息通报，机制成员之间普遍建立了信息通报制度，向可能被波及的毗邻地区及时通报突发事件及预警信息，提醒其做好应急准备，共同防范应对。川南经济区应急管理协作机制要利用互联互通的政府应急平台，加强信息沟通和应急会商。信息沟通渠道在应急联动机制中扮演着至关重要的角色。纵向上，以构建更加顺畅的信息报告渠道为目标，进一步完善各级政府突发事件信息报告法规制度，重点细化上下级政府部门在重大突发事件联合行动中各自在信息报告、收集、研判和发布等方面的责任义务；完善信息报告外部监督和内部考核机制，彻底消除“信息锁闭”的情形，建立起以纵向信息“上传下达”为核心的上下级信息联动机制。横向上，重视各地区、各部门、各行业间常态下的信息沟通渠道建设。由各地方政府应急管理协调机构牵头，以协议或制度等方式建立起固化的应急信息共享渠道，实时互通有无，要注重风险信息通报，避免信息出现条块间的隔离，杜绝横向“信息隔阂”，建立起以横向“信息共享”为核心的跨界信息联动机制。

15.5.2　加强应急平台互联互通

川南经济区要进一步整合各地区、各部门、各行业的应急信息平台。目前川南四市的应急平台缺乏统一规划和建设，各平台的系统功能和软件支持技术不能完全兼容，跨地区、跨部门的应急平台仍处于各自为政的松散状态。未来，川南经济区可以利用互联网、云计算、大数据、物联网等与应急管理有效结合，加强顶层设计，整合各级各类信息平台，建立统一的信息沟通和共享规则，制定统一的技术标准和运行细则，彻底打破部门和行业间的信息平台藩篱，建设应急队伍、物资、装备等数据库系统，实现基础数据共享，并利用大数据挖掘增值信息。川南经济区应急信息平台由各级政府应急管理办公室或其他专门机构负责对各类信息平台进行功能整合，使其真正发挥作为应急联动系统的节点连接作用。

15.5.3　建立联合监测、联合预警信息共享机制

加强预警机制建设，组织跨区域联动各方开展联合监测、联合预警，共享预防和监测信息。地方政府之间在面临同一突发事件预警时保持联动，是有效实现

突发事件预警功能的重要保障。地方政府预警机制协同运行不是单个地方政府预警系统的孤立运行，其要求各地方政府预警系统形成“整体性”“综合性”的同步运行聚合，在整个突发事件预警过程中，地方政府之间形成自发的配合，实现预警联动。要实现这种自组织联动，就必须将地方政府按照一定的规则构建在一个整体中，形成一个耗散结构的自组织系统，在系统协同运行下，实现预警目标。目前川南四市之间在突发事件预警上的协同还不够，还未能在突发事件预警中形成有机的协同体系。因此，必须引入外部的控制参量（联合机制），使地方政府之间在组织、信息、人员方面趋于协同，这样才能事半功倍地实现突发事件预警目标。且川南经济区缺少统一的综合预警信息系统，突发事件预警管理采取分部门的预警方式，地方各级政府及各部门都建立了突发事件的预警信息系统，但地方各级政府及各部门的信息系统在设计上及功能上不尽相同，各自的信息系统不能有效对接，进而影响了地方政府内部信息的互通与共享。

川南四市应加强区域一体化的监测监控、预测预警系统构建，该系统主要负责川南经济区内的重点防护目标：一是政府机关、城市生命线控制机构、教育机构、医疗卫生机构、文物保护单位；二是人群高度聚集、流动性大的场所，如影剧院、体育场馆、车站、码头、商务中心、超市和商场等单位；三是对重大危险源、应急资源、居民地人口分布及关键基础设施等目标的动态监控。川南经济区预测预警系统能够掌握监控目标的空间分布和运行状况信息，并实现区域内监测数据的接入和上报，将各种监测数据汇集到川南应急监控中心。数据中心将结合突发事件信息，对事件进行等级、性质分类，通过整合各种专业监测网络信息及现场监控信息采集，分别针对各种自然灾害、安全环保事故、公共卫生事件、社会安全问题等不同性质的事故和灾难，获取预测预警信息，并进行汇总分析。在对信息完整分析的基础上，调用有关预测预警模型，进行模拟预测和综合研判，并结合专家意见等，实现突发公共事件的早期预警、趋势预测、信息共享。

15.6　资源共享：联合协作应急管理推动实现资源共享

应急资源是开展各项联动活动的根本支撑，是各主体参与应急联动的有形载体。在跨区域、跨部门应急管理联动过程中合理高效地配置应急资源，是应急管理联动的关键环节。在联动机制合作协议或应急预案中，普遍对合作各方共享应急资源做出了明确规定，要求一旦发生突发事件，要根据事发地的需求，在应急救援人员、装备、物资等方面给予全力支援。然而，川南四市应急资源储备是部门化和地域化的，当跨区域性突发事件发生时，城市应急资源储备往往较难满足应急救援的调度需求，需要区域间资源共享，应急资源区域共享范围包括应急人力资源和物质资源共享。

15.6.1　应急资源区域联动模式

应急资源联动的模式并不是单一的，需要根据各行政区（城市）之间联系的紧密程度、灾害风险特征、自然条件等因素确定合理的应急资源联动模式，并根据区域实际情况建立多样化的应急资源区域联动模式。应急资源区域联动模式主要包括一体化模式、合作模式和协作模式三种类型。川南经济区可以推行“塔尖式”战略，即“协作、合作、一体化”逐步深入的应急资源区域联动模式，具体见图 15-3。此处应急资源包括应急力量、应急设备（施）、物资等。基本应急装备有：通信工具、交通工具、照明工具、防护工具、机械与设备、监测仪器、材料、个体防护设备、办公设施等。专用应急救援装备有：消防、医疗、应急发电、大型专用机械等。

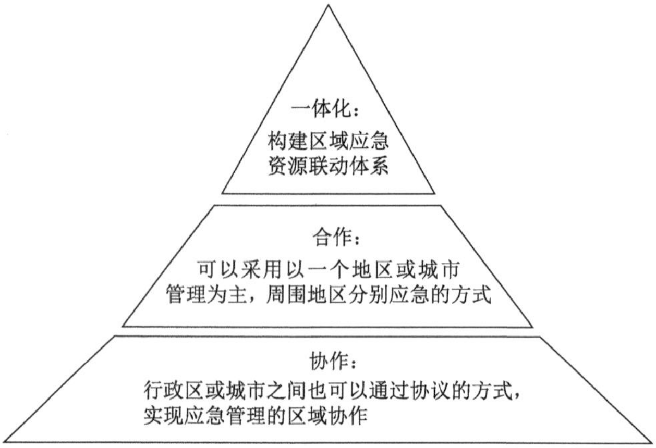

图 15-3　应急资源区域联动模式

川南经济区应急资源区域联动“四个一”工程建设。需要建设一个仓储网络：建设以“应急物资仓库”为中心、高效管理的仓储网络，为应急物资的集中管理、统一调配提供硬件支撑。健全一个管理体系：结合目前应急物资仓储网络布局，合理确定物资配送策略，优化配送流程，强化配送和调度管理，建立“集中储备、按需配送”的供应模式和实时响应应急物资需求的配送调度机制。建立一套信息系统：依托应急物资管理系统的建设，研究开发物资编码管理、仓储管理、运输管理、配送优化等信息技术，实现物资信息实时统计、物资状态全程“可视”和配送管理的流程信息化。完善一套标准：建立统一的外观识别系统、统一的仓储配送管理流程、统一的配送管理模式，配备统一的仓储设备器具，编制包括库存物资管理、仓储业务管理、仓库设备设施管理、仓储安全管理、仓储数据管理及考核与监督等仓储管理标准。

15.6.2　完善应急资源的网络结构

实现区域间资源共享，需要完善应急资源的网络结构，让应急联动区域的联动部门知晓周边地区存储的应急物资的种类、数量和储备地点，专业救援队伍的数量和救援装备等信息及已有资源与应急需求的关系。川南经济区应进一步明确各主体的储备责任，规范储备制度和相关法规，在分类管理的基础上注重更高层面上的统筹规划和综合协调。应急管理部门要结合地区和灾害特点，组织制定各类应急物资的储备定额，确定实物储备和协议储备应急储备物资的品种、数量和技术规范，编制年度应急物资储备项目及资金计划，制订年度应急物资储备方案。川南四市需进一步完善跨部门的储备物资信息共享渠道，建立储备物资目录管理信息系统，健全应急物资的储存、动用和补充程序，为重大突发事件的应急联动提供有力的支撑和保障。

川南四市应着力构建网格化的资源储备格局，实现储备模式由点到面、由单一到多元的转变。目前川南四市已初步建立起了应急物资储备的网络体系，包括各级政府应急物资储备库，此外还包括公安、消防、农业、水利、地震等部门的专业应急物资储备库。但也应当看到，当前川南经济区应急物资储备归不同部门管理，缺乏统一整合和协调机制，联动难以形成合力。应急储备的物资种类过于单一，布局不尽合理，造成物资重复储备与覆盖盲区并存的情况，这很大程度上成为各方参与应急联动的掣肘。川南四市应进一步完善现有的应急物资储备体系，加强统一规划，按照网格化的原则优化储备布局，实现应急物资储备优势互补和资源互通，避免重复浪费。

15.6.3　建立资源共享机制

为了更好地实现区域应急资源的协作，需要对接应急平台，实现应急信息的良好沟通，将应急物资的协作落到实处，共同提高突发事件的应对能力。川南四市需要完善区域应急物资储备和快速调配体系，在对本区域重大风险源评估的基础上，完善应急资源储备，科学确定所需要储备应急物资的数量、质量及储备场所等，确保突发事件发生后能够将应急物资从周边地区快速调度到灾害现场，并与相邻地区、部门签订互助协议及与社会专业服务机构、物资供应企业等机构签订互助协议。在理顺应急物资区域联动体系时，也需要完善应急物资的补偿机制，因为应急资源区域联动是一种区域合作的模式，所需的资源分别来自不同的行政区，尤其是应急资源的区域协作，是一方对另一方在人力、物力上的帮助，需要对提供帮助的一方给予一定的补偿。建立应急资源联动的各行政区需要商议制订合理的补偿方案，完善应急资源互助的补偿协议，在明确双方权利与义务的基础上，确定合理的补偿范围、补偿标准和补偿方式等。

川南经济区应考虑在统一的标准化资源管理模式下，赋予应急管理综合协调机构更高的资源协调配置权限，使其全面掌控和把握应急资源的数量和分布状况、应急资源需求现状、应急资源的动用和补充情况，实现对资源的统一调配。同时还应考虑出台“川南经济区应急资源互助指南”，建立各方普遍遵循的资源配置制度规定和管理标准，明确资源提供方、资源使用方和资源协调方的责、权、利关系。要严格要求各联动主体按照“资源需求要确切，资源获取要及时”的原则，在统一领导下实现应急资源的快速对接，并实现各方资源的互通有无和优势互补，从而达到资源利用效率的最大化。

15.6.4　完善应急管理人力资源数据库

川南四市应急资源区域协作需要掌握各个应急资源协作地区（城市）之间的专家队伍、各类专业救援队伍、应急医疗队伍情况。川南应急管理协作机制应建立应急管理专家数据库，为实现川南经济区应急专家资源共享提供保障，完善队伍体系，构筑完整的救援网络，有效提高应对事故灾难的能力，最大限度地减少财产损失，保障生命安全。

15.6.5　建立川南经济区应急储备基金

川南四市应急资源区域协作需要财力支持，可以建立政府灾害储备基金，提高共同防风险的能力，基金按照份额由四市共同发起设立，主要用于救灾方面的应急管理支出，这将有力减轻单个政府的负担，提升区域综合应急能力。

15.6.6　加强领导，开展联合应急处置

川南四市应探索建立联合应急指挥机制，对跨行政区域森林火灾、跨流域污染处置等突发事件，在以属地管理为主的原则下，成立联合现场应急指挥部，共同参与研究应急处置工作。川南各地区应发挥区域合作优势，及时启动应急响应，密切配合、互相支援，打破条块分割、消除地区壁垒，使合作各方在应急联动过程中变单兵作战为集团作战，变分散应急为合力应急，形成“一方有急、八方联动”的良好局面。

15.7　技术平台：联合协作应急管理保障系统

灾后救援中存在不同程度的灾害信息缺失、社会救援响应迟钝、社会救援协调不力、管理失效等，这进一步加剧了灾害带来的损失。因此，区域应急联动的

技术水平还体现在科技层面上。

15.7.1　完善应急通信手段，确保信息畅通

应急通信是应急平台的核心，是应急值守和突发事件处置不可或缺的工具手段。川南四市应建立互联互通的、立体式的应急通信网络，将其纳入城市整体规划，并考虑掌握空投基站和宽带无线多媒体通信系统的通信技术。一般情况下，空投基站有卫星设备、基站设备、电源设备，且采用室外型设备，体积小、重量轻，适合空投，甚至可通过各类交通工具进行运输或人员随身携带所有设备和线缆，系统结构简单，组装较方便。

15.7.2　完善交通技术，保障运输调度顺畅

川南经济区内的各个城市在产业发展方面，是竞争与合作的关系，但是在重大基础设施的规划建设方面，应该高度合作。川南经济区的城际轨道交通、城市轨道交通要统一规划、统一实施，这样才能促进川南一体化发展，构建联合协作应急管理保障系统。同时，加强自贡市航空产业发展布局，建立区域应急机场，确保应急管理采用先进的交通技术。

15.7.3　加强监测检测技术的开发和应用

川南经济区应充分利用科技手段，加强区域合作检测技术的研发攻关，采用最新的监测技术，对各类灾害进行动态监控。比如，建立水雨情预测预报体系、远程实时视频监控系统、坝区安全监测系统等。

15.7.4　建设区域应急联动指挥技术平台

利用现代通信技术和计算机网络技术搭建区域应急联动指挥技术平台，是实现区域应急联动信息互联互通、资源共享和辅助决策的硬件基础。区域应急联动指挥技术平台主要由危机预警和灾情收集、决策技术平台、数据资源管理平台等构成，能够提供应急所需的信息和决策方案等技术支持。需建立区域间基础数据库，确保联动区域间经济社会、灾害特征、基础设施、预测预警信息、应急物资资源、应急管理人才资源等数据资料共享。强化危机预警、预报和信息收集，加强对不同类型危机的分析，提高危机信息预警、预报的准确度。建设各级政府应急平台数据库是整个应急平台建设的核心，而数据库的数据需求是技术实现路径的基础。但是在应急平台数据库建设中，由于应急管理、应急平台技术两个体系的分离，应急平台数据库的数据内容建设远远滞后于应急平台技术本身的发展。

第 16 章　川南四市应急管理联合协作机制构建策略

为了预防与应对自然灾害、事故灾难、公共卫生事件和社会安全事件，川南四市的地方政府之间应该通过合作的形式将政府、企业和第三部门的力量有效组合起来，在减缓、准备、响应与恢复阶段相互合作，以期提高应急管理的效能。首要的是建立川南四市区域应急合作协议，它是地方政府履行基本职能、行使公共权力的行政行为，同时兼具平等协商、过程合意的合同性质，在应急实践中以其所具有的灵活性和高效率等优势逐步凸显出积极作用。应急联合协作的内容不仅包括合作宗旨、合作原则、合作领域等框架性内容的阐述，而且包括如何实现应急信息联动、应急资源联动，以及应急相互救援流程等问题，并做出相应的制度安排和具体的指导细则。

16.1　设置应急管理联合协作机构

16.1.1　政府应急管理的网络式组织结构

建立合作组织机构，是不同地区应急管理工作高效互补合作的基础。从川南四市来看，其都建立了市、区（县）等应急管理办公室或者应急领导小组，具体职责分布在各个职能部门之间，但是组织僵化、条块分割、效率较低。政府应急管理的组织机构多实行部门责任制，但条块划分职权和责任划分不清，综合协调能力差，应急管理的效率较低，应急管理组织的内耗较大。另外对川南四市来说，受我国的行政区划的制约，一直处于各自独立、分散的状态，无法形成区域间、部门间的协作关系。因此，专门的应急管理组织的设置为构建不同区域和部门间的应急管理组织体系提供了可能性。应急管理委员会组织体系的设立，增强了政府和部门间的互动与协作，提高了政府组织对突发公共事件的反应能力。

依赖于应急管理委员会组织内部应急管理信息平台的支撑，区域和政府部门间的信息交流能够实现实时共享，能够突破区域和部门间的组织界限。在此应急管理组织网络中，形成了一个以区域应急管理中心为中心，以地方应急管理组织为连接点的网络式组织结构。对川南四市来说，可以建立的网络组织结构如图 16-1所示。

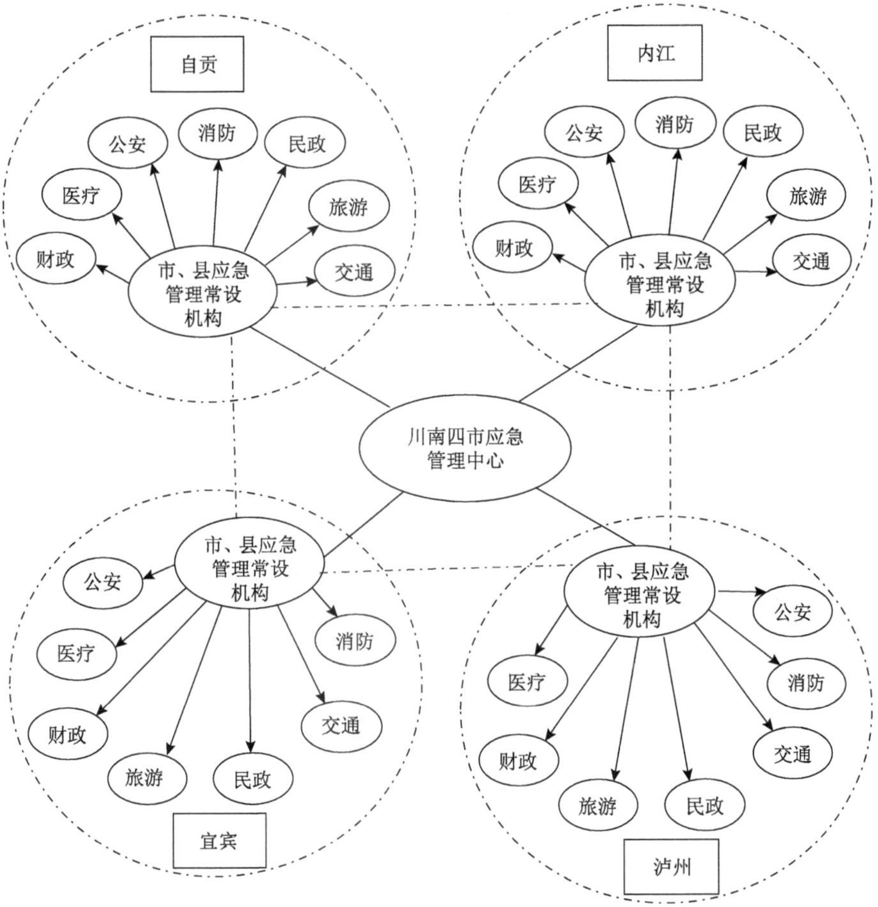

图 16-1　川南四市应急联动网络组织结构图

利益追求和行动习惯的不同会导致川南四市城市政府应急管理机构和职能部门产生应急联动方面的障碍，直接影响应急联动发挥应有的效能。城市群应急联动中心主要解决城市政府应急管理机构和应急职能部门在应对突发公共事件时凸显的横向协作不足的问题。建立川南四市应急联动中心应从以下几方面着手。

首先，确定川南四市应急联动中心的领导人员。川南四市应急联动中心的领导人员应包括四川省应急委员会和川南四市应急管理机构的主要负责人。领导人员应具备较强的权威，同时要具备应急管理的业务素质和专业技能，能够在第一时间对突发公共事件信息进行精确的分析与判断，做出正确决策。另外，领导人员必须具有坚定的意志、非凡的组织能力。

其次，成立川南四市应急联动中心办公机构。川南四市应急联动中心办公机构应包括防灾减灾研究办公室、应急资源管理办公室、应急响应指挥办公室、事故调查与分析办公室。其中，防灾减灾研究办公室主要负责应急技术的研究、辅助应急指挥决策；应急资源管理办公室主要负责应急资源的管理；应急响应指挥办公室主要负责对消防、公安、卫生、民政等应急处置力量的整合和管理；事故调查与分析办公室要负责事故原因的调查和辅助事故恢复。

再次，建立川南四市应急联动中心运行基金。川南四市应急联动中心的运行是需要一定的经费支持的，这就需要建立运行基金。作为川南四市应急管理协调机构，运行基金应由川南四市共同负担。由于川南四市产业结构、主体功能、能源资源等不同，经济发展水平不一致，财政收入也有差异，各个城市支付运行基金的额度应依据各个城市财政收入占川南四市总量的比例确定。

最后，整合应急联动运作平台。川南四市应急联动运作平台是在整合川南四市应急指挥平台的基础上通过现代通信技术和互联网络技术搭建而成的。这个应急联动运作平台应包括应急数据仓库、应急决策支持系统和应急指挥系统等。积极推进四个城市应急指挥平台建设的同时，可以通过城市与城市开放的系统接口，实现川南四市的应急指挥平台互通互联。在突发公共事件发生后，应急联动运作平台的数据仓库可以为川南四市应急联动中心提供第一手信息，便于应急联动中心做出最佳决策，保证城市应急管理机构和各联动单位准确及时地采取措施，开展城市之间的应急救援。

川南四市应急联动组织体系应包括三个层次，分别为决策层、执行层和行动层。在全面整合目前川南四市应急管理机构和应急职能部门的基础上，形成如图 16-2 所示的川南四市应急联动组织体系。

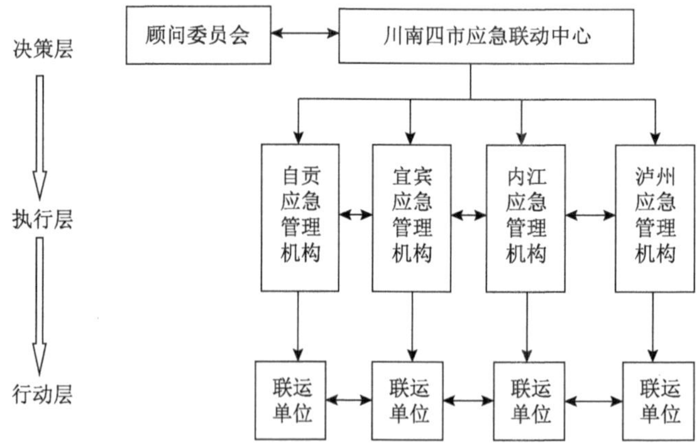

图 16-2　川南四市应急联动组织体系

16.1.2　政府与其他主体多元协作的网络式组织结构

建立起多元协作的政府应急管理机制，必须充分调动社会的力量，使其参与到应急管理中来，形成以政府为核心，公民、社会组织、企业、社区、新闻媒体积极响应和支持的网络式结构。在这个结构中政府居于核心地位，它是连接其他主体的中心枢纽，一方面能最大限度地调动其他应急管理主体的力量，另一方面网络式结构也有利于其他应急管理主体间形成合作关系，如图 16-3 所示。

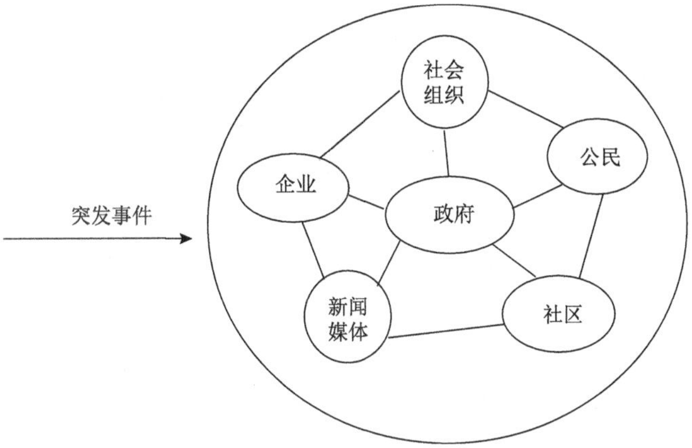

图 16-3　政府与其他应急管理主体的网络式协作图

16.2　建立应急管理联合协作运行机制

16.2.1　联合预警机制构建策略

应急管理预警，主要是政府防止或控制突发事件爆发和扩散的一套运行方式，是政府有关部门将收集的一切警告信息和事先确定的预警阈值，分类进行整理并加以综合分析，对可能引起突发事件的各种因素及其所呈现出来的有关信号和征兆进行严密监控，对其发展趋势和可能发生的突发事件类型及其危害程度做出合理科学的估计，并及时、准确地向有关部门发出警报，以便及早采取有效应急措施的行为过程，如信息搜集、信息传递、信息处理和信息识别及信息发布等。其各职能部门对将来可能发生的危险进行事先预报，以提请相关当事人注意。区域突发事件预警机制是指政府的常设机构根据本地区有关突发事件现象过去和现在的数据、情报和资料，运用逻辑推理和科学预测的方法和技术，对某些现象出现的约束性条件、未来发展趋势和演变规律等做出估计与推断，并发出确切的警示信号或信息，使政府和民众提前了解事态发展的状态，以便及时采取应对策略，防止或消除不利后果的一系列程序、标准、原则等。预警机制运作的基本原理是预警人员依照预警目标确定不同预警监测指标，确定预警监测指标的标准，并用这些标准对预警管理对象实施控制。信息通道是这个控制系统的反馈机制，通过预警机构或人员获得的监测信息，将预警管理人员对预警指标的实际状况反馈回去，为预警管理人员实施预控对策提供参照的依据。管理人员将反馈回来的实际效果信息与预警目标加以比较之后，根据两者的差距，纠正标准、改善措施，重新开始新一轮的预警控制过程，通过这样一轮一轮连续不断地调整、控制，预警管理中的预先控制得以实现，最终使管理对象处于安全状态之中。预警管理系统是由相互联系、相互依存、相互作用的诸多元素组成的复合体，它包括对突发事件的监测预控、分类分级，以及对应急预案的制定等内容。预警机制的功能主要包括四个方面：第一，预见功能。通过对现实政治社会生活领域中致错因子的研究，找出某些敏感性指标的异常变化并预先指出其发展征兆。预见功能是突发事件预警机制的首要功能，该系统中的其他功能基本上是由此衍生出来的。第二，警示功能。通过对现实政治社会生活领域中的致错因子进行监测，政府预警应急管理部门可以将有关信息和结果向相关的部门或社会公众发出警示，发挥导向作用。第三，早期干预功能。实际上很多突发事件的损害程度和规模最终发展到难以收场的地步，很大程度上是由于没有认识到早期干预的重要性，如果在一些突发事件处于萌芽状态时就采取干预措施，尽可能地利用已存在和潜在的条件来尽力减缓、延缓其发展的速度，就可以减少其所带来的损失，避免突发事件的扩大和升级。第四，阻止与化解功能。对于许多现实问题，政府可以通过一定的措施给予相应的阻止和化解，实际上也在某种程度上防范了未来突发事件的爆发。这是预警系统中的最重要也是最现实的目标。

1. 预警机制的总体架构

城市群突发事件预警机制建设是一项复杂的系统工程。城市群突发事件预警机制需要由一个完善的基础系统作为支撑，如组织机制、决策机制、信息机制、应急机制和保障机制等。城市群突发事件预警的理论研究和实践经验也表明组织机制是城市群突发事件预警机制的基础，提供基本的技术条件和人力资源决策机制是核心，通过对搜集的信息数据进行处理、加工，并采用一定的方法，判断危机的警度应急机制是城市预警机制协同的重点，信息机制融入整个危机预警机制的全部过程之中，保障机制则从宏观和微观维护预警活动的有效实施，切实发挥城市公共危机预警机制的功能。具体来讲，完整的城市群突发事件预警机制包含以下几个部分，如图 16-4 所示。

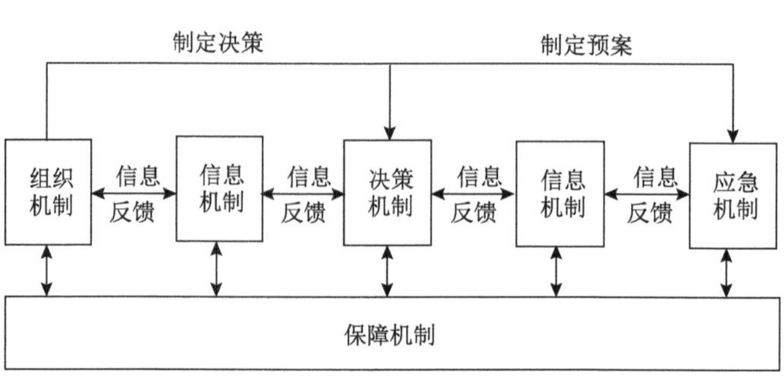

图 16-4　川南四市突发事件预警机制

2. 建立城市预警组织机制

川南四市危机预警机制建设应该在城市不断发展的过程中及外部环境不断变化的情况下进行，因此需要一个相适应的组织机构来保证，这是城市危机预警机制的基础条件。

1）川南四市危机预警管理组织体系

任何管理，在目标明确的情况下，首先应建立组织机构，其次理顺各级组织和相关组织之间的各种流程，再次应区分各个岗位的职能、责任等，最后研究不确定性可能带来的机会与损失并经过评估后进行决策。

对于一些具有必然性的危机事件，在实践中已经建立了相应的预警机构。图 16-5 是按照城市政府预警组织架构及信息流程来设计的，部门没有全部列出来，因为政府机构各个层级的相似性，可以基本上按照此思路建立各级组织机构和信息流程，图中实线箭头表示直属关系，虚线箭头表示信息传导。与传统部门不同的是，在常态预警管理框架中的相关部门设立了几个独立的职能部门并在传统部门中实现危机预警功能。新增加的部门是城市应急联运中心管理委员会、川南各市应急管理办公室、信息部、决策部、公关部、专家顾问团，以及城市应急管理监督委员会。同时，其他的部门都应该设立相应的公共危机预警部门或增加公共危机预警职能，它们是常设机构或常设职能，需要专门人员或兼职人员负责信息收集与汇总、决策、计划的制订与实施及监控反馈等。

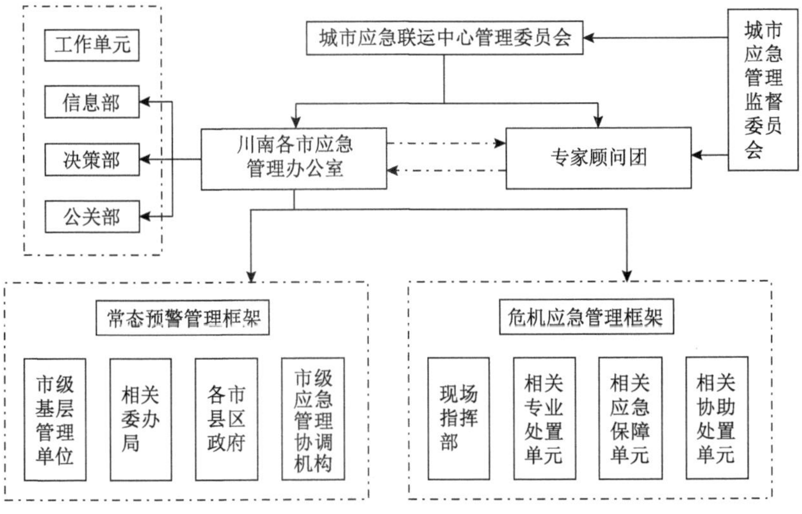

图 16-5　川南四市危机预警组织架构

川南各市应急管理办公室是负责协调各市及相关部门工作的综合性应急指挥机构，承担城市危机预警的基本职责。城市应急联运中心管理委员会是川南四市应急管理工作的最高行政领导机构，川南各市应急管理办公室，作为应急管理委员会的日常办事机构，设在市政府办公厅，负责综合协调本市突发公共事件应急管理工作。城市各相关部门是城市应急联运中心管理委员会的工作机构，需要形成统一指挥、分级负责、协调有序、运转高效的应急预警管理体系。此外，城市应急联运中心管理委员会和应急管理工作机构要根据实际需要建立各类专业人才库，组织聘请有关专家组成专家顾问团，为城市应急管理提供决策建议，参加突发城市危机事件的预警工作。

2）预警组织各层级之间的协调关系

城市应急预警管理首先要设立组织架构，其次要理顺各级组织和相关组织之间的各种流程。不同的公共危机事件，可能涉及的部门及层级都是不同的，它们之间的沟通模式更加复杂，需要掌握与此相关的沟通技巧和一些特殊的信息收集方式等。所以，对于具体的组织要做到相应的深入研究，才能制定合理的组织架构和流程。现借助于图 16-5 来分析各部门的职能、责任、权力及其利益。

（1）城市应急联运中心管理委员会。它是应急的最高决策机构，是针对不同的危机成立的针对性非常强的领导部门，由来自川南四市不同部门的应急专家或来自大学研究机构的专家学者作为顾问。领导小组成员需要来自权力部门或直接的对口部门，具有较大的权力和权威，还能够在川南四市区域内调动资源来应对危机，同时还需要具有决断能力，敢于承担责任。这一机构的主要职责是给予川南四市城市危机预警管理部门行动指导方针，在比较大范围内调拨物质、人力等资源，处理大范围的协调工作，站在全局高度来审时度势地把握全局，对下级的利益关系进行协调，并且制定强力措施，强制执行。城市应急联运中心管理委员会应该遵循“把握全局，制定战略，掌握资源，明确措施，实施强力监督”的原则。

（2）川南各市应急管理办公室。它是预警信息汇总和决策中心，执行指令的下达、实施和监督、确定收集信息的类别及协调直接管理三个部门的工作，还应制定议事规则，协调下层各级部门不能单独解决的问题和向上级汇报情况及资源需求。它管辖信息部、决策部和公关部。该部门将原则性的指令具体化，并且对其三个部门给予指导性的方针政策和具体的规范。例如，规定信息部门在危机预警公开传播方面应该注意哪些问题，以及传播的深度、范围和处理传播带来的一些危机。

（3）城市公共危机管理信息部。它负责信息收集工作计划的制订与实施，信息的收集汇总、初步分析，并提出具体的建议及对特殊信息的及时汇报处理等。信息部应当实现信息收集渠道多元化、收集人员专业化，有具体的收集路线和方向。信息收集的过程中应当注意信息的及时性与准确性、信息收集渠道的多元化，保证信息的原始性，收集信息人员、分析和处理信息人员的专业化，使信息分析规范收集机构的组织与层次尽量简单化，保证信息收集传递的快速与完整，减少信息的扭曲和漏损。

（4）城市公共危机管理决策部。它是实施预警措施及处理措施的部门，主要职责是执行制定的决策和计划。具体为根据上级的指示，结合制定的决策与实施计划，落实到相关部门和人员，及时实施，同时在制订计划的时候给出评价标准，在实施的过程中实施监督与控制，并且随时反馈执行情况，对相应措施进行调整以适应变化的环境或纠正政策与计划的偏差，达到自我适应的效果。预警措施实施部门对于预警而言是至关重要的环节，是产生效果的环节，其他部门都为此部门服务，预警工作的质量主要由此部门反映，所以其又是综合性的环节。这个环节的实施好坏，直接影响到预警效果，同时它也是其他环节问题的综合反映，可以暴露各个方面的问题。一旦发现问题，需要及时通过系统将信息上报到决策部，以便结合其他方面的信息调整执行计划和实施细则。

（5）城市公共危机管理公关部。该部门负责协调政府与市民、其他国家或者组织的关系，使市民能够了解事情的发展，动员市民积极参与活动，配合政府的工作，政府通过市民信息渠道可以获得更为充分的信息，以减少信息搜集过程中可能存在的扭曲，校正其他信息来源的失误。因为在目前的情况下，危机经常是全球性的，所以其他国家和组织对于危机的处理不仅对其自身有益，对其他国家或者组织也有很大的帮助，其可以互相交流信息处理的经验、失误、危机传导的模式等，一起协调处理危机，共同面对危机。同时，要特别注意各种媒体的传播基调和导向，引导舆论向有利的方向发展。

3. 建立城市预警决策机制

决策机制是城市危机预警机制的核心，决策的目的在于准确地描述城市运行事态、运行过程及各种影响因素，为政府制定政策、确定城市发展方向，提供前瞻性和指导性的建议，使城市危机预警活动过程得以实现。危机管理中的决策一般是一种非常规性的应急决策，它要求决策主体在危机状态的高度逆境中，在时间紧迫、信息和资源有限的不利条件下，对危机预控和处理措施做出关键性的选择。因此，为了减少危机预警决策中的错误，需要不断努力完善危机预警当中的决策体制和机制，必须事先为危机预警管理的决策设计出比较科学的决策制度和决策程序。作者认为应从以下四个方面去进一步完善危机预警决策机制。

1）强化领导人的应急决策能力

任何决策，无论有多么先进的辅助决策工具，最终都必须通过人来进行决策，因此，决策者的决策能力高低往往会对决策的效果产生重大影响。危机决策对领导人决策能力的依赖比一般的决策要高，因为危机决策主体往往在信息很不充分的条件下进行决策，有时需要领导人依靠个人直觉和个人经验来进行决策，这样危机预警决策就要求决策者要具有更高的个人素质和决策能力。因此各级政府领导人平时要有意识地加强学习，在理论和实践上提高自己危机决策的能力，当危机来临时，才能够迅速判断、果断决策。

2）建立高效的决策辅助系统

危机预警决策仅依靠领导人的个人力量是远远不够的，还需要建立一个科学配置的决策辅助系统。这个系统包括中枢决策系统（科学组合的决策班子）、参谋咨询系统（专职和兼职的各种专家）和信息系统（设备先进、人机互动信息平台）。这样通过各种渠道收集信息，再通过各个系统进行层层筛选，去伪存真，最终留下有用的信息才能为科学的决策提供有利的参考。

3）决策需要更多的充分准备

面对突如其来的危机，如果没有普遍的预防意识，没有应急预案，没有事先建立起来的组织机构和信息系统，没有法律和制度保障，没有事先准备的各种设备等物资，危机应急决策就只能是“无米之炊”，决策者就会陷入无路可走的困境，因此，在常态管理下我们要有充分的组织准备、制度准备、物资准备和技术准备为危机设置层层“屏障”，提高整个社会抵抗危机的能力，一旦危机爆发，就能及时地启动应急预案，从容应对，从而避免危机规模进一步扩大，防止危机升级失控，尽可能减少危机造成的损失。

4）要用法律和制度作保障

危机预警决策需要更多、更灵活的权力，但会使决策的随意性和风险性加大，因此，危机决策就更需要法律和制度的保障。首先，危机决策要有法律的授权和制度的规范，尤其是在紧急状态下的非常规危机决策需要动用紧急权力，没有法律的授权、制度的规范，紧急权力就会成为脱缰的野马，不但起不到保护公共安全的作用，反而会侵害老百姓的权利，危害公共安全，使公共危机管理走向自己的反面。其次，没有法律和制度的保障，危机预警决策也很难提高效率，很难得到社会的广泛认同。

4. 建立城市预警信息机制

作为突发事件发展过程中最缺乏的一种资源，信息本身不仅有着数量庞大、种类繁多的特点，还常常会随着时间的推移不断地发生变化。因此，为了保证信息在城市突发事件预警协同过程中能够更好地发挥作用，必须导入现代公共管理思想对其进行科学的管理，以便最终将信息的收集、传递、处理及使用等工作都纳入科学的轨道。预警信息和预报警度，是突发事件信息预警的目的所在，也是真正体现危机信息预警的预见性、警示性功能的核心环节。它主要是根据预测结果由人工或者计算机自动生成各类预警信息，以向社会公众发布危机预警信息的过程。《突发事件应对法》第四十二条规定“国家建立健全突发事件预警制度。可以预警的自然灾害、事故灾难和公共卫生事件的预警级别，按照突发事件发生的紧急程度、发展势态和可能造成的危害程度分为一级、二级、三级和四级，分别用红色、橙色、黄色和蓝色标示，一级为最高级别。预警级别的划分标准由国务院或者国务院确定的部门制定”。政府突发事件预测警报的预警级别如表 16-1 所示。

表 16-1　政府突发事件预测警报的预警级别

预警级别	颜色种类	损失严重程度
一级	红色预警	危害程度特别深、波及范围特别广、影响力特别大、人员及财产损失特别严重
二级	橙色预警	危害程度深、波及范围广、影响力大、人员及财产损失严重
三级	黄色预警	危害程度比较深、波及范围比较广、影响力比较大、人员及财产损失比较严重
四级	蓝色预警	危害程度浅、波及范围小、影响力小、人员及财产损失轻微

把生成预警信息、发布预警信息与理解预警信息和风险沟通结合起来，为不同的群体生成可以理解的预警信息，并通过有效的通信方式和渠道向决策者、应急联动部门、应急责任人、社会媒体及公众等发布及时的预警信息。对于决策形成的公共危机预警信息的发布，首先要确定和规范公共危机预警信息传递的渠道，以及可以采取哪些比较好的渠道进行预警信息的传递，降低公众获得公共危机预警信息的成本，避免谣言的产生和传播，避免公众的恐慌和社会的波动。预警信息发布应尽可能动员所有可用的媒体力量，通过不同的方式公开危机实情信息及应对情况。例如，气象部门发布预警信息的渠道有电视、电台、户外大屏幕、社区大屏幕、公交和地铁移动电视等。当今互联网已经成为公众获得各种信息的一种主要途径，公共危机的信息预警应该充分利用互联网来传递危机预警信息。目前各级政府部门都已建立了相应的政府网站，可以实现与公众的互动，所以川南四市政府通过协作建立一个专门用于公共危机预警信息发布的网络平台，以此来发布突发事件的预警信息，充分发挥现代网络的预警信息传递功能，增加公众获得权威预警信息的途径。针对现在大多数人使用的都是智能手机通信工具，可以开发有关发布预警信息的网络平台或者软件，着力解决突发事件预警信息发布“最后一公里”瓶颈问题，依托各级、各部门突发事件预警信息发布平台及通信运营商，建成覆盖川南四市的预警信息发布体系，及时发布预警信息。

区域协作应急管理机制是建立在信息共享基础上的整体运作方式，其高效运转离不开信息平台的支撑。为此，本书给出川南四市协作应急管理信息系统的架构，如图 16-6 所示。系统划分为监测、预警、储备、物流、决策、评估六个子系统。监测子系统实现对区域内的危险源信息的监控，并对监测数据进行分析，一旦发生异常，将启动预警子系统。预警子系统将报警信息、应急预案信息传输给决策子系统，决策子系统调用基础信息库中的相应资源，形成决策参考，同时启动储备子系统和物流子系统，按决策方案进行资源调度。应急活动结束后，系统还要对应急过程进行总结，评估协同作战能力，对涉及合作不力的部门按相应法律法规进行问责惩罚。通过辅助信息系统，提高区域协作应急管理的信息化水平和应急决策救援的时效性，保障区域协作应急管理机制的高效运转。

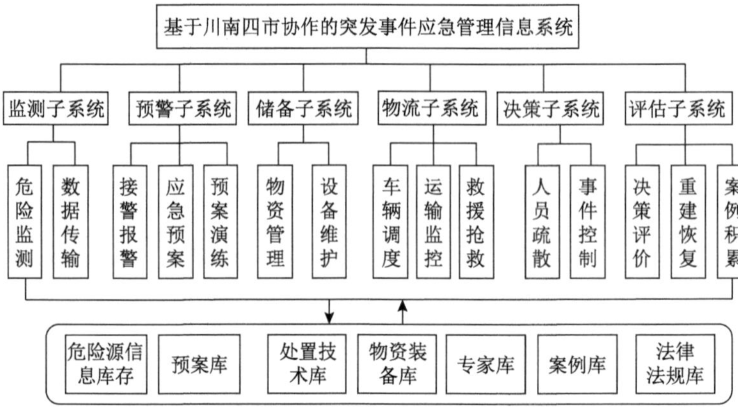

图 16-6　应急管理信息系统的架构

5. 建立城市预警保障机制

为了使川南四市城市群应急管理有效运行，需要建立完善的保障机制。保障机制是为城市群应急管理活动提供物质和精神条件的机制。本书从信息保障、技术保障、资源保障、立法保障和教育保障五个方面构建城市群应急管理的保障机制，如图 16-7 所示。

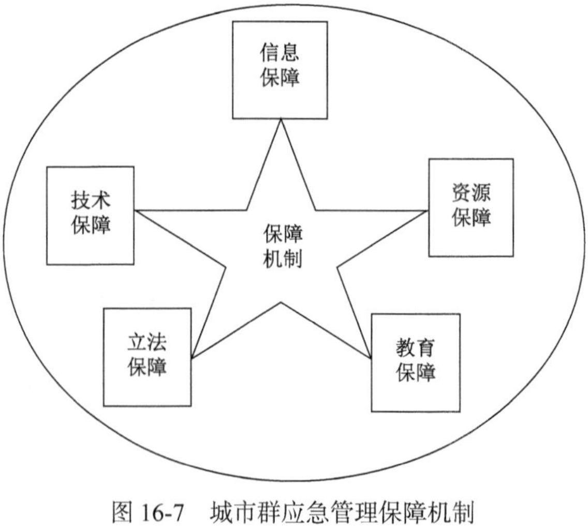

图 16-7　城市群应急管理保障机制

1）信息保障

信息保障是一种保障川南四市城市群应急管理过程中信息和信息系统能够安全运行的防护性行为。高效、畅通的信息沟通共享渠道不仅能为川南城市群应急管理部门提供必要的数据支持，也是实现与公众良性沟通的重要桥梁。通过建立现代化的、统一的信息管理系统，使危机信息能够及时传递到危机管理指挥中心和危机管理主体，实现跨部门、跨区域的资源集成和调度。并且基于危机数据，实现较完整的数据分析和决策支持功能，从而为危机处理和决策方案的形成提供科学依据。信息保障是城市群公共危机应对机制良性运作的前提条件之一。首先，通过无线网络、移动通信等技术，构建畅通的信息网络，搭建联动的信息管理中心，在城市群突发事件发生前、发生中和发生后等全过程管理中快速准确地获取危机信息，以便及时预报灾情和控制事态。其次，建立城市群危机信息传输和发布的高效通道。通过建立有线与无线相结合、基础电信网络与机动通信网络相配套、多种路由共存的应急通信网络，确保通信畅通、信息发布准确快速，以保证城市群相关区域的政府组织、非政府组织、企业、公众能及时了解政府应对举措和危机的最新态势，避免造成不必要的恐慌和无序。最后，建立各城市之间信息共享的机制，突破地区、部门和行政单位所造成的信息系统分割状态。相关城市为实现危机信息资源的快速高效集聚，要加快信息共享与沟通机制的建设，这不仅能为各方面的信息交流提供平台，为应急决策奠定信息基础，而且有助于增进城市群应急管理主体之间的关系，促进利益共同化的进程。

2）技术保障

技术保障是城市群公共危机应对机制有效运行的硬件基础，是应急响应与资源支持系统保持高度稳健性必不可少的技术支持。技术保障主要包括信息技术保障、通信技术保障、检测技术保障、监测技术保障、备份技术保障等。

搭建现代化的、高层次的城市群区域应急指挥技术平台，可从以下途径入手：一是要加强公共安全预防、预警、预测、指挥调度、装备保障等关键技术的开发和研制，并且要不断改进技术装备。二是应用现代化的通信技术和计算机网络，如将地理信息系统、全球定位系统、卫星遥感系统等先进的技术应用到城市群区域公共危机管理指挥中心，以保障及时有效地跨部门获取遥感监测数据。并且需尽快建立城市群部门内部的数据使用机制和数据获取手段，从而保障危机发生时能及时有效地获取遥感等监测服务。三是通过能快速采集、存储、计算和分析的云服务体系及物联网技术应用及高技术成果集成转化，实现城市群公共危机管理平台的高计算能力、高存储能力、高稳定性与高安全性，突破在线应急所需的时空数据管理、分布式并行存储及集群计算等关键技术，从而降低谣言、舆论等“助燃剂”对突发事件的推波助澜，减弱危机的涟漪效应。

3）资源保障

资源保障是指通过有效的组织设计，保证城市群在突发事件应对中的资源供给，并合理布局、配置和调度资源。充足的应急资源储备是实施应急救援、安置灾民的基础和保障，是城市群公共危机应对机制发挥作用的坚实保障，是危机管理工作的重要支撑力量。应急资源保障主要包括人力资源保障、物资保障和资金保障等。

（1）人力资源保障。人力资源是指以卫生、消防、防汛、武警、公安等专业性职能部门为主体，以企业、社会团体、非政府组织等各种社会组织为辅助的危机应对人才资源体系。数量合理、训练有素的应急人力资源队伍是制定城市群公共危机预防控制对策的基础和应急决策方案的保证。目前，川南四市应急管理人力资源还存在数量不足、质量不高、结构不合理、培育手段落后等问题。为了加快城市群专业应急人力资源队伍建设，需要做好以下三方面工作。

首先，加强城市群公共危机管理部门和大型高危企事业单位管理人员培训体系建设。应急决策往往是非常态下的紧急决策，日常的危机意识、责任意识和预防准备能够提高决策水平，提升危机管理中的组织协调和危机事件的处置应对能力。危机管理者在危机情境下承受压力、适应变化和妥善解决问题的能力直接关系到危机管理的成败，危机管理培训是提高危机管理人才水平与能力的重要渠道。培养一批具有战略眼光和一定专业技能的应急管理人才，是提高我们党和政府风险应对能力及促进社会和谐的重要保证。

其次，加强专家数据库及不同层级和地区专业人才库的建设。一方面，要组建一支多专业、跨部门的拥有高级技术的专家队伍为危机管理工作提供决策建议、专业咨询、理论指导和技术支持，以提高城市群公共危机管理应急决策水平和实施绩效，保障危机管理目标的实现。另一方面，要加强对专业人才、研究人员的教育培训。通过高等学校、科研机构等培训基地，以公安、武警、消防、防汛、卫生、防疫等骨干专业研究队伍为受训主体，整合现有专业救援力量，提高实践技能，掌握救灾技术，加快形成城市群应急专业研究队伍体系。

最后，加强群众及志愿者应急队伍的建设。一方面，通过建立健全社会应急动员机制，积极发挥企事业单位、学校、社会团体等力量的重要作用，并且政府和相关单位要在装备、培训、人身保险等方面给予支持；另一方面，要加强社区、城镇、农村、少数民族地区等公众的应急能力建设。

（2）物资保障。应急物资包括城市群公共危机在预防、救援、恢复等环节所需要的各类救灾物资、应急装备和设施等。应急物资保障是城市群公共危机应对机制有效运行的基础。第一，要建立健全城市群区域应急物资储备制度。应急资源储备既可为公共危机事件的应急处置提供必要的支持，又可服务于当地经济的发展。不仅要保障一定数量的救灾物资储备，还要积极与企业合作，建立应急生产启动运行机制，以实现救援物资的动态储备。另外，区域内各城市之间要建立物资调剂供应的渠道，实现内部、外部、纵向、横向之间相互协调和配合，以便需要时，迅速从其他城市调度救灾物资。最后，还要完善重要资源的管理和监督机制，确保应急物资合理、合法使用。第二，要完善城市群区域应急资源的补充和补偿机制。根据城市群区域的风险特征，定期更新和补充必要的应急物资；另外，通过立法的形式制订城市群内各行政区补偿方案，明确合理的补偿标准、补偿范围和补偿方式等，进而形成现代化、综合性的应急物资保障体系，切实提高川南四市应对城市群公共危机的整体能力。加强应急物资管理体制机制建设，形成以川南四市城市群应急物资保障系统为枢纽，以各市及相关部门（单位）应急物资管理系统和各县（区）应急物资保障责任机构为支撑的应急物资保障体系。建立市应急物资信息库、监测网络、预警体系和综合管理、调度系统；完善应急物资紧急生产、政府采购、征收征用、余缺调剂与调运机制。调整和丰富应急物资的实物储备，建立应急物资储备更新、轮换的财政补偿政策和核销制度；鼓励企业充分利用现有资源代储政府应急物资，并给予政策或资金支持。

（3）资金保障。应急资金主要包括公共危机管理过程中的财政、金融、保险和捐赠等。雄厚的应急资金是城市群公共危机管理体系有效运作的支撑和基础。城市群应急处置专项资金主要用于日常危机管理、应急指挥协调、现场救援、紧急生产启动、灾民安置和救济补助、应急科研工作等。为有效应对城市群公共危机事件，应建立以政府投入为主、社会投入为辅的城市群公共危机应急防范基金。

首先，扩大政府在防范公共危机方面的投入，保障危机管理资金的供给。对于城市群区域而言，应建立健全应急处置专项预备金制度。政府在编制财政预算时，按照既满足需要又不浪费的原则，专项安排处理公共危机事件过程中需要由财政负担的经费。其次，要建立集财政、保险、信贷和捐赠为一体的多元化应急资金筹集渠道。一方面，充分发挥政府财政救灾资金的主导作用；另一方面还要利用市场、民间及非政府慈善组织的捐赠等渠道进行融资、筹资，以加强民间的互助互济。最后，对应急资金进行严格管理和监督，提高资金透明度。及时向社会公布资金的使用情况，以保证应急基金的合法、合理、有效使用，对于违法使用应急资金的情况，应当严肃处理。

4）立法保障

立法保障就是国家权力机关通过立法这一法律手段对城市群公共危机管理主体的权力予以保护，以维护国家和公众利益，使公民基本权益得到最大限度的保护。法律手段是应对城市群公共危机事件最基本、最主要的手段。法律保障不仅是公共危机管理应对体系有效运行的前提，也是城市群区域可持续发展的法律保证。为有效应对城市群公共危机事件，应急机制中法制建设的重点如下。

一是制定城市群公共危机状态管理法。为了明确城市群公共危机状态下管理者的责任和权力，必须要抓紧涉及危机管理的立法。一方面要在宪法中设立城市群紧急状态的专门条文，制定危机状态的确认和宣告制度，明确城市群危机状态的含义、适用条件和程序等；另一方面还要对紧急状态下，政府、非政府组织、企业、媒体及公众的权利和义务进行明确的法律界定，以便为城市群公共危机多主体协同治理提供具有可操作性的法律依据，促进危机管理中多元主体依法、有序、高效参与。

二是规定城市群中相关城市在应对城市群公共危机中的职责，成立城市群安全委员会，出台“城市群公共危机管理合作协议”“城市群互救协议”等法律法规。在合作协议中要明确规定区域内未发生灾难的城市在接到其他城市的援助请求后，要及时实施应急援助。另外要以法律和条例形式督促区域内各城市积极应对城市群公共危机事件，对危机下的信息协同、应急救援、资源调度、利益补偿、惩罚措施等都要以法律形式固定下来，以保障区域内各城市政府部门能联合协作、相互配合。

5）教育保障

教育保障是指以教育的形式为公众应对城市群公共危机提供保障。公共危机在很大程度上是无法避免的，而降低其对社会危害的根本途径就是通过对公众开展相关的危机教育，培养公众的危机意识，以提高危机应对能力。首先，开展减灾科普宣传。利用灾害防御协会、科学技术协会等社会团体的组织网络、工作网络，协调各方面的社会力量参与防灾减灾科普宣传工作。要充分利用各种媒体宣传各类灾害知识，宣传各类灾害应急法律法规和预防、避险、避灾、自救、互救、保险的常识，以增强公众的危机防范意识，提高其危机应对能力。其次，建立和完善城市群公共危机教育网站。一方面，要分门别类地对自然灾害、事故灾难、公共卫生事件和社会安全事件的特征、应急预案、防范措施及法律法规等进行宣传；另一方面，分专题建立不同行业的城市群公共危机管理教育教学案例库，并通过在线问答等方式，积极发挥教师及危机培训师的作用。最后，积极主动地学习美国、日本、德国等发达国家先进的公共危机管理教育模式。例如，美国的“社区应急反应队”、日本的“防灾教育和培训中心”、以色列的“防恐教育”、德国的“志愿者培训”等教育模式，都值得我们学习和借鉴。

16.2.2　快速反应机制构建策略

快速反应机制的目标就是以最短的时间，以尽可能低的成本获得所需要的应急物资，以适当的运输工具，把所需的应急物资在适当的时间运送到适当的需求地，并以适当的方式处理突发事件。积极争取各级政府加大应急队伍和物资投入，强化综合应急救援队伍和专业救援队伍的能力建设，不断提升各类应急力量的联动力量和工作效能。加强专家队伍建设，积极推动应急专家队伍参与应急管理，发挥其咨询、参谋和智库作用。推进应急物资储备和物流项目的建设，组织和开展应急资源目录编排与底数排查工作，掌握各市相关部门主要应急救援力量、设备、物资和通信等资源布局，为突发事件的高效处置提供有力的保障。为此各市相关部门要建立应急物资信息系统或数据仓库、运载工具信息系统或数据仓库、应急物流预案数据库，构筑应急运输方案自动生成的应急物资运输调度平台，以及基于全球定位系统、地理信息系统的应急物资运输监控平台。应急物流系统的结构包括控制层、决策层、数据层和环境层四个层次，其结构如图 16-8 所示。

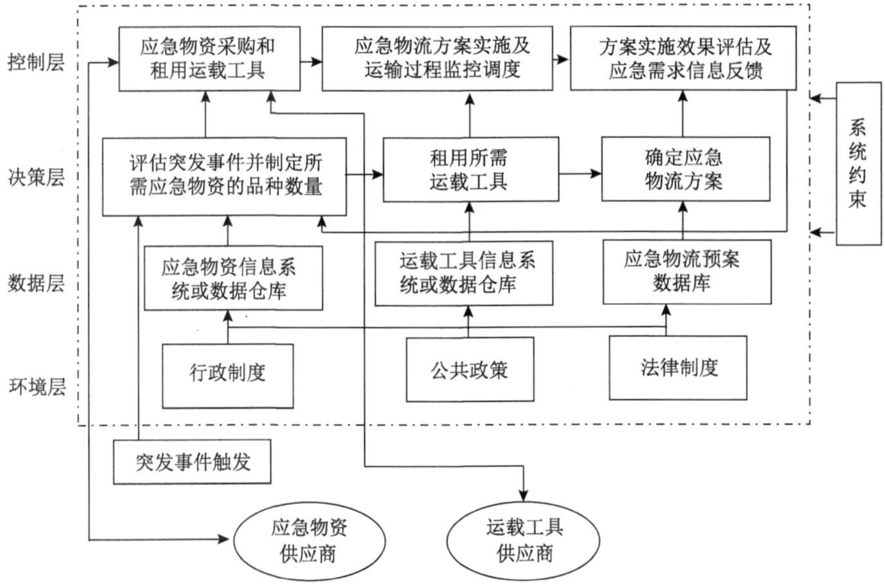

图 16-8　应急物流系统的结构

此外，各市应严格坚持各级政府 24 小时值班和领导带班制度，督促县（区）政府完善政府总值班室建设。严格执行突发事件信息报告相关制度，拓展信息来源渠道，建立和完善部门间的信息共享机制，提高突发事件信息处置的效率和质量。

16.3　建立应急管理联合协作辅助机制

解决跨区域应急管理存在的问题，建立健全川南四市应急管理联合协作机制，除了要构建应急管理联合协作运行机制外，还应从应急预案管理、应急演练、人员培训等方面建立应急管理联合协作辅助机制。

16.3.1 联合应急预案管理机制构建策略

首先，川南四市应将重点突发事件总体应急预案全面纳入本地区国民经济和社会发展五年规划，专项预案、部门预案分别纳入专项规划和部门规划。其次，川南四市应加强突发事件应急管理体系的共建共享，根据跨区域应急预案制定的总体思想，结合地方实际，共同研究制定跨区域联防联控应急预案，对涉及毗邻地区共同利益的重大突发事件提前预防，事前做好准备，以便有序地开展应急处置工作，及时有效地应对各类突发事件，实现突发事件跨区域合作制度化。具体可以编制重特大自然灾害、事故灾难、公共卫生事件和社会安全事件联合协同应急预案。最后，应将川南四市跨区联防联控预案纳入川南经济区发展规划，强化联合应急预案和区域规划的协调与衔接，增强影响及应急处置范围超过单一行政区划的大范围突发事件联合协同应急处置能力。

16.3.2 联合应急演练机制构建策略

川南四市应按照“资源共享、成本共担、成效共享”的原则积极开展应急管理联合演练，共同制定联合应急演练制度和计划，定期或不定期组织安全事故、消防火灾、环境污染、公共卫生、社会安全等领域的跨区域联合应急演练，让各市的应急管理相关部门、相关人员更加熟悉跨区域联防联控预案的指导思想、基本原则、组织机构与职责、监测与预警、应急处置与救援、恢复与重建、应急保障等方面的规定和要求，不断增强川南四市应急管理相关部门和人员跨区域联合协同的意识和能力，以及社会应急处置力量共享使用能力。同时，川南四市应根据联合应急演练中发现的预案本身的问题和不足，共同协商研究，及时对跨区域联防联控预案进行修订完善。在联合应急演练的具体形式上，可以根据应急演练的性质和目的，灵活采用联合举办应急演练、互邀观摩应急演练、毗邻地区共同举办应急演练、跨区域桌面应急演练等。

16.3.3 联合人员培训机制构建策略

川南四市应急管理联合协作归根到底是人的联合协作，应急管理人员的联合协作意识和能力是影响应急管理联合协作机制构建和有效运行的重要因素之一。川南四市可通过建立跨区域应急管理培训基地的方式，加强应急管理培训和交流学习，将跨区域应急处置的流程方法及协调合作的方式作为培训的重要内容，把与应急管理工作相关的领导干部和工作人员列入常规培训的范围，对其进行技能、技术的培训，旨在提高指挥人员和执行人员对跨区域突发事件的处置能力。同时，除通过联合应急演练进行人员培训外，还可采取共同研讨、专题讲座、定期磋商、互派人员学习锻炼等多种方式，加深川南四市之间应急管理模式及运作方式的了解，互相取长补短，共享成功经验，有效提升川南各市应急管理人员联合协作处置突发事件的能力，共同提高区域应急管理水平。

第17章　本 篇 小 结

本篇对应急管理联合协作机制的相关理论进行了探讨，为川南四市的应急管理联合协作机制研究奠定了重要的理论基础。对川南四市自然灾害型、事故灾难型、公共卫生型、社会安全型四类突发事件发生及处置情况进行了调查分析，阐述了川南四市的应急管理制度体系、运行机制和辅助机制，指出川南四市在危机管理方面还存在危机意识尚需加强、预警信息质量不高、应急管理队伍建设不够完善、跨区域联合协作层次不高、信息公开不够健全完善、应急管理物质资源不足的问题，为后续研究打下基础。通过借鉴西方发达国家的应急管理机制和经验，以先“联”后“动”的总体战略，从区域联动框架、组织保障、预案体系、信息共享、资源共享及技术平台六个方面构建川南四市跨区域应急管理联合协作机制的路径。关于川南四市应急管理联合协作机制构建，本篇认为川南四市应急管理联合协作机制构建的首要任务是全面整合川南四市应急管理组织体系，设置应急管理联合协作机构，包括政府应急管理的网络式组织结构和政府与其他主体多元协作的网络式组织结构。然后建立应急管理联合协作的运行机制，包括联合预警机制、快速反应机制。

参考文献

艾达金. 2011. 成都经济区区域经济合作研究[D]. 西南财经大学硕士学位论文.

艾南山, 马晓玲. 1995. 从四川盆地经济区的发展论自贡与内江两市的合并[J]. 国土经济, (1): 18-23.

安虎森, 邹璇. 2007. 相邻城市竞争、合作与双赢机制研究[J]. 南开经济研究, (5): 32-52.

曹海峰. 2013. 重大突发事件应急管理联动机制建设路径探析[J]. 中州学刊, (12): 14-18.

车文斌. 2015. 专注发展定力在“抓紧转”中“加快赶”从全国“两会”到省“两会”看四川县域经济发展[J]. 当代县域经济, (4): 36-39.

陈国子. 2009. 闽南金三角地区产业、空间整合发展研究[D]. 福建师范大学硕士学位论文.

陈健生, 魏静. 2015. “新常态”下四川经济发展的新特征[J]. 财经科学, (1): 110-118.

陈杰, 刘仲平, 李建国. 2014. 国内同城化典型案例对“绵江安北”同城发展的启示[J]. 绵阳师范学院学报, (4): 146-150.

陈丽. 2010. 德国应急管理的体制、特点及启示[J]. 西藏发展论坛, (1): 43-46.

陈瑞剑. 2005. 曲阜市生态建设的研究[D]. 山东大学硕士学位论文.

陈剩勇, 马斌. 2004. 区域间政府合作: 区域经济一体化的路径选择[J]. 政治学研究, (1): 24-34.

陈淑伟. 2009. 制约政府应急管理能力提升的障碍因素分析[J]. 东岳论丛, (12): 175-177.

陈伟松. 2013. 南宁市突发公共事件应急管理机制研究[D]. 广西师范学院硕士学位论文.

陈晓耀. 2013. 临夏市临夏县同城化发展研究[D]. 兰州大学硕士学位论文.

陈一君, 易鹏飞. 2009. 构建川南都市圈的战略分析[J]. 生态经济, (1): 96-100.

陈禹静. 2014. 推动广西北部湾城市群发展的战略思考[J]. 学术论坛, (6): 58-61.

陈玉光. 2009. 城市群形成的条件、特点和动力机制[J]. 城市问题, (1): 18-22, 34.

陈振明. 2010. 中国应急管理的兴起——理论与实践的进展[J]. 东南学术, (1): 41-47.

陈征卫. 2010. 广佛同城化区域协调现状、困境及对策研究[J]. 中国城市经济, (11): 252.

成良琴. 2013. 城市化对房地产价格的影响分析——以成都经济区为例[D]. 四川师范大学硕士学位论文.

程志. 2013. 党的利益协调能力建设研究[D]. 南京工业大学硕士学位论文.

褚晓潇. 2010. 突发公共事件应急管理相关概念的研究综述[J]. 学习月刊, (12): 111-112.

邓仕仑. 2008. 美国应急管理体系及其启示[J]. 国家行政学院学报, (3): 102-104.

董礼胜, 库布勒 D, 黄山. 2016. 中国大都市区治理的问题与挑战[J]. 福建行政学院学报. (2): 80-92.

董晓峰, 史育龙, 张志强, 等. 2005. 都市圈理论发展研究[J]. 地球科学进展, (10): 1067-1074.

段德罡, 刘亮. 2012. 同城化空间发展模式研究[J]. 规划师, (5): 91-94.

方雷. 2014. 地方政府间跨区域合作治理的行政制度供给[J]. 理论探讨, (1): 19-23.

冯婧. 2011. 沈抚同城化发展的困境解析与破解对策[D]. 东北师范大学硕士学位论文.

冯庆元. 2014. 成都经济区空间相关与增长收敛分析——基于2000—2011年各县域人均GDP数

据[D]. 西南财经大学硕士学位论文.
傅永超. 2007. 城市群府际管理模式研究——以长株潭城市群为例[D]. 华中科技大学硕士学位论文.
高秀艳, 王海波. 2007. 大都市经济圈与同城化问题浅析[J]. 企业经济, (8): 89-91.
高泽龙. 2011. 浅析内江市农村家具市场的开拓[J]. 经济视角(下), (8): 33-35.
谷峰. 2014. 我国政府处理城市公共危机的预警机制研究[D]. 西南石油大学硕士学位论文.
广州市城市规划编制研究中心广佛同城化项目组, 李开平, 黎云, 等. 2010. 城镇密集地区城市规划合作的探索与实践——以"广佛同城"为例[J]. 规划师, (9): 47-52.
郭倩倩. 2012. 突发事件的演化周期及舆论变化[J]. 新闻与写作, (7): 9-12.
国务院办公厅应急管理赴德国培训团. 2005. 德国应急管理纵览[J]. 中国行政管理, (9): 73-76.
国务院发展研究中心"应急管理行政体制建设研究"课题组. 2007. 完善应急管理行政体制的基本原则和思路[J]. 调查研究报告, (190): 1-8.
国务院发展研究中心课题组, 孙晓郁, 蒋省三, 等. 2008. 我国应急管理行政体制存在的问题和完善思路[J]. 中国发展观察, (3): 4-6.
国务院应急管理办公室. 2014. 跨区域应急管理合作机制建设调研报告[J]. 中国应急管理, (3): 7-10.
哈肯 H. 2001. 协同学: 大自然构成的奥秘[M]. 凌复华译. 上海: 上海译文出版社.
韩守庆. 2008. 长春市区域空间结构形成机制与调控研究[D]. 东北师范大学博士学位论文.
何颖. 2010. 中德应急管理体制比较[J]. 攀登, (1): 55-60.
侯利平. 2014. 我国应急救援资源整合机制研究[D]. 中国矿业大学硕士学位论文.
胡代全. 2014. 融合发展促进自贡内江合并建设一个川南中心城市——川南城市群建设破局之举[J]. 决策咨询, (3): 5-7.
胡刚. 2006. 共同开发: 城市组合的途径[J]. 现代经济探讨, (11): 49-52.
焕力. 2010. 成渝经济区构建中的内江自贡合并问题[J]. 城市, (6): 15-19.
黄传英. 2014. 广西北部湾经济区构建区域应急合作机制的障碍及对策研究[J]. 中共南宁市委党校学报, (5): 38-42.
黄双. 2014. 乐夹同城化背景下夹江城市空间发展模式研究[D]. 西南交通大学硕士学位论文.
黄鑫昊. 2013. 同城化理论与实践研究——以长吉为例[D]. 吉林大学博士学位论文.
计雷. 2006. 突发事件应急管理[M]. 北京: 高等教育出版社.
贾先文, 李民. 2016. 基于 EMAC 模式的多省交界区公共危机跨界治理机制[J]. 中国行政管理, (9): 135-140.
江新, 朱沛文. 2015. 水电站大坝群安全应急管理协同度测度研究[J]. 中国安全生产科学技术, (10): 133-140.
蒋宗彩. 2014. 城市群公共危机管理应急决策理论与应对机制研究[D]. 上海大学博士学位论文.
焦张义, 孙久文. 2011. 我国城市同城化发展的模式研究与制度设计[J]. 现代城市研究, (6): 7-10.
金太军, 唐玉青. 2011. 区域生态府际合作治理困境及其消解[J]. 南京师大学报(社会科学版), (5): 17-22.
雷喆. 2010. 应急管理中的协同机制研究[D]. 中共中央党校硕士学位论文.
黎日昌. 2013. 抓契机迎挑战多管齐下发展新能源[J]. 发明与创新(A), (10): 20-21.

李变花. 2012. “厦漳泉”同城化发展飞地经济的模式分析[J]. 特区经济, (11): 17-19.
李春娟, 宋之杰. 2011. 基于知识协同的突发事件应急管理对策研究[J]. 情报杂志, (5): 5, 10-13.
李德刚. 2006. 综合运输网中的通道分析与系统配置研究[D]. 西南交通大学博士学位论文.
李恒鑫. 2010. 城际铁路对城市圈同城化的促进作用[J]. 综合运输, (4): 36-40.
李民, 贾先文. 2016. 中美省州际间跨界应急管理机制比较研究[J]. 中国地质大学学报 (社会科学版), (5): 121-126.
李明强, 岳晓. 2006. 透视混沌理论看突发事件预警机制的建设[J]. 湖北社会科学, (1): 45-47.
李仁涵. 2007. 我国大都市交通圈发展模式的研究——以上海大都市为例[D]. 同济大学博士学位论文.
李仁武. 2011. 制度创新: 广佛同城化发展的关键[J]. 探求, (1): 4-8.
李万春, 李升红. 2015. 区域经济与区域物流互动关系的实证研究[J]. 中国集体经济, (4): 27-28.
李文贵. 2014. 绵阳在成都经济区内其他城市互动的路径与机制分析[J]. 商场现代化, (26): 122-124.
李晓晖, 肖荣波, 廖远涛, 等. 2010. 同城化下广佛区域发展的问题与规划对策探讨[J]. 城市发展研究, (12): 77-83.
林德尔 M K, 普拉特 C, 佩里 R W. 2011. 应急管理概论[M]. 王宏伟译. 北京: 中国人民大学出版社.
林耀庭, 陈绍兰. 2008. 四川盆地地下卤水勘探开发前景展望[J]. 盐湖研究, (1): 1-7, 21.
凌学武. 2009. 联邦制下的德国应急管理体系特点[J]. 福州党校学报, (5): 42-45.
刘博, 孙超英. 2010. 区划调整视角下的行政壁垒问题研究——以跨省区的成渝经济区为例[J]. 四川行政学院学报, (1): 75-78.
刘鹏. 2008. 我国省域中心城市公共危机预警机制与评价研究[D]. 哈尔滨工程大学博士学位论文.
刘雅静. 2010. 跨区域公共危机的应对之策[J]. 理论探索, (6): 119-121.
卢文刚, 黎舒菡. 2015. 中美省、州级政府间应急管理协作比较研究——以“泛珠三角”和 EMAC 为例[J]. 北京行政学院学报, (5): 28-35.
鲁静娴. 2012. 地方政府突发事件应急管理机制论析[D]. 南京航空航天大学硕士学位论文.
鲁全, 鲍晓鸣. 2011. 同城化趋势中的社会保障问题研究[J]. 现代城市研究, (6): 11-14.
鲁晓勋. 2006. 区域一体化视野下大西安都市圈空间结构发展问题研究[D]. 西安建筑科技大学硕士学位论文.
陆玉麒. 1998. 双核型空间结构模式的探讨[J]. 地域研究与开发, (4): 44-48.
陆玉麒. 2002. 区域双核结构模式的形成机理[J]. 地理学报, (1): 85-95.
罗丽娟. 2005. 我国城市群发展问题研究[D]. 中共中央党校硕士学位论文.
吕志奎, 朱正威. 2010. 美国州际区域应急管理协作: 经验及其借鉴[J]. 中国行政管理, (11): 103-109.
马汶青. 2012. 区域城市群应急联动机制建设探析——基于珠三角城市群的思考[D]. 广州大学硕士学位论文.
马晓玲, 艾南山. 1995. 自贡与内江合并, 增强成渝经济走廊中段薄弱地带的活力[J]. 内江师范学院学报, (2): 43-46.
梅伟霞. 2009. 广佛同城的发展条件和障碍分析[J]. 特区经济, (10) : 54-56.
娜格娅. 2010. 应急管理中新闻媒体责任研究[D]. 内蒙古大学硕士学位论文.
聂有亮, 胡碧玉, 翟有龙. 2015. 成渝经济区“双核五带”经济发展差异研究[J]. 宜宾学院学报,

(9): 33-39.
宁予. 2009. 沈抚同城化战略研究[D]. 东北大学硕士学位论文.
庞金燕. 2014. 同城化交通对区域经济影响的系统动力学模型研究[D]. 北京交通大学硕士学位论文.
庞宇. 2012. 美日澳应急管理体系现状及特点[J]. 科技管理研究, (21): 38-41.
彭荣胜. 2007. 区域经济协调发展的内涵、机制与评价研究[D]. 河南大学博士学位论文.
彭震伟, 屈牛. 2011. 我国同城化发展与区域协调规划对策研究[J]. 现代城市研究, (6): 20-24.
齐天乐. 2014. 流域经济视角下长江航运发展战略研究[D]. 四川省社会科学院硕士学位论文.
秦广庆. 2010. 同城化背景下广佛产业合作协调机制研究[D]. 广东商学院硕士学位论文.
丘志乔. 2010. 粤港应急管理合作协调机制的完善[J]. 特区经济, (12): 16-18.
邱孝. 2009. 政府应急管理组织结构分析[J]. 生产力研究, (19): 181-183.
茹志东. 2014. 都市圈核心层城市同城化交通规划研究——以滁州市为例[D]. 南京林业大学硕士学位论文.
桑秋, 张平宇, 罗永峰, 等. 2009. 沈抚同城化的生成机制和对策研究[J]. 人文地理, (3): 32-36.
闪淳昌, 薛澜. 2012. 应急管理概论: 理论与实践[M]. 北京: 高等教育出版社.
尚娟芳, 唐益林, 刘朝明, 等. 2014. 宜宾市矿产资源开发利用对策研究[J]. 中国矿业, (S2): 41-43, 46.
四川省交通运输厅交通史志总编室. 2015. 四川交通年鉴 2015[M]. 成都: 四川科学技术出版社.
四川省统计局国家统计局四川调查总队. 2014. 四川统计年鉴 2014[M]. 北京: 中国统计出版社.
四川省统计局国家统计局四川调查总队. 2015. 四川统计年鉴 2015[M]. 北京: 中国统计出版社.
四川省统计局国家统计局四川调查总队. 2016. 四川统计年鉴 2016[M]. 北京: 中国统计出版社.
孙世春. 2006. 日本大城市圈的开发建设[J]. 日本研究, (4): 9-15.
孙颖, 池宏, 祁明亮, 等. 2005. 基于改进的多属性群决策方法的突发事件[J]. 中国管理科学, (z1): 153-156.
孙章伟. 2010. 推进珠海与中山同城化构想[J]. 开放导报, (5): 83-86.
谭小群, 陈国华. 2011. 美国应急管理合作对我国跨区域应急管理的启示[J]. 工业安全与环保, (10): 51-53, 56.
王丛虎. 2016. 京津冀协同发展中应急合作问题与策略[J]. 北京行政学院学报, (2): 49-54.
王德, 宋煜, 沈迟, 等. 2009. 同城化发展战略的实施进展回顾[J]. 城市规划学刊, (4): 74-78.
王冬梅. 2010. 四川省城市辖区发展研究[D]. 西南交通大学硕士学位论文.
王国栋. 2012. 沿海与内陆就地城市化的比较研究——以晋江市与巩义市为例[D]. 福建师范大学博士学位论文.
王寒梅. 2007. 内江市土地利用动态变化及其预测研究[D]. 四川农业大学硕士学位论文.
王劲松, 纪明辉, 徐嘉. 2009. 关于长吉两市未来发展规模预测与加强两市一体化同城化建设的研究[J]. 农业与技术, (5): 23-25.
王开科, 庄培章, 黄如良. 2010. 厦泉同城化建设的现实基础及其发展路径——区域中心城市整合发展的视角[J]. 福建论坛(人文社会科学版), (9): 133-137.
王庆丹. 2014. 多元协作视阈下政府应急管理联动机制[J]. 滨州学院学报, (2): 62-66.
王士君, 高群, 王丹. 2001. 城市相互作用关系的一种新模式——近域城市整合研究[J]. 地理科学, (6): 558-563.

王伟. 2014. 中原经济区建设进程中政府应急管理机制研究[J]. 河南财政税务高等专科学校学报, (6): 28-30.
王兴鹏, 吕淑然. 2016. 基于知识协同的跨区域突发事件应急协作体系研究[J]. 科技管理研究, (8): 216-221.
韦艳南. 2007. 城市群空间分析与西部重点城市群发展研究[D]. 西南财经大学硕士学位论文.
吴刚. 2012. 加快发展“飞地经济”推进区域经济跨越发展[J]. 宝鸡社会科学, (1): 14-16.
吴蕊彤, 李郇. 2013. 同城化地区的跨界管治研究——以广州-佛山同城化地区为例[J]. 现代城市研究, (2): 87-93.
吴志丹. 2013. 基于区域协作的突发生态危机应急管理机制探析[J]. 环境保护与循环经济, (4): 51-53.
伍洪杏. 2011. 长株潭突发事件的应急联动体制机制研究[J]. 湖南商学院学报, (3): 59-63.
武巧珍. 2002. 论区域基础设施建设的资本运营战略[J]. 财贸经济, (2): 50-53.
武廷海. 1995. 走向生态文化的城市规划[J]. 城市问题, (3): 12-13.
希斯 R. 2001. 危机管理[M]. 王成译. 北京: 中信出版社.
肖兴政, 刘燕, 何云萍. 2009. 盐业企业人力资源性别合理配置的必要性[J]. 人力资源管理, (7): 66-68.
谢俊贵, 刘丽敏. 2009. 同城化的社会功能分析及社会规划视点[J]. 广州大学学报(社会科学版), (8): 24-28, 85.
谢宇. 2010. 川南地区地级城市绿地系统现状调查与规划评价[D]. 西南大学硕士学位论文.
辛立艳. 2014. 面向政府危机决策的信息管理机制研究[D]. 吉林大学博士学位论文.
邢铭. 2011. 大都市区同城化发展研究[D]. 东北师范大学博士学位论文.
徐涛, 魏淑艳, 王颖. 2014. 同城化概念及其界定问题探讨[J]. 社会科学家, (11): 56-60.
许培源, 许红妹. 2012. 福建省厦漳泉大都市区空间结构特征分析[J]. 经济地理, (6): 59-66.
许伟. 2011. 内江市沱江乡土地生态地球化学特征[D]. 成都理工大学硕士学位论文.
闫晴. 2012. 我国区域城市整合与同城化发展研究[D]. 东北师范大学硕士学位论文.
严波. 2013. 内江城市过境交通组织规划方案研究[D]. 重庆交通大学硕士学位论文.
杨帆. 2011. 城市综合应急管理平台建设[J]. 现代职业安全, (8): 42-45.
杨晓波, 孙继琼. 2014. 成渝经济区次级中心双城一体化构建——基于共生理论的视角[J]. 财经科学, (4): 91-99.
杨再高. 2009-04-01. 以广佛同城化携领珠三角一体化[N]. 南方日报, A13.
杨再高, 陈亚鸥. 2003. 推进广佛都市圈建设[J]. 南方经济, (2): 56-59.
杨正炉. 2012. 厦漳泉同城化建设的国内外经验借鉴[J]. 中国证券期货, (3): 176-177.
姚国章. 2007. 日本突发公共事件应急管理体系解析[J]. 电子政务, (7): 58-67.
姚杰, 计雷, 池宏. 2005. 突发事件应急管理中的动态博弈分析[J]. 管理评论, (3): 46-50, 64.
姚宜. 2010. 广佛同城化对珠三角一体化的示范作用[J]. 特区经济, (7): 29-30.
衣保中, 黄鑫昊. 2012. 我国同城化发展的现状及其效应分析[J]. 理论探讨, (6): 85-89.
易洪彬. 2009. 关于对自贡盐化产业集群发展的思考[J]. 中国井矿盐, (6): 43-45.
尹文嘉. 2013. 基于协同理论的应急管理机制构建论析[J]. 生态经济(学术版), (2): 437-440.
于丽英, 蒋宗彩. 2013. 基于复杂系统观的城市群公共危机形成机理研究[J]. 系统科学学报, (3): 62-65.

于丽英, 蒋宗彩. 2014. 城市群公共危机协同治理机制研究[J]. 系统科学学报, (4): 53-56.
曾群华. 2011. 新制度经济学视角下的长三角同城化研究——以上海、苏州、嘉兴为例[D]. 华东师范大学博士学位论文.
曾群华, 徐长乐, 邓江楼, 等. 2012. 沪苏嘉一体化进程中的同城化研究[J]. 华东经济管理, (3): 53-56.
曾绍伦, 冉景亮, 曾凡英, 等. 2010. 区域特色产业集群发展与产业结构调整分析——以自贡市盐化集群为例[J]. 生态经济, (12): 108-112.
张斌. 2012. 自贡釜溪河复合绿道植被景观规划评价体系研究[D]. 西南大学硕士学位论文.
张建军. 2009. 建设统筹协调型和公共服务型政府 加快推进政府职能转变[J]. 山东经济战略研究, (8): 47-48.
张立荣. 2008. 湖南"3+5"城市群空间组织研究[D]. 湖南大学硕士学位论文.
张莉敏. 2009. 成渝城市群重点城市功能定位优化研究[D]. 重庆工商大学硕士学位论文.
张述存. 2011. 关于"十二五"期间经济区经济管理模式改革问题的思考[J]. 甘肃理论学刊, (1) : 21-24.
张未. 2014. 基于城市群视角的次级增长极的选择与发展研究——以四川省为例[D]. 西南财经大学硕士学位论文.
张琰. 2010. 地方政府公共交通突发事件应急机制研究[D]. 湘潭大学硕士学位论文.
赵隽. 2012. 基于大区制的重庆市应急管理协同机制研究[D]. 重庆师范大学硕士学位论文.
赵卓, 王亚丽. 2013. 同城化下广佛产业协作机制研究[J]. 现代管理科学, (10): 69-71.
郑广建. 2014. 交通基础设施、空间结构调整与区域经济协调[D]. 浙江大学博士学位论文.
钟开斌. 2014. 从强制到自主: 中国应急协调机制的发展与演变[J]. 中国行政管理, (8): 115-119.
周干峙. 1997. 高密集、高城市化地区城镇间的强相互作用——城市规划和城市化的一种新现象[J]. 城市发展研究, (1): 1-6.
周伟. 2011. 区域公共问题治理与地方政府协作机制构建[J]. 吉首大学学报(社会科学版), (4): 102-105.
周一星. 1991. 中国的城市地理学: 评价和展望[J]. 人文地理, (2): 54-58.
周轶男. 2011. 宁波市域北部同城化及空间发展研究[D]. 浙江大学硕士学位论文.
周渝佳. 2011. 论城市公共安全预警信息机制的构建[D]. 重庆大学硕士学位论文.
朱汉荣, 王彬, 杜坚, 等. 2003. 突发公共卫生事件口岸快速救援方法初探[J]. 中国国境卫生检疫杂志, (S1): 83-85.
朱新球. 2011. 应对突发事件的弹性供应链研究[D]. 武汉理工大学博士学位论文.
Ansoff H I. 1965. Corporate Strategy: An Analytic Approach to Business Policy for Growth and Expansion[M]. New York: McGraw-Hill: 75-76.
Bartlett C A, Ghoshal S. 2001. Organizing for worldwide effectiveness: transnational solution[J]. California Management Review, 31(1): 54-74.
Boin A. 2009. Meeting the challenges of transboundary crises: building blocks for institutional design[J]. Journal of Contingencies and Crisis Management, (4): 203-205.
Boin A, Rhinard M. 2008. Managing transboundary crises: what role for the European Union?[J]. International Studies Review, (1): 1-26.
Buzzell R D, Gale B T. 1987. The PIMS Principles: Linking Strategy to Performance[M]. New York:

Free Press.

Hermann H. 1977. Synergetics An Introduction[M]. New York: Springer Verlag.

Hermann M G, Dayton B W. 2009. Transboundary crises through the eyes of policymakers: sense making and crisis management[J]. Journal of Contingencies and Crisis Management, (4): 233-241.

Itami H. 1991. Mobilizing Invisible Assets[M]. Cambridge: Harvard University Press.

May P J. 1985. FEMA's role in emergency management: examining recent experience[J]. Public Administration Review, 45: 40.

Rosenthal U, Boin R A, Comfort L K. 2001. Managing Crises: Threats, Dilemmas, Opportunities[M]. Springfield: Charles C Thomas Publisher.

Schneider S K. 1992. Governmental response to disasters: the conflict between bureaucratic procedures and emergent norms[J]. Public Administration Review, (2): 135.

Stern E, Sundelius B. 2002. Crisis management Europe: an integrated regional research and training program[J]. International Studies Perspectives, (1): 71-88.